现代营商环境的法治化探索

李兴鹏◎著

线装書局

图书在版编目（CIP）数据

现代营商环境的法治化探索/李兴鹏著. --北京 :线装
书局,2023.5
ISBN 978-7-5120-5478-3

Ⅰ.①现… Ⅱ.①李… Ⅲ. ①投资环境－社会主义法
治－研究－中国 Ⅳ.①D922.294

中国国家版本馆CIP数据核字(2023)第086361号

现代营商环境的法治化探索
XIANDAI YINGSHANG HUANJING DE FAZHIHUA TANSUO

作　　者：李兴鹏
责任编辑：林　菲
出版发行：线装書局
　　　　　地　　址：北京市丰台区方庄日月天地大厦 B 座 17 层（100078）
　　　　　电　　话：010-58077126（发行部）010-58076938（总编室）
　　　　　网　　址：www.zgxzsj.com
经　　销：新华书店
印　　制：北京四海锦诚印刷技术有限公司
开　　本：787mm×1092mm　　1/16
印　　张：13.25
字　　数：250 千字
版　　次：2023 年 5 月第 1 版第 1 次印刷
定　　价：78.00 元

线装书局官方微信

前 言

 无论是对于一个区域或者整个国家来说，推进营商环境法治化建设都有重要的意义。营商环境的优劣与经济发展水平之间的重要联系已经成为共识，优化营商环境来促进国家和地区的经济发展与竞争力，已成为当今世界一个实实在在的热点现象。从世界银行每年公布的报告，到国内部分高校和科研机构公布的国内排名，都为各地营商环境法治化的建设指明了方向。党的十九届六中全会中特别指出，重视改革目前的行政审批制度，其原则就是放管结合、简政放权，利用这种方式更好的优化营商环境，有效增强市场主体活力。在我国经济高速发展的过程中，营商环境在其中起到了关键的作用，营商环境的优化越来越受到各级政府的重视，营商环境在评价城市治理质量的过程中也是非常关键的指标。因此，各级政府应以优化营商环境为抓手，推进营商环境法治化建设，以吸引投资、发掘经济发展潜力，从而实现全面振兴、全方位振兴，实现高质量发展。

 本书分六章来研究营商环境的法治化建设，第一章为法治化营商环境的基础认知，从营商环境的定义及内容、法治营商环境及其理论基础、法治化营商环境的背景及规划、法治化营商环境的区域特征与优化等方面展开。第二章从宪法与行政法、民商事法与经济法、刑法与司法、社会法律与经济贸易法律等法律制度的介绍来探讨现代营商环境法治化的根基。第三章从政府规制对营商环境的影响、法治政府的重要性及其建设成果、法治政府建设的推进路径、数字法治政府建设等方面来打造营商环境。第四章从国家治理、地方、政企关系、法院、知识产权等视角探讨营商环境的法治化建设。第五章从多元争议机制、数字经济、"放管服"改革、数字营商环境建设等路径来分析现代营商环境法治化的创新。第六章从理论方法与经验、路径与评价维度、设计与遴选以及完善建议等方面构建了法治化营商环境的评价体系。

 总体来看，本书注重理论，突出实用，具有较强的专业性、知识性，是一本值得研读的著作。

 在本书的撰写过程中，参考和借鉴了大量国内外相关专著、论文等理论研究成果，从这些论文、专著中，作者受益匪浅，在此，对这些专家们一并表示感谢。在本书的撰写过程中，笔者虽力求完美无瑕，但恐有不足之处，对此，望各位专家、学者批评指正，并提出宝贵意见。

目　　录

第一章 法治化营商环境的基础认知

第一节 营商环境的定义及内容

一、营商环境的定义

企业的蓬勃发展需要良好的经营环境，包括较为完善的市场和基础设施，高质量的政府政策和服务，透明高效的司法、行政和税收体系等。营商环境的优劣直接影响到一个区域经济主体发展的活力和企业家投资区位的选择，正所谓"企业家是候鸟，哪里的营商环境好，它就在哪里停，就在哪里生长"。营商环境这一概念进入中国公众的视野，得益于世界银行集团的营商环境报告。世界银行集团于 2002 年启动了营商项目，旨在对在企业存在周期内所适用的法规进行评估。该项目每年发布《营商环境报告》，对所涉及的经济体进行营商环境的排名，其中，2008 年首次发布了关于中国的国别报告，详细提供了中国 30 个城市有关营商环境的数据（董志强等，2012）。世界银行集团的《2008 中国营商环境报告》，采用在其他几个新兴市场国家（如印度、墨西哥和巴西）进行的区域营商环境调查的模式，衡量政府规制如何对商业活动产生促进和阻碍作用，主要从当地民营企业的角度试图捕捉各个城市在商业政策及其执行方面的差异，主要包括开办企业、登记物权、获取信贷和强制执行合同四项指标。

营商环境具体体现了一个国家经济发展的软实力，对一个国家或地区的微观经济活力和创新创业能力具有重要的影响。就营商环境本身的定义而言，具有狭义和广义之分。

狭义的营商环境是指企业在进行商业活动中面临的由政府所塑造的重要制度软环境与基础设施等硬环境。

广义的营商环境是指影响企业从事生产经营活动的各种因素的总和。根据世界银行《全球营商环境报告》的定义，营商环境是指一个经济体内的企业主体在开办企业、金融信贷、保护投资者、纳税等覆盖企业整个生命周期的重要领域内需要花费的时间和成本等的总和。简单来说，营商环境就是经济主体进行商事组织或经营行为时所面临的政治、经济、文化、制度、自然等环境的综合。

营商环境概念本身的定义不统一，有狭义定义，又有广义定义。具体地，对于城市营商环境而言，主要反映该城市给予企业经营环境整体状况的优劣，因此需要从综合的角度进行评价。基于此，本书认为城市营商环境是影响企业经营的各种外部环境与因素的综合体，具体包括政府服务效率、公共服务、金融信贷服务、人力资源、创新环境和市场环境六大项。

二、营商环境的内容

（一）政府服务效率

政府作为市场经济的参与主体之一，其经济职能对国民经济具有全局性的规划、协调、服务、监督的作用。改革开放前，我国实行的是高度集中的计划经济体制，与之相伴随的政府职能具有全能型、封闭型的特征，这种体制最大的一个桎梏就是行政效率较为低下。改革开放后，我国积极推进社会主义市场经济体制的建设，"经济基础决定上层建筑"，行政管理体制也开始逐步转变，政府职能转向开放型、发展型。进入 21 世纪以后，我国持续推进行政体制改革，加快转变政府职能，把转变政府职能作为深化行政体制改革的关键性举措，积极向有限型、服务型及有为型政府转变。而政府服务效率的提升是政府职能转变的题中应有之义，这主要通过改善税收服务质量、构建新型"亲"上加"清"的政商关系、提高公共服务的质量与效率、减少政府无效干预等而获得。同时，政府通过构建有效的制度环境，积极落实宏观调控、市场监管等职责，从而能够合理配置资源，保障企业的经营面临一个良好的制度环境、政策环境。

税收制度是营商环境的一个重要组成部分。税制与征管的完善、纳税服务的改进都会优化税务营商环境，提升企业活力，且一国税收管理与服务的水平亦直接影响企业纳税成本的高低。税负的轻重直接影响企业净利润，从而改变投资流向，进一步优化企业资金的使用效率与配置，如提升企业技术创新的研发投入强度等。何代欣认为税收服务"放管服"是营商环境的具体着手领域，这是由供给侧结构性改革背景下政府税收服务质量提升的必然转变（税收策略从单纯的减税降费向税收服务"放管服"转变）决定的，但这种转变会面临很多问题，具体包括：税收服务"放管服"的入手问题与最大化问题，更新税务管理、纳税服务与税收治理的认识问题，信息化如何优化税务工作的问题等。因此，应采取以下措施：准确定位税收服务"放管服"，"自上而下"下放税务审批权力及施工路线图，保证税务活动合规性，避免管理失误，同时"自下而上"检查权力下放的实际效果，保证放权有利于办税便利化，避免"承接不到位""明放暗不放"；全面分析税收服务"放管服"，继续坚持所有政府收入归税务部门征收的改革方向，全面推动政府收入信息透明化工作、优化税务系统内部分工协作；根本上解决工业化向信息化、全球化背景下的税收服务转型问题、全产业链环境下税收服务不足问题，挖掘税收服务经济转型发展的积极作用；加强税务部门与多部门协调配合，明确未来税务部门的中心工作是税务信息采集和甄别，制定信息目录清单，有限度地向金融机构获取收入或财产相关信息，鼓励纳税人全面自行申报和第三方信息核查。纳税服务现代化包括法治化、集成化、数据化、社会化，是优化营商环境在纳税服务工作中的直接体现与必然选择；中国的纳税服务现代化虽然取得良好成效，但与国际一流营商环境的要求仍有一定差距，表现为纳税服务理念存在局限性、纳税服务边界不够清晰、纳税人需求管理机制不够健全、大数据应用的成效不够明显、社会化服务的作用没有充分体现、纳税服务现代化的人力资源保障不到位；因此，优化税务营商环境，应准确把握纳税服务现代化的总体目标，转变服务理念，运用信息化、互联网的新思维，推动纳税人需求管理、纳税服务平台多元化，税收服务和质量管理的现代化。

改革开放40多年来，政府主导的中国市场化改革道路，形成了地方政府与企业之间复杂的政商关系，这种关系如果准确定位与处理，可以促进市场经济的高效运行、企业的快速发展，但如果发生畸形与扭曲，会严重破坏市场经济的健康有序发展，也会阻碍市场化改革和经济转型的深入发展。及二者之间的关系，研究发现只有政府创造良好的"亲"企业营商环境，才能有政商关系的"清"状态，因此政府应大力加强软性制度建设，加快法治政府建设，完善政府守信践诺机制。

政府公共服务质量与效率的提高，可以降低企业面临的交易性制度成本、减少政府的盲目投资行为及对企业的无效干预、抑制企业的非理性生产行为、提高资源优化配置效率及地区知识生产效率等，从而为市场在资源配置中发挥基础性作用提供良好的支撑与保障。地方政府为了追求GDP和税收的最大化，会进一步加强对企业的干预（如政府购买和政府补贴），尤其会向大企业、重点企业倾斜，促使这些企业产量增加的同时，出现过度投资，导致非周期性的产能过剩，这可以通过完善强化民生支出的地方政府考核机制、设计一套减少地方政府短视的约束与激励机制和政府对大项目投资的有效机制来化解产能过剩现象，促使企业的行为更加规范。中国区域制度环境演化主要包括五个方面，即政府与市场关系、非国有经济、产品市场、要素市场以及法律制度环境等，这五个方面的优化能够提高区域知识生产效率，因此为了提高各地区知识生产的效率，需要不断优化区域制度环境，理顺政府与市场的关系、减少政府的行政干预，改善高技术企业知识活动的法律制度环境，推动各地区高技术行业协会的发展，推动要素市场的不断发育和完善。

（二）公共服务

公共服务主要体现在交通运输条件、水电气供应水平以及医疗卫生条件等方面，会影响到企业的生产运营能力、运营效率，也会影响到企业的投资决策与产品的销售。对于企业的生产经营而言，交通运输条件的改善具有重要的作用。"要想富，先修路"，世界各国在发展自身经济的过程中，对交通基础设施建设进行了大量的投资，特别地，我国的交通运输基础设施得益于政府政策的支持和财政资金的优先保障，取得了显著的成就。2008年，我国第一条高铁——京津城际高铁开通，拉开了高铁建设的序幕。高铁的运行开通，促进要素在区域间的流动与信息的便利获取，直接节约了企业的交通运输成本，从而提高了企业的生产运营效率。此外，企业的生产经营也离不开一定区域内水电气等的供应，这些都是企业生产经营中面临的资源约束条件，影响到企业生产能力的扩张与投资决策的制定。优良的医疗卫生条件，可以吸引优质的生产要素向辖区内流动，从而提高企业生产要素的丰裕度，改善生产效率。

交通基础设施提高了市场准入，使得产品和要素流动的成本降低，企业在同等条件下可以得到更低价或更高质量的要素，从而提高了生产率、促进了出口。高速公路节约了交通成本，导致制造业企业投入和产出成本的降低，对制造业企业的生产率产生直接的积极影响。高铁通车使得风险投资和被投资企业之间进行面对面交流的便利性和灵活性增加，使得风险投资可以便捷地获取企业的软信息，减少了风险投资机构对创业企业的筛选、交易和监督成本，推动了风险投资的发展，与非高铁城市相比，风险投资对高铁城市的新增投资显著增加。高铁开通负向影响了外围城市的企业生产率，这是由于高铁提高了地区市场准入，促进外围城市资本和劳动力等生产要素向中心城市的集聚，从而对外围城市产生虹吸效应，进而负向影响其企业生产率，所以政府应控制高铁修建的速度与节奏，优化高铁站的选址，调整地区基础设施建设和产业结构，加速与高铁配套的设施建设、提升当地综合交通条件，以便为企业的生产经营提供良好的基础设施水平。

（三）金融信贷服务

企业融资约束问题是微观金融领域中的主要研究问题之一，解决好融资约束问题有利于提高地区生产的效率与活力，这往往与地区的金融信贷服务水平密切相关。因为一个国家或地区的金融信贷服务水平越高，企业面临的融资约束就越小，其更有动力去积极从事创业、创新、投资等活动，而差的金融信贷服务使企业融资成本增高，企业筹措资金变得相对困难，而资金是企业经营的"血液"，如果筹措不及时或出现断裂的风险，最终都会影响到企业的经营活动。

（四）人力资源

人力资源作为企业生产经营的一种投入要素，可以直接参与到企业的生产活动之中，从而提高企业的劳动力生产效率，又可以为企业的经营管理提供智力支持，也可以为企业的创新活动提供创新智力的支持。中国经济多年的快速增长伴随着各地区教育水平的大幅提高，但随着地区间竞争的加剧，对人力资源的竞争日益凸显。发达沿海城市凭借自身的地理位置、经济实力和资源禀赋优势，对内陆落后城市的人力资源产生足够的吸引力，造成"孔雀东南飞"的现象，这也说明人力资源是重要的稀缺资源，对经济增长与企业的生产经营都会产生积极的影响，因此，营商环境较好的城市，人力资源比较丰富，人力资本的成本更高，对人才的吸引力也更强。

劳动力投入是经济增长的长期动力来源之一。改革开放以来，我国充分利用前期积累的人口红利优势，积极发展劳动密集型产业，促进了国民经济的快速增长。然而，随着人口结构的变化，人力资本数量的供给在逐渐下降，甚至在很多地方出现了"民工荒"现象，企业投资的劳动力成本优势正在消失。然后，劳动力成本的上升一方面使企业的生产经营成本上升，利润会有所降低；但另一方面也促使企业以资本代替劳动力，更多的资本投入用于创新的发展，企业的经营将更多地依靠技术创新，从而实现高质量的运营。

（五）创新环境

创新环境的改善有利于企业取得良好的创新绩效，主要有以下几种渠道：首先，良好的创新环境会使得创新投入不断增加，如研发人员数量的增加、研发资金的积累、研发设备的更新等，这些投入会产生知识积累，增强企业的吸收能力，从而促进企业创新数量的增加；其次，创新环境的改善会提高企业创新的效率，这一方面表现为在投入一定的条件下，创新产出的增加，如专利数量的增加、新成立企业注册资本总额的增加等，另一方面表现为企业会与研发伙伴增加互动频率、扩大合作范围、提高合作关系的稳定性、减少双方文化冲突、增强知识共享等，从而带来创新绩效的提升；最后，创新环境的改善更有利于外资企业对内资企业的技术溢出以及内资企业的学习效应，激发其自主创新的动力，从而构建更加积极的创新氛围与创新竞争环境。因此，创新环境作为营商环境的一部分，能改善一个区域的经济发展方式，促进高质量的发展。

企业的创新投入需要资金资源的支持，从区域创新资金的来源渠道来看，金融机构和政府是最为关键的两个资金来源主体。金融机构为企业的创新投入直接提供资金，但资金风险较高，而政府是以资助、补贴、减税等多种形式支持企业创新，同时激励企业的研发资金投入，从而优化资金的配置。

第二节　法治营商环境及其理论基础

一、法治营商环境概述

（一）法治营商环境的提出

我国营商环境建设的实践发端于广东省，广东省同时也是最先将"法治"与"营商环境"联系起来的省份。法治营商环境建设始于一部文件的出台——《广东省建设法治化国际化营商环境五年行动计划》（以下简称《计划》），建设公平正义的法治环境出现在该文件中，并且被确立为广东省营商环境优化的五大任务之一。同时，《计划》还针对营商环境优化提出了建设法治政府、完善营商法规规章等一系列具体的重要举措。广东作为改革的"领头雁"，不仅对营商环境进行了系统的研究与实践，较早认识到了营商环境对经济发展的重要作用，也为其他地区提供了一批可供借鉴参考的先进做法和经验。

2013年党的十八届三中全会是一个关键时点，在这次会议中首次将"建设法治化营商环境"上升为国家政策，营商环境在全国的地位得以确立。2015年党的十八届五中全会是营商环境建设的又一关键时点，在这次会议中，进一步丰富了营商环境的内涵，明确了优化营商环境的三个方向，即法治化、国际化、便利化。中央政府把准了时代的脉搏，并顺应了时代发展规律。之后，在中央政府的顶层设计之下，上海、北京等地方政府纷纷出台政策优化营商环境，法治营商环境优化的热潮在各地区逐步推开。近几年来，习近平总书记更是多次发表讲话，强调营商环境的重要性并对营商环境建设与优化做了更丰富、更详细的论述。2017 年 7 月，中央财经领导小组第十六次会议召开，习近平在讲话时强调："营造稳定公平透明、可预期的营商环境，加快建设开放型经济新体制，推动我国经济持续健康发展。"2019 年 2 月，习近平在中央全面依法治国委员会第二次会议上讲话时指出："法治是最好的营商环境。"2019 年 11 月，习近平在第二届中国国际进口博览会开幕式上的讲话指出："中国将不断完善市场化、法治化、国际化的营商环境，放宽外资市场准入，继续缩减负面清单，完善投资促进和保护、信息报告等制度。"

如前所述，我国营商环境的内涵也在时代发展的潮流中不断丰富，从营商环境的提出到将其上升为国家政策再到各地的积极实践，我国对营商环境经历了认知、重视到内涵不断丰富的过程，并且法治化始终居于重要位置，贯穿了营商环境建设的始终。纵观世界各国，主流市场经济的发展无不以成熟的法治坏境作为保障。在我国，也必须明确法治不仅是市场经济的本质，更是市场经济的底线。总而言之，只有稳定、透明、可预期的法治营商环境，才是经济发展的最大保证。

（二）法治营商环境的内涵

"法治"是现代国家竞争力的重要因素之一，是良好营商环境的基本特征和重要遵循。法治营商环境旨在用法治的思维去规范、调整政府、市场主体等的行为。宏观层面上，政府对经济进行宏观调控必须在法治框架内；中观层面上，市场对资源进行配置，要在法治轨道上运行；微观层面上，市场主体生产经营、互相竞争也要受到法治监管。法治对于营商环境优化来说，主要有以下两种作用。法治在营商环境中的第一个作用是约束政府，即约束政府对经济活动不能作过多干预。政府在市场中担任监管执法的角色，但政府并不对自己的行为进行监管。如果政府行为不受约束，肆意干涉市场主体的交易，市场秩序无从谈起，政府和企业的界限模糊不清，市场经济的基础也不复存在。法治在营商环境中的第二个作用是约束企业等市场主体的行为，也就是政府的平等保护和市场监管作用。具体来说，政府要在不直接干预经济的前提下，加强对市场主体的保护以及对市场主体破坏市场秩序的行为进行规制，主要表现在对市场主体的产权进行保护、对垄断和不正当竞争行为进行规制等方面。

法治营商环境应当具有以下四个方面的内涵和要求。

其一，平等保护。平等是社会主义法律的基本属性。法治营商环境首先是贯彻平等理念的营商环境，要将平等理念贯彻到法治营商环境优化的全过程及各个方面，对于不同所有制形式的市场主体实现平等保护，尤其是产权保护上的平等。在具体制度构建上，坚持权利平等、机会平等、规则平等，保障各类市场主体平等享受政策、资金等支持。

其二，公平公正对待。公平公正对待是行政法治的基本要求。对于涉及营商环境的法规政策，在制定上，注重制度设计的公平公正。公平公正的制度设计是保障市场主体享有常态化、稳定性的法治营商环境的前提条件。在执行上，公平公正对待就是确保市场主体免受不合理的歧视性对待。此外，在涉及诉讼及其他救济时，亦应实现公平裁决和对待。

其三，公开透明。公开透明是增强政府公信力的重要举措，是评价营商环境的重要指标。通过公开，一方面能够保障市场主体及时、全面了解政务信息，另一方面可以对政府形成有效监督。法治营商环境，应当保证政务行为从决策到执行，再到结果的全过程公开。

其四，遵法守信。遵法守信是法治营商环境的重要追求。遵法守信不仅是对市场主体的要求，更是对履行营商环境优化职责的行政主体的要求。一方面，各类市场主体在自主经营的同时，也应自觉遵守法律规定，恪守商业道德。另一方面，行政主体在履行职责、提供服务的同时，也要确保避免增加市场主体负担，禁止在法定范围之外增设条件，主动创造稳定、可预期的市场环境。

二、法治营商环境的理论基础

（一）法治政府理论

法治政府理念经历了漫长的积淀时期，古希腊学者亚里士多德提出"法治"理念，启发人们开始思考政府的政策，西方继亚里士多德之后，洛克、孟德斯鸠、潘恩等著名的思想家和政治家都对法治理论进行了丰富。在中国历史上，法家也是研究国家治理方式的学派，提出了富国强兵、依法治国的思想，其思想源头可以上溯至春秋时期的管仲、子产，直到战国末期，韩非子对法家学说加以总结、综合，集法家之大成，为建立中央集权的秦朝提供了有效的理论依据，法家思想作为一种中国历史上的主要思想派系，提出了至今仍然影响深远的以法治国的主张和理念。2004年《政府工作报告》中，中国政府明确的把"法治政府"作为政府自身建设的目标，是转型期中国所选择并正处于建构过程中的政府模式，是对有限政府、有效政府、责任政府、理性政府、诚信政府等学界诸多命题的一次较完整科学的整合，有着丰富的理论内涵。

中国特色社会主义进入新的历史时期，社会矛盾也相应发生了转化，人民对法治的需求由最初的"有法可依"向促进发展的"善治"转变，这就需要更高质量、更高标准的法律规范体系。处于新的历史新时期的政府，如何通过全面深化改革来保障经济社会的发展，就是要坚决地向自己开刀，用法治化建设来不断约束公权力。法治政府是法治化营商环境建设的基本背景和重要保障。"法治化营商环境要求法治政府的建设要与政府管理的创新和市场经济体制的完善相结合，从而建立一个更加高效、公正、透明的政府，更好地服务市场经济"①，开展法治政府建设对法治化营商环境的成败有决定性作用。近年来，政府从上市制度改革到深化简政放权再到"放管服"改革，从建立权责清单、负面清单到加强产权保护、维护市场主体合法权益等法治政府建设的举措均成效显著，为法治经济的发展和营商环境的建设保驾护航。

法治政府应按照市场经济的发展规律全面履行政府职能，提供高质量的公共服务，加强对行政权力的约束和监督。通过全面履行职能，保障政府能够依法全面履行宏观调控、市场监管、公共服务等职能是以人民为中心的本质要求，同时也是建设法治政府的基础。"有限责任政府是法治政府建设的根本，其主要职能在于提供公共服务。"② "提供服务最多的政府才是最好的政府。"③ 由此可以看到，法治政府建设的重要标准之一在于能够提供高效的公共法律服务，此外，"法治政府必须依法行政，通过政策制度控制，压缩自由裁量权，防止权力滥用，有法可依、有法必依、执法必严、违法必究，让权力在阳光下运行。"④ 只有实现政府与市场的法定化关系，政府能够全面依法履职、提供优质服务并自觉接受监督，才能以法治政府建设推动法治化营商环境的发展。

（二）法治经济理论

我国自1992年确立了"建设社会主义市场经济体制"的目标后，学界围绕着"市场经济实质上是法治经济"的命题，进行了深入而广泛的研究。1999年"建设社会主义法治国家"的目标由《宪法修订案》予以确定，自此法治经济才得以开始在不同领域推广。改革开放以来中国的市场经济发展迅速，但与市场经济相配套的法制体系尚处在初期培育阶段，"法治"与市场经济的关系决定了法治经济研究的极端重要性。2014年10月《关于全面推进依法治国若干重大问题的决定》中正式提出"社会主义市场经济本质上是法治经济"，为法治化营商环境建设指明了基本方向和思路。

国家采取制定法律法规、调整经济关系、规范经济行为等各项措施，来保障社会经济在法律预设状态下实现持续有序、高速、良性发展的模式就是法治经济。法治经济应具备以下几点特征：一是市场经济法律体系完善发展并且法律与经济互动机制相对活跃；二是

---

① 江必新，郑礼华．全面深化改革与法治政府建设的完善［J］．法学杂志，2014，35（01）：1-14．
② 应松年．有限责任政府是法治政府建设的根本［N］．社会科学报，2014-08-21（003）．
③ 梁治平．国家、市场、社会：当代中国的法律与发展［M］．北京：中国政法大学出版社，2006．
④ 姜明安．权力行使怎样才能不任性［J］．法治与社会，2015，No.190（10）：1．

充分维护民商事活动以及私权；三是实现法律化的宏观调控，并保持社会经济的可持续发展活力，确保社会基本公平等。

"法治经济"是有别于"人治经济""权力经济"的经济治理模式，是"法治"与"市场经济活动"结合的产物，揭示了市场经济如何在法治轨道上有效运行。法治思维和方式是法制经济商事过程的主要原则，通过法治途径来规范和调整营商氛围，确保市场有序性，并保证社会主义制度下市场经济的合法性和规范健康发展。以法律、制度、规则为运行基础的法治经济是规则经济，需要完备的法律体系予以保障市场经济的正常运行，调整、引导、保障、激励经济发展，因此体系的构建、主体的塑造、行为的规范、市场监管的职能等方面均需要纳入法治保障轨道。因此，国家应依照法律规范理顺市场经济程序，规范市场经济主体基础性的运作模式，法治经济的前提是市场经济的法律体系能够得以有效实施，并且得到市场经济各主体的广泛认可和主动遵守。市场经济最重要的功能就是提高资源配置效率，以产权保护为工作抓手的市场经济在产权关联处置的不同环节，应强化契约自由、诚实守信，这就需要建立科学完备的立法体系、依法履职的执法组成、公平公正的司法环境，并将诚实守信、公正有效、契约自由的法治体系贯穿市场经济始终。法治经济重视法律面前人人平等的理念，激励市场主体的活力展现，保障市场主体发展机会的平等性，培植相对平等的法治环境要素。自由、平等是市场经济的价值取向，也就是说法治环境保障了这一价值目标的达成。对法律法规条款进行系统化规范，以保障各类市场主体都能公平参与到市场竞争的环境中。

最后，要使市场更好地发挥资源配置功能，应确保自由平等有序的良性市场环境。政府要充分保障市场主体享受各种经济权利自由，依法而非依照"长官意志"维护企业自主经营权，保护企业产权，打击有碍经济发展的不良行为，形成商品和要素自由流动的市场经济体系。

第三节　法治化营商环境的背景及规划

一、法治化营商环境的背景

（一）高质量发展倒逼优化营商环境

法治对营商环境以及经济增长具有正向促进作用，这并非一个新判断，而是经济学界和法学界长期以来的共识。早在 1997 年，世界银行的一份报告提出：一个国家如果具有稳定的政府、可预知的法律变动方式，有保障的产权以及强有力的司法体系，就会比缺乏这些制度的国家取得更大的投资和增长。①诺贝尔经济学奖得主道格拉斯·诺斯极为强调制度对于提高国家竞争力的重要性，他指出，对于一个国家而言，"有效率的经济组织"是经济持续稳定增长的关键，而要保持经济组织有效率，需要在制度上作出合理科学的安排，以形成一种刺激，将个人获取财富的经济努力变成私人收益率接近社会收益率的正当的经济活动，制度的安排必须越来越能有效调动个人从事正当经济活动的积极性，而不是相反。②中国法学界普遍认为，法治作为一种重要的治理方式，具有确认、规范、调整、保障和促进经济发展等重要作用，法治的确立为经济的发展提供良好的政治和社会环境，法治确定市场规则，规范政府规制，保护个人权利，解决经济纠纷，是经济稳定及可持续发展的必要条件。尤其是 20 世纪 90 年代党和政府作出建立社会主义市场经济体制的决策之后，法学界提出并论证"市场经济就是法治经济"的重要观点，并最终为党和政府领导人所采纳。党的十八届四中全会通过的《中共中央关于全面推进依法治国若干重大问题的决定》不仅正式肯定"社会主义市场经济本质上是法治经济"，而且要求以"保护产权、维护契约，统一市场、平等交换、公平竞争、有效监管"为导向，完善社会主义市场经济法律制度。

但是，党的十八大之后党中央作出建设法治化营商环境的决策，并非仅仅基于法治与市场经济的天然契合，而是对新时代中国经济发展面临的深层次问题和矛盾的深刻回应。在改革开放 40 年后，中国的人口红利、政策红利即将消耗殆尽，资源的优势亦因生态建设的张力而被限制，在国际上，反全球化和保护主义盛行，以劳动力和政策优惠为主要吸引力的招商引资，以及依靠生产要素投入和扩张实现的粗放式经济增长已经难以为继，中国经济由高速增长向高质量发展转型，不仅是必然的选择，而且是必须或者说不得已的选择。高质量发展是经济发展有效性、充分性、协调性、创新性、可持续性、分享性和稳定性的综合，是生产要素投入低、资源配置效率高，资源环境成本低、经济社会效益好的质量型发展，需要通过质量变革、效率变革、动力变革来实现。改革是推动发展的动力之源，新时代经济高质量发展更要通过全面深化改革来实现。"全面深化改革"之提出，某种意义正是基于新时代经济高质量发展不得已之需要，以及改革面临的"瓶颈"和困境而

---

①　世界银行《1997 年世界发展报告》编写组. 1997 年世界发展报告：变革世界中的政府 [M]. 蔡秋生，等，译. 北京：中国财政经济出版社，1997：37.

②　周子学. 经济制度与国家竞争力——基于中国经济制度变迁视角 [M]. 上海：上海三联书店，2008：13.

作出的决策。正如党的十八届三中全会通过的《中共中央关于全面深化改革若干重大问题的决定》所指出，"当前，我国发展进入新阶段，改革进入攻坚期和深水区"。处在攻坚期和深水区的经济体制改革，不能像以往一样局限于生产要素的简单变动，回避制度的深层次变革，而必须敢于啃硬骨头，敢于涉险滩，以更大决心冲破思想观念的束缚、突破利益固化的藩篱，推动中国特色社会主义制度自我完善和发展。新时代全面深化改革包括经济体制改革，不再是简单的放权让利，不是随心所欲无底线的政策优惠，而是通过制度的变革，形成系统完备、科学规范、运行有效的制度体系，为经济高质量发展营造良好稳定的制度环境，打造动力之源。制度变革是新时代全面深化改革的主要内容，制度动力是新时代经济高质量发展的根本动力，正如《中共中央关于全面深化改革若干重大问题的决定》所指出，"全面深化改革的总目标是完善和发展中国特色社会主义制度，推进国家治理体系和治理能力现代化"，"让一切劳动、知识、技术、管理、资本的活力竞相迸发，让一切创造社会财富的源泉充分涌流'。

全面深化改革构成营商环境在中国兴起及被重视的场景，营商环境正是新时代全面深化经济体制改革必然聚焦之重点。经济体制改革仍然是新时代全面深化改革的重点，新时代的经济体制改革，以制度变革为主要路径，以完善产权制度和要素市场化配置机制为重点，着力构建市场机制有效、微观主体充满活力、宏观调控有度的经济体制，为企业营造产权受保护，市场自由出入、公平竞争，经营负担轻，创新有回报的制度环境。这种制度环境，正可为"营商环境"所覆盖。从词源上看，"营商环境"一词主要出自世界银行的营商环境报告 Doing Business，Doing Business 的直译是"做生意"，世界银行的 Doing Business 报告阐述和评价的是世界主要国家和地区"做生意"的总体环境，结合其内容，Doing Business 应译为"做生意的环境"，即"营商环境"。以此论之，营商环境就是商事主体从事商事组织或经营行为的境况与条件，具体来说，是一个企业在开设、经营、贸易活动、纳税、关闭及执行合约等方面遵循政策法规所需要的时间和成本等条件，严格来说，是除基础设施、产业结构和技术进步等硬环境外与企业开办及经营有关的软环境的总称。在中国经济面临由高速增长转型为高质量发展的历史挑战之际，以制度变革为主要内容的全面深化改革，被确定为实现经济转型的关键抉择，而通过制度变革营造有利于企业投资、运营、发展、创新的营商环境，成为新时代经济体制改革的重点内容。党的十八届三中全会通过的《中共中央关于全面深化改革若干重大问题的决定》在作出"在新的历史起点上全面深化改革"决策的同时，提出"建设法治化营商环境"的要求，正是这一理论逻辑之展现。在优化营商环境被确定为新时代经济体制改革重点工作之后，中国经济学界许多研究人员开始聚焦于营商环境与 GDP 增长、经济运行、产业发展、区域经济差异、企业绩效之间具体联系的实证研究，得出了营商环境影响服务业占 GDP 比重，更好的营商环境鼓励企业家将更多的时间投入生产性的日常经营管理而非对外公关招待、优化营商环境缩短企业开业时间并有助于扩大进口、良好的营商环境将增大一个国家对外资的吸引力、营商环境的差异相当程度决定区域经济的差异、完善的营商环境有助于培育企业家精神并显著提高实体企业绩效、营商环境越好企业研发投入强度越高等观点，既有力佐证了营商环境是重要软实力、核心竞争力的通说，也反映出在现阶段中国，发展仍然被视为解决所有问题的关键、检验改革是否成功的标准，优化营商环境工作在最终意义上服务于经济高质量发展的转型需求，是全面深化改革在经济体制改革领域的集中体现。

（二）营商环境本质上是法治化营商环境

营商环境在中国的兴起及被重视不仅发生在经济转型及全面深化改革的背景下，亦与全面依法治国方略的实施同步发生，息息相关。新时代全面深化改革的主要内容是制度变革，营商环境亦主要是一种制度环境，而制度建设与法治建设交叉重叠，法治建设是制度建设的高级形态，制度建设是法治建设的主要内容，因此，无论全面深化改革，抑或作为新时代经济体制改革主要内容的优化营商环境工作，无不与法治建设息息相关。党的十八届三中全会通过的《中共中央关于全面深化改革若干重大问题的决定》（简称《决定》）在作出全面深化改革决策之同时，也提出了"推进法治中国建设"的要求，具体内容包括"维护宪法法律权威""深化行政执法体制改革""确保依法独立公正行使审判权检察权""健全司法权力运行机制"和"完善人权司法保障制度"等。从内容安排来看，党的十八届三中全会通过的《决定》视"推进法治中国"为"全面深化改革"的一部分，与"坚持和完善基本经济制度""加快完善现代市场体系""加快转变政府职能""深化财税体制改革""构建开放型经济新体制"等经济体制改革并列，但在内容上有所区隔，其"法治中国建设"尚未明确容纳与经济体制改革、营商环境有关的内容。党的十八届四中全会通过的《中共中央关于全面推进依法治国若干重大问题的决定》则不仅正式提出了"全面推进依法治国"的新时代依法治国的方略，而且明确肯定"社会主义市场经济本质上是法治经济"，提出了完善社会主义市场经济法律制度的基本导向和具体思路，将经济体制改革与全面依法治国不仅在理论上，而且在具体的工作实践中勾连起来，实际上开辟了建设法治化营商环境的基本方向和思路。党的十八届五中全会通过的《中共中央关于制定国民经济和社会发展第十三个五年规划的建议》提出"加快建设法治经济和法治社会，把经济社会发展纳入法治轨道"和"完善法治化、国际化、便利化的营商环境",建议通过深化"放管服"改革,放宽市场准入,健全统一开放竞争有序的市场体系,深化财税体制改革,降低企业经营成本,加快金融体制改革,完善对外开放新体制,加快形成有利于企业创新发展的产权制度、市场机制、投融资体制、分配制度、政务服务机制等制度环境,进一步明确了建设法治化营商环境的具体方向和思路。2019 年 2 月 25 日,在中央全面依法治国委员会第二次会议上,习近平总书记总结指出,法治是最好的营商环境,并从平等保护各类市场主体产权和合法权益、用法治来规范政府和市场边界、完善制度环境、保障和服务高水平对外开放等方面提出了打造法治化营商环境的具体要求,可谓对现阶段法治与营商环境之间关系的最佳总结及升华。总之,党的十八大以来在中国兴起的营商环境及一波又一波的优化营商环境运动,深深嵌入了新时代全面深化改革及全面依法治国的场景和进程中。正确认识"营商环境"和"优化营商环境",必须充分考量到党和政府协同推进全面深化改革和全面依法治国的战略布局,将"法治"与"营商环境"充分融合,理解"法治化营商环境"成立的中国背景和时代意义。

全面深化改革和全面依法治国是"四个全面"战略布局的重要内容,两者间的关系是改革与法治之间关系在新时代的延伸和体现。一方面,改革仍然是新时代中国的主旋律,改革的主要内容之一就是法制的改革,尤其新时代全面深化改革以制度的深层次变革为主要路径,这在某种意义上与法制变革或者说法制改革是重叠的。另一方面,法治是改革包括经济体制改革最终获得成功的必经之路。法治是国家治理的基本方式,法治化是推进国家治理现代化的基本路径、必由之路,近代以来的历史已经证明,"凡是顺利实现现代化的国家,没有一个不是较好解决了法治和人治问题的。相反,一些国家虽然也一度实现快速发展,但并没有顺利迈进现代化的门槛,而是陷入这样或那样的'陷阱',出现经济社会发展停滞甚至倒退的局面。后一种情况很大程度上与法治不彰有关"。就我国自身而言,改革开放以来经济的高速发展与法治建设取得历史性成就同步,法治的不断完善和发展是经济建设取得重大成就的主要原因之一,但同时,经济和社会发展过程中也出现了许多矛盾和问题。其中,"大量矛盾和问题与有法不依、执法不严、违法不究相关",而新时代全面深化改革,诚如《中共中央关于全面深化改革若干重大问题的决定》所指出,是要"啃硬骨头""涉险滩",是要向政府自身开刀,无论是平等保护各类市场主体产权和合法权益,还是放宽市场准入,维护公平竞争市场秩序,关键都在于管好用好政府的有形之手,约束和规范公权力行使,遏止政府乱作为和不作为,而这都需要运用法治思维,密织法治之网,强化法治之力,因为"中国法治作为现代法治,不仅应当是形式上的法律之治，而更应当是良法之治"，中国特色社会主义法治同样意味着对公权力的约束，对权力滥用的制裁，意味着立法、行政、监察、司法等国家机关的活动必须服从法律，意味着国家有充分的力量来维护和保障法律秩序，但必须首先服从法律的约束，这一包含民主与人权、自由与平等、效率与公正、秩序与正义等社会价值的良法善治，是中国特色社会主义经济建设、政治建设、文化建设、社会建设、生态文明建设的扎实底盘，是新时代全面深化改革及经济体制改革的方向和动力之源，是优化营商环境、营造有利于企业创新发展的制度环境不可或缺的重要助力。市场经济本质上是法治经济，营商环境本质上也是法治化营商环境，这是法治在新时代中国作为党治国理政基本方略、基本框架、基本主线地位之必然。

二、中国法治化营商环境的顶层设计与国家规划

顶层设计为先导，顶层设计与基层探索相结合，是党的十八大以来推进全面深化改革和全面依法治国战略实施的鲜明特点。党的十八大以来的改革和依法治国，再也不是摸着石头过河，而是顶层决策、顶层发动、顶层统筹推进，中央全面深化改革委员会和全面依法治国委员会不仅是党中央加强对全面深化改革和全面依法治国集中统一领导的工作机构，亦是负责全面深化改革和全面依法治国顶层设计及统筹协调的决策机构。作为改革与法治相互交叉，融于一体的重要工作，法治化营商环境之建设亦体现出了强烈的顶层设计的特点：中央决定了建设法治化营商环境的原则和方向，基本上设计好了建设法治化营商环境的方案内容、制度举措，地方则在中央政策和规范性文件的基础上，出台实施意见，因地制宜执行中央的政策和规范性文件，其中或有创举，也不离中央决定的方案内容。具体而言，从党中央到全国人大、国务院，再及司法机关，法治化营商环境的顶层设计由点及面，循序展开：

第一，党中央发布关于法治化营商环境的政策文件，从宏观上决定建设法治化营商环境的基本原则、方向和重要问题。在当代中国，党政分工而不分开，基于法治化营商环境对于新时代中国经济高质量发展的极端重要性，作为执政党的中国共产党对于优化营商环境及建设法治化营商环境给予了高度的重视，制定了一些与法治化营商环境有关的政策文件。从载体看，党中央发布的主要是"意见""纲要""规定"等政策文件；从发布方式看，党中央基本上是与国务院联合发布关于法治化营商环境的政策，充分体现出"党领导一切"根本原则下在具体的经济社会事务上党政分工的大致轮廓；从内容上看，党中央发布的政策文件以纲领性文件为主，决定法治化营商环境构建的原则、方向和某些重要问

题，内容较为宏观。

第二，全国人大及其常委会积极立法修法，确认和保障法治化营商环境的改革成果。主要有：（1）修改《公司法》。2013 年《公司法》修改取消了有限责任公司、一人公司、股份有限公司设立的法定资本最低限额，2018 年修改规定公司在符合法定情形时可以收购本公司股份，赋予了公司更多自主权，有利于促进完善公司治理结构，推动资本市场稳定健康发展。（2）修改《中小企业促进法》。2017 年《中小企业促进法》将原法从 7 章扩展为 10 章，条文从 45 条增加到 61 条，修订幅度之大，几乎涉及原法的每一个条文，通过规范中小企业发展专项资金和中小企业发展基金的设立使用，明确税收优惠的具体方式和税种，简化税收征管程序，细化融资、创业创新和市场开拓等举措，健全中小企业公共服务体系，旨在为中小企业发展营造宽松环境。（3）修改《反不正当竞争法》。2017 年和 2019 年《反不正当竞争法》颁行 20 多年来的两次修改通过建立反不正当竞争工作协调机制，更准确界定市场混淆行为、商业贿赂行为、经营者虚假宣传行为、侵犯商业秘密行为，增加互联网领域不正当竞争行为的规定，完善涉嫌不正当竞争行为的调查程序，加重不正当竞争行为的法律责任，有助于更有力地制止和惩罚不正当竞争行为，形成统一开放、公平竞争的市场体系。（4）修改《行政许可法》。《行政许可法》2019 年的修改增加规定许可机关及工作人员非法不受理符合条件的行政许可申请、不在办公场所公示依法应当公示的材料、未向申请人及利害关系人履行法定告知义务、不一次告知材料不齐全的申请人必须补正的全部内容，未依法说明不受理行政许可申请或者不予行政许可的理由、依法应当举行听证而不举行听证的法律责任，将近几年来行政审批改革的政策成果上升为法律规定。（5）制定《外商投资法》。2019 年制定的《外商投资法》以立法的方式规定建立健全外商投资服务体系、保护外商投资的产权和其他合法权益、准入前国民待遇加负面清单的管理制度、备案管理及信息报告制度、最小负担原则等外商投资管理和服务的新模式新制度新理念，被认为是推进新时代对外开放，构建开放型经济新体制和营造国际化营商环境的法治保障。

第三，国务院及其所属部门通过发布政策和规范性文件，制定建设法治化营商环境的具体方案。为了推动政府职能转变和"放管服"改革，国务院设立了推进政府职能转变和"放管服"改革协调小组，下设优化营商环境专题组，明确要在"三个持续"上下功夫，推进优化营商环境工作：一是持续提升营商环境法治化水平，大力营造全社会依法依规营商办事的浓厚氛围；二是持续提升营商环境国际化水平，进一步激发市场活力，优化发展环境；三是持续提升营商环境便利化水平，强化服务意识、创新服务方式，提高行政办事效率。在法治化营商环境方面，国务院及其所属部门发布了大量政策文件和规范性文件，内容涵盖行政立法、行政决策、政府信息公开、行政审批和许可、市场监管、行政收费、政务服务、市场准入、执法体制、信用体系、公共法律服务等方面，是制定法治化营商环境建设具体方案的主要机构。从载体看，国务院及其所属部门发布的关于法治化营商环境的文件以政策文件和规章以下的规范性文件居多，规章和行政法规较少，甚至有不少是内部发文的内部行政规范，充分反映出国务院及其所属部门在推动构建法治化营商环境过程中所能采用规范手段的多样性和灵活性。此外，2019 年 10 月 8 日，国务院第 66 次常务会议通过《优化营商环境条例》，这是第一部营商环境的国家立法，第一个对优化营商环境和建设法治化营商环境作出系统规定的行政法规。

第四，最高人民法院、最高人民检察院发布关于法治化营商环境的司法解释、文件和典型案件。良好的营商司法环境意味着司法机关依法公正处理涉企案件，严格保护企业和企业家合法权益，努力让企业家在每一个案件中感受到公平正义，充分体验产权受严格保护、债权能追讨，市场公平竞争，创新有回报的法治环境，体验到从立案环节到执行环节一以贯之的便捷高效优质的司法服务，不仅感受到司法的公正，而且体验到司法的便利和关怀。最高人民法院和最高人民检察院围绕着完善司法职能行使、提供优质司法服务，发布了一些关于法治化营商环境的司法解释、文件与典型案件，内容涵盖商事审判、判决执行、司法监督、程序简化、商事纠纷多元化解机制等多方面。这也表明，虽说司法的传统攻能是定分止争，程序特点是不告不理，但在中国，司法机关同时也是党领导下从事政法工作的政法单位之一，为党和国家的中心工作服务是人民政法传统的重要内涵，也是《中国共产党政法工作条例》明确规定的当代中国政法机关的重要职能，在优化营商环境成为经济体制改革中心工作的当代中国，司法应当积极主动为企业和企业家服务，为优化营商环境的大局服务。"作为法治建设的重要内容，司法法治建设致力于塑造公正高效权威的司法环境，积极回应法治化营商环境建设的时代诉求，为市场主体提供一套更加完善、优质、便利的司法保障和服务体系。司法法治有助于推进法治化营商环境的整体建设和协调发展，有助于重塑政府与市场、社会的关系，促进政府职能转变，激发市场主体活力和社会创造力，服务高质量发展，为保持经济持续健康发展和社会大局稳定提供有力的司法支撑。"①

---

① 石佑启，陈可翔. 法治化营商环境建设的司法进路 ［J］. 中外法学，2020，32（03）：697-719.

第四节 法治化营商环境的区域特征与优化

一、法治化营商环境政策的区域特征

（一）我国法治化营商环境政策的整体进路

制度建设是优化营商环境的主要路径，法治建设是制度建设的高级形态，从"营造法治化营商环境"到"营造稳定公平透明、可预期的营商环境"，再到"法治是最好的营商环境"，法治贯穿于优化营商环境的论述之中。党中央、国务院及其直属部门发布的政策文件在宏观上决定了建设法治化营商环境的基本原则、重要方针及重点方向；最高人民法院与最高人民检察院发布的相关司法解释、司法文件和典型案例等为法治化营商环境的建设提供了在商事审判、产权司法保护、执行监督、商事多元纠纷解决机制等方面的指引。

从营商行政环境建设方面看，自 2015 年提出建设法治化营商环境与"简政放权、放管结合、优化服务"改革，我国将"简政放权、降低准入门槛""创新监管、促进公平竞争""高效服务、营造便利环境"三个理念贯彻至政策文件的制定之中，市场经济的发展必然要减少由外部制定的"人造秩序"①，减少对企业的干预，保证公平竞争的市场环境。与此同时，中央提出建立协调监管模式、运用大数据加强对市场主体的服务与监管、颁布"三大执法制度"等系统化的行政管理方式，对营商环境进行公正监管，全面营造高效、规范、透明的营商环境和政府服务体系。

从营商司法环境建设方面看，最高人民法院在 2017 年正式发文提出从司法方面提升营商环境的法治保障。随后发布一系列文件，旨在规范办理破产案件、深化供给侧结构性改革、营造稳定公平透明可预期的营商环境，强调建设一站式多元解纷机制、一站式诉讼服务中心，整合各类社会资源，充分调动各类解纷主体的积极性，从而实现共同参与、共同协作、共同治理的现代化治理体系，为营商环境法治化助力。

法治是衡量一个地区营商环境质量的基本标准，是各项要素的最大公约数，也是评价营商环境的最佳呈现介质。通过上述梳理可知，近年来对营商环境的建设重心也逐渐从全

---

① 弗里德利希·冯·哈耶克.法律、立法与自由：第 1 卷 [M].邓正来，张守东，李静冰，译.北京：中国大百科全书出版社，2000：55.

要素转向法治要素，通过立法、司法、执法和社会治理形成产权有保障、市场监管规范、司法独立和执法文明的法治化营商环境基本特征，并最终重点关注产权保护、纠纷解决等法治要素。我国总体营商环境的法治化水平在不断优化，地方政府在中央的指导下，因地制宜出台相应的治理文件，开展法治建设活动。在激发地方治理创造性和有效规范地方权力运作之间保持适度平衡，是各项权力由中央向地方转移的一个前提，也是地方治理的难题①。

（二）法治化营商环境政策的区域差距特征

1. 东部地区

全面优先型。东部地区政策文本的发布城市主要是上海、北京、福建、江苏、浙江和广东等省市，其中汕头最早提出营商环境法治化建设意见，发文主体相对均衡；从文本位阶来看，地方性法规和地方政府规章相对其他地区有较大的占比，地方司法文件数量也较多；政策文本涉及的主题不仅范围全面、内容详尽，还突出了破产案件的审理与执行问题，这是营商环境法治化建设的关键一步，因为处理好破产案件不仅紧跟中央对破产案件处理的指示方针，也对于推动经济高质量发展、深化供给侧改革、营造稳定公平透明可预期的营商环境具有十分重要的意义。经过综合分析可以看出，东部地区的营商环境法治化建设较领先，在依法行政的基础上，兼顾立法、执法与司法各个环节，与其他地区相较，或处于领军位置，或紧跟中央步伐，在央地互动过程中属于主动型，在地方横向比较中属于处于全面优先型。

2. 中部地区

基础稳健型。中部地区政策的总量较少，发文主体主要集中于政府和政府办公室，其他部门的参与度相对较低；从文本位阶上看，主要以地方规范性文件为主，而地方性法规和地方政府规章数量较少，说明中部地区对法治化营商环境的建设有一定重视度，但重视度与施政力度仍显不足；从政策主题上看，中部地区着重于产业园区的建设，注重规范数据平台、探索市场监管及明晰政府各项办事清单，这些措施属于营商环境法治化进程的基础性建设。通过梳理中部地区政策文件的内部性与外部性特征可知，中部地区的法治化营商环境建设处于基础建设型的中间进程，政策发文数量、等级与东部相比都存在一定差距，属于稳步建设的基础稳健型。

① 郑智航. 超大型国家治理中的地方法治试验及其制度约束 [J]. 法学评论，2020，38（01）：39-50.

3. 西部地区

滞后追赶型。西部地区从总体上看政策发文量为四个区域中最少的，其中西藏、宁夏、新疆等地以转发国家政策文件为主，独立制定针对当地经济发展状况的政策文件较少；从发文主体上看，与其他部门的联合建设存在短板；从文本位阶上看，西部地区处于相对滞后的状态，发文等级占比最多的是地方工作文件，由此也显示出西部地区对营商环境法治化的重视度有待提升；从政策主题上看，着重在加大对企业的投资力度、登记规范手续等前序环节发力，注重缩短办事时限，规范企业办理事项的程序。这些方面可以提升法治效率，但法治化体系建设仍显不足。便利化是我国早期营商环境的优化重点，西部地区依然处于营商环境的前序进程，在四个区域乃至与中央治理的比较中都处于滞后追赶状态。

4. 东北部地区

单一治理型。东北部地区的市均发文量领先于其他几个区域，主要是由于 2016 年 2 月 4 日国务院发布《国务院办公厅关于加强旅游市场综合监管的通知》，东三省及其下辖地级市紧跟其后发布了"旅游市场监管"的系列政策文件，致使东北部地区的发文量大增；从发文主体上看，也存在主体单一的问题；从本文位阶上看，缺少地方司法文件，说明东北部地区的营商环境法治化建设存在司法环节的缺漏，导致体系构建不平衡；从政策主题上看，东北部地区的政策视角主要集中在对市场监管执法的规范、行政行为的依法整顿及公务人员的作风问题上，贯彻了习近平总书记对黑龙江省提出的"坚持把改进干部作风作为振兴发展的重要保证"的要求。综上分析，东北部地区在法治化建设上着重突出对营商环境的监管、执法，但没有发布与营商环境相关的地方司法文件，这与国家 2017 年起重视营商环境的司法建设思路相比显得滞后，这就导致了即使东北部地区着力建设法治化的营商环境，也容易因政策不均衡而导致建设效果欠佳。质言之，东北部地区总体处于单一治理型状态。

二、营商环境法治化水平区域差距的制度根源

毋庸置疑，法治化营商环境建设不是政府的一家之责，也不能通过单一的行政权运作完成。它是一个系统性的工程，需要立法、行政、司法乃至社会组织的合力才能起到良好的效果。

（一）权力合理配置是权力规范运行的必要前提

第一，权力配置是权力运行的前置环节，只有合理配置才能规范运行。从权力运行理

论上看，权力配置与后续的权力运行、权力监督、权力保障等环节密切相关，如果不能保证权力配置是合理的，就很可能导致整个权力体系失序。故而，权力的合理配置需要保证权力的授予和运行被控制在一个合理的范围内，这是权力制约与监督的基础，也是权力规范运行的前提。

第二，权力的合理配置有助于防止滥用权力。在传统权力配置理论之下，行政权力占据主导地位，相对单一的权力配置导致权力高度集中与同质化，职权之间整合度与协调性较低，致使实践中权力运行不规范。权力区分的目的是为了达到一种均衡，即经过区分的权力之间建立起联系，他们相互作用、相互平衡。地方人大、法院、检察院等横向监督体系是用以引导、规范地方行为的关键性制度，如司法的监督作用对于克服地方政府决策行为的短期性、主观性有明显效果，对于纠正地方政府的非法治甚至反法治竞争行为能够产生积极作用①。共同权力合理配置原理表现为通过机关之间的分权与制衡来保障法治或自由等目的价值的实现②。

第三，权力的合理配置符合善治理论，有助于提高治理效能。善治理论认为，良善的制度规范能够对多元主体的利益冲突进行协调或提供利益协调的方式；对多重利益需求进行选择与整合，能减少基于公权力内部、公权力与私权利之间的利益博弈而产生的额外交易成本③。权力的合理配置是良善规范的内核之一，其能够有效促进行政权、立法权、司法权及私权利之间的平衡，防止公权力对私权利的侵犯和挤压，提高国家治理效能。

准确把握权力的本质与特性，正确认识行政权力的非垄断性及权力主体的多元性，实现权力在不同主体间的合理配置，保证各权力主体权责相当。在各自权限范围内依法履行职责，是保证权力规范运行的必要前提，只有权力配置实现了合理性，权力的使用才有可能规范化。

（二）权力规范运行是法治化建设的题中应有之义

权力来自权利的授予，并应当在其权限范围内实现对权利的保护。"公民以法律为依持，以保障自身权利和自由不为权力无端侵夺"，是法治首要的也是最终的价值追求，权力的规范运行是实现该目标的重要路径。国家的法治化建设就是以良善的法律为主导，多

① 周尚君. 地方法治竞争范式及其制度约束 [J]. 中国法学, 2017, No. 197 (03)：99.
② 黄宇骁. 立法与行政的权限分配 [J]. 法学家, 2020, No. 178 (01)：48.
③ 石佑启, 陈可翔. 法治化营商环境建设的司法进路 [J]. 中外法学, 2020, 32 (03)：701.

元主体共同参与，综合运用各种方式处理各层级公共事务的持续性互动过程①。这意味着，法治化建设已不再被单纯地看作解决纠纷的手段，而逐渐被视为创造新兴社会的工具。

新兴社会需要一种系统整合型的权力体系来规范权力的运行，从而实现法治建设所要求的自由、平等、公正与权利保障。在全面深化改革，推进国家治理体系和治理能力现代化的语境下，法治化建设的系统性、整体性和协同性之必要愈发凸显，这就要求权力诸要素与各环节的规范化。权力不得滥用无疑是法治建设的重要指标，以权力制约权力是权力规范运行与实现法治化建设的重要手段。如司法权与行政权的运行中，司法法治规范行政机关做出的行政许可、处罚和强制等行政行为，打破部门垄断和地方保护，建立与行政区划适当分离的司法管辖制度，这有助于监督政府全面正确履职，促进法治化建设。在权力规范运行的场域下，行政权内部自制相比外部权力的制衡更具有内生性、精准性、专业性、即时性，其与立法、司法有机结合，形成自我预防、自我发现、自我遏制、自我纠错于一体的系统化治理工具，既是规范权力运行最直接有效的途径，也是法治化建设的重要举措。

（三）地方法治化营商环境建设对横向权力配置提出更高要求

法治化营商环境建设需要充分认识营商环境建设与法治的内在契合，以"自由、平等价值为基础的市场制度和规范，使进入市场的主体有可预期的权利保障和公正的监管环境与公平的竞争环境"为逻辑起点，以立法、司法、执法几个维度为评价进路，当整体治理形成系统化、规范化的样态时，才能够完善法治化营商环境。要规范表达中央对地方的指引，地方人大、政府、法院、检察院之间的横向关系需形成规范配合与有效制约。这同时要求立法权、行政权、司法权在分配和行使时，应当呈现一种动态平衡，需要根据各地不同的实际状况进行灵活调整。对于市场这种以自由流通为基础的治理受众来说，则需要给予横向权力配置更多的关注，否则很可能会出现对市场主体权利的侵犯和挤压等负面效应。

就当前的状况而言，各区域呈现出大多以"行政权为主导，立法权与司法权配合"的模式来进行治理，与市场经营所涉及的环节相匹配，这无可厚非。但我们需要思考的是，立法权与司法权在和行政权的配合上，应当占据多少席位才能使该地营商环境实现动态化最优。在立法权和行政权的配置上，若过多强调以行政规制为主，即以规范性文件进行治

① 胡平仁. 法治理论与实践的新格局［J］. 法治研究, 2019, No. 125（05）: 63.

理，忽略立法的高位性规范，容易致使治理方针的稳定性、可预期性与大众可获知性受到削弱；在司法权和行政权的配置上，若忽视司法文件的规范作用，则区域的治理将呈现只攻不守的样态，即形成事前规范或事后监管等主动性较强的治理风格，容易使市场主体处于疲劳应对的状态。当其权益受到侵害时，被动性、消极性的司法权配置缺失，易导致市场主体正当权益的保障不足，权力与权利之间的张力失衡。在行政权内部的分配上，即政府各个职能部门的履职过程中，"应当将其视为一个内部多层子系统构成的静态系统，这一系统又是更大系统的组成部分，系统的多层次性形成了管理活动的多样性，并构成了与前者对应的动态管理系统"①，这是应然状态，而事实上很难形成这样的体系。政府内部往往存在行政权力分割、交叉与各自为政的现象，内部权力配置不当影响了政府职能部门的有效履职和当地营商环境的法治化建设。因此，在建设法治化营商环境的场域下，应当更加注重权力间的横向配置，尽量规避上述情景的出现，以更好地保障市场主体权益。

法治化营商环境的建设需要权力规范运行，而权力规范运行需要建立在权力合理配置基础之上。因此，要缩小区域之间营商环境法治化建设的差距，提升区域营商环境法治化建设水平，可尝试横向权力合理配置的思路，根据区域特征，调整立法、司法与行政三权的配置及政府内部职能部门的配合。

三、提升各区域营商环境法治化水平的对策

以合理配置横向权力为核心，根据各个区域不同的特征提出有针对性的对策，是缩小法治化营商环境区域差距与提升各区域营商环境法治水平的重要路径。

(一) 中、西部地区应由政策治理向法律治理转变并加强地方立法

制度在国家治理中具有根本性的作用，可以有效降低治理活动中的负外部性。营商环境是各种制度作用效果的外在表现，随着中央政府权力的逐步下放，地方法治的自主空间也逐渐增大，这些有益探索被《优化营商环境条例》吸收并肯定。此种背景下，中西部地区应当借势发挥，增加地方立法权的分配比重，加强地方立法活动来营造良好的法治化营商环境。地方性法规作为地方立法，是地方政治的理性平台——推行政策的合法性基础，行使权力的规范依据②，其能够更好地起到规范作用，提高民众法治意识和对法治的重视度，自上而下地统筹建设当地法治化营商环境。

---

① 关保英. 行政法的价值定位——效率、程序及其和谐 [M]. 北京：中国政法大学出版社，1997：110.
② 秦前红，李少文. 地方立法权扩张的因应之策 [J]. 法学，2015，No. 404（07）：11-18.

有学者在研究某省营商环境条列后发现，条文的信号越强、指向性越强，越易受到关注，也最有趋势转化为具体规范和措施，而这种强度的识别之一则在于：上位法或行政层级的效力外观——层级越高强度越高①。对地方治理来说，地方性法规的效力层级最高，因而最易受到民众的关注与遵循。综合各区域政策文件来看，地方性法规数量均较少，特别是中部和西部，对当地的法治规制手段主要是地方规范性文件，该类文件在制定实施过程中的稳定性、透明度和执行力不足，难以贯彻落实。因此，应当在治理规划中提高地方性法规的比重，结合当地实际情况统筹立法活动。营商环境的制度化程度、稳定性与透明度越高，政策位阶与权威性越高，则营商环境的法治化程度就越高。当前，北京、上海、山西等省市已紧跟国务院步伐出台当地优化营商环境的条例，各地区特别是中、西部地区可以从优化营商环境条例的制定与实施入手，提高治理文本位阶，以地方性法规确定当地营商环境法治化建设的基本路径、原则和内容。

（二）中、西、东北部地区应由独立治理向协同治理转变

治理的基础不是控制而是协同，是多元权力（权利）的持续互动、信任合作与协调平衡②，是建立相容性激励机制与成本分摊机制，解决利益不对称问题，促进各类主体积极参与。协同治理从根源上说，即权力合理分配和运行，只有合理配置权力，才能使治理行为达到动态平衡和协调，使治理效果最大化。实现协同治理的根基为制度安排，也即各项权力合理配置，表现为各部门联合发布"建设法治化营商环境"相关政策文件，进行协同治理。只有了解第一步的协同安排才能够将治理目标和协同治理行为最高程度地统一，减少体制机制障碍，提高协同治理执行力。因此，中、西、东北部地区应当进一步转变治理思路，由独立治理向协同治理转变，从联合发布治理文件入手提升协同治理能力。

首先，各部门联合发文可以相互制约、相互促进，达到更优的治理实效。权力天生具有扩张性与腐蚀性，需要将其关在制度的笼子里才能够保证其正向作用，而协同治理能够很好地制约彼此，更有可能获得良好的治理效果。合作、协调是治理的重要作用机制，任何单一治理机制都不可能包揽全部公共事务，也无法有效应对各种可能的风险，且当前的地方立法布政模式难免会有利益上的争夺，出现一定程度的部门利益化倾向。故而，构建多主体、多向度的合作互动关系是现代社会治理的必然要求，也能够在一定程度上避免治

---

① 李明哲. 地方立法中的反思理性——以 G 省《优化营商环境条例》为例 [J]. 辽宁大学学报（哲学社会科学版），2019，47（06）：115.

② 俞可平. 治理与善治 [M]. 北京：社会科学文献出版社，2000：9-15.

理主体因利益相争、互不忠诚而导致的囚徒困境。

其次，各部门联合发文利于增强协调性与体系性，能避免适用冲突，降低政策制定和实施的成本。党的十八届三中全会通过的《中共中央关于全面深化改革若干重大问题的决定》中强调"要更加注重改革的系统性、整体性与协同性"，这也决定了法治化营商环境建设需注重系统性、整体性与协同性。其一，多主体联合发文不仅可避免多头发文、重复发文，坠累营商法治环境，且保证了一个文件在多个领域内适用，使各环节更好的衔接，提高法治化建设的整体性与协调性。其二，多主体联合发文减少文件制定和实施成本，各发各文容易忽视相邻领域规定，极易造成文件的冲突和不协调，在执行中难以界定其效力，而联合发文能够避免上述弊端，节约立法和执法成本。

联合发文既避免了某些部门"利己化""分割化"的现象，增加制度的科学性、透明性、系统性与协调性，提升各部门协同治理的积极性，又有利于对立法资源进行有益整合与合理配置，降低政策制定和执行的成本。从上文的统计分析来看，除了东部地区联合发文比例为8.4%，其他地区的联合发文比例仅在2%左右，远低于东部地区。因此，其他地区可借鉴东部地区的经验，在涉及面广、介入环节多的事项中，如项目审批、执法监管、破产办理等方面进行联合发文、联合治理。

（三）东北部地区应由行政监管向司法保障转变

法律体系是有机统一的，要使其发挥应有的功能则需要各要素之间相互配合。行政与司法作为法治一体化的基本结构性要素，二者相互衔接与互动是必不可少的，这不仅是系统自律性和运作一体性的要求，也是权力合理配置的要求，需要将权力的规范运行融入营商环境法治化建设的各个方面，促进司法与行政的横向联动，才能保障制度建设的体系性与可持续性。当下我国营商环境法治化实践场景中具有行政与司法相关联、相渗透的特点，虽然行政总体上占据主动性，但随着经济发展，利益也趋于复杂化和多元化，这种局面需要全面、有机的法律体系才能够应对，司法的到位即是维持这一体制有效运行的重要保障[①]，换言之，优越的法治化营商环境必然要求公正、透明和有效的司法环境作为保障。

作为化解矛盾纠纷、维护社会公平正义的最后一道防线，法院如何通过司法权注入并发挥司法功能，不断促进区域营商环境法治化水平的提升，不仅关系到市场主体能否平等、公平地享受司法服务，也决定着该区域法治化营商环境总体发展战略实施的水平。通

---

① 孙笑侠. 先行法治化："法治浙江"三十年回顾与未来展望 [M]. 杭州：浙江大学出版社，2009：118.

过对比东部地区的相关措施，东北部地区发布司法文件的关注点可聚焦于以下几个方面。

其一，应当着重保护市场主体的产权。产权公正平等地受保护是企业生存和发展的前提，是吸引企业入区投资的重要条件。如广东省高级人民法院发布加强产权司法保护典型案例、深圳市中级人民法院发布加强产权司法保护的实施意见，平等保护各类主体的合法权益，以制度化、规范化的形式提升司法水平。其二，应当积极构建多元解纷机制。调解、仲裁等商事纠纷的非诉讼解决机制可以简化商事纠纷的化解流程，减轻企业的诉讼成本，为企业提供高效便捷的定分止争模式。如江苏省高级人民法院发布《关于建设一站式多元解纷机制一站式诉讼服务中心的实施纲要》，积极响应中央号召，制定了符合本地情况的实施细则，体现营商环境构建的包容性和宽容性精神①。其三，加快优化破产重整案件办理机制。破产重整制度作为一种企业挽救制度，其有效运转能最大限度地发挥闲置资产价值，加快消化沉淀资本，促进实体经济和产业体系优质高效重组。各地法院应当积极探索科学的破产重整案件办理模式，使企业资源能够重新整合获得新生。如广东、浙江、江苏等多地法院颁布了关于破产审判的相关指引细则与典型案例，使东部地区的司法营商环境不断提升，切实保障了困难企业的合法权益。

（四）各区域应制定地方营商法制环境评估体系

法律只有及时修改、补充、废止才可永葆生命力，而地方立法评估正是实现这一目标的重要手段。通过"回头看"来考察立法，回顾权力配置的妥适性，发现不合理之处并寻求弥补之道，可以使法制建设的具体措施修订和评价一体化。虽然《中华人民共和国立法法》中没有认可地方规范性文件等治理文件作为行政立法的属性，但现实中该类规范却对本区域内的行政相对人有约束能力，甚至能创设权利和义务②，从这一角度来看，地方治理文件的类立法化特征明显。

当前，我国已有广东、福建、陕西等26个省级政府颁布了相关的立法评估文件，但鲜少有对除法规、规章外的治理文件进行评估，导致对地区立法评估的周延性不足，存在片面性。在营商环境领域也有各地政府与科研机构开展了法治化评估工作，最具代表性的为浙江余杭法治指数、广东营商法治环境指数等，这些地方法治评估多是以政府自评、专家评估和发放问卷的形式调查群众对政府法治建设的满意度，为地方政府全面优化法治政府建设提供了重要依据。但现有的评估体系也存在不足，一方面，这些评估指数大多包括

---

① 李瑜青. 法治社会理论与实践探索 ［M］. 上海：上海人民出版社，2016：332-335.
② 刘松山. 违法行政规范性文件之责任研究 ［M］. 北京：中国民主法制出版社，2007：2-11.

法制环境、执法环境、司法环境和守法环境四个板块，偏向于立法后的评估，如是否有效执行了政策，是否合法合理的完成要求等，而对于立法布政环节关注较少，即重实然、轻应然。另一方面，在繁杂的专家评估、调查问卷、实地调研与数据分析过程中，需要耗费大量的人力、物力与财力，显而易见，法治评估工作难度大、耗时久，因此，仅占法治评估体系 1/4 篇幅的法制环境评估难免受到冷落。针对该问题，实践中可借鉴重庆司法评估指数，制定单独的地方营商法治环境评估体系，也即对地方"立法"方面进行评估。上文已述，地方治理文件的类立法化特征明显，故而"法制"应当作扩张解释，包括规范性文件等地方治理文件。这样不仅能够从应然角度审视当地治理政策的优劣，更能从立法环境的源头把关。只有科学有效的政策才能够在营商环境的建设中真正发挥作用，否则布政数量再多，也只是部门政绩评估的加分项，而不是市场主体法治保障的加分项。各区域应结合本地实情拟定各项指标与权重，采用实证研究的方法，客观全面地了解、评估政策文本的颁布、实施状况，并为提升营商环境法治化水平提供科学的建议。

第二章 现代营商环境法治化的根基
——法律制度

第一节　宪法与行政法律制度

一、宪法

宪法是国家的根本法，是有关国家权力及其运行规则、国家基本制度以及公民的基本权利和义务的法律规范的总称。

宪法作为中国的根本法，与其他普通法律相比，有其独有的特征。宪法的特征包括形式特征和实质特征。宪法的形式特征为：宪法内容的根本性、效力的最高性、制定和修改程序的特殊性。宪法的实质特征为：宪法是公民权利的保障书、是民主制度法律化的基本形式、是各种政治力量对比关系的集中体现。

（一）中国宪法的基本原则

1. 人民主权原则

人民主权原则又被称为主权在民原则，它所要解决的是权力来源与国家合法性问题。主权可以创造一切、变更一切，而没有其他的权力能够限制它，所以被称为最高权力。

《中华人民共和国宪法》体现了人民主权原则，《宪法》第2条规定："中华人民共和国的一切权力属于人民。人民行使国家权力的机关是全国人民代表大会和地方各级人民代表大会。人民依照法律规定，通过各种途径和形式，管理国家事务，管理经济和文化事业，管理社会事务。"

2. 基本人权原则

人权是人之为人应该享有的权利，不得非法限制和剥夺。人权（又称基本人权）是指

"人，因其为人而应享有的权利"。它主要的含义是：每个人都应该受到合乎人权的对待。人权的本质特征和要求是自由和平等。人权的实质内容和目标是人的生存和发展。在当今的国际社会，维护和保障人权是一项基本道义原则。是否合乎保障人权的要求已成为评判一个集体（无论是政治上的还是经济上的）优劣的重要标准。

基本人权原则在中国宪法中的体现：从共同纲领开始，中国在历部宪法中都以专门章节的形式规定"公民的基本权利和义务"，列举公民的基本权利。

3. 法治原则

宪法的发展史是权力不断受到约束和规范的历史。人民不断追求个人的自由与幸福，防止国家专制恣意之行为。在宪法之下，立法部门、行政机构以及司法部门的行为都应当以宪法和法律作为行使权力的根据与界限。国家治理必须依据宪法和法律。

4. 权力制约原则

作为社会主义国家，中国在权力制约方面采取了民主集中制原则，并将民主集中制原则作为国家机构组织和活动的基本原则，同时也规定为中国宪法的基本原则。民主集中制是一种民主与集中相结合的制度，是在民主基础上的集中和在集中指导下的民主的结合。一方面，民主要受到集中的制约，民主是集中指导下的、能够形成和实现正确集中的民主；另一方面，集中也要受到民主的制约，集中是民主基础上的、始终包含着民主成分和因素的集中。中国宪法关于国家权力机关与人民的相互关系、人民代表大会和其他国家机关之间的关系、中央和地方之间的相互关系、国家机关内部关系等，都是按照民主集中制原则加以规定的。

（二）国家基本制度

中国的基本制度主要包括经济制度、政治制度、文化制度等。

1. 经济制度

经济制度是指一国通过宪法和法律调整以生产资料所有制形式为核心的各种基本经济关系的规则、原则和政策的总称，概括来说，它包括生产资料的所有制形式、各种经济成分的相互关系及其宪法地位、国家发展经济的基本方针、基本原则等内容。

社会主义宪法对经济基础的确认主要表现在：一方面，明确宣告公有制是社会主义制度的经济基础，国家保护公有财产神圣不可侵犯，从而与资本主义宪法形成鲜明的对照；另一方面，社会主义宪法不仅宣告实行生产资料公有制，而且全面规定了经济体制、分配原则、国家发展经济的基本方针、政策以及经营管理方式等内容。

2. 政治制度

中国政治制度主要包括一个根本政治制度和三个基本政治制度。一个根本政治制度就是人民代表大会制度；三个基本政治制度就是中国共产党领导下多党合作和政治协商制度、民族区域自治制度、基层群众自治制度。

3. 文化制度

中国宪法对文化制度作出了明确规定，主要内容包括以下几个方面。

（1）发展教育事业。

百年大计，教育为本。强国必先强教，优先发展教育、提高教育现代化水平，对全面建成小康社会目标，建设富强、民主、文明、和谐、美丽的社会主义现代化国家具有决定性意义。《宪法》第46条第1款规定："中华人民共和国公民有受教育的权利和义务。"受教育是公民享有的基本权利，又是公民承担的基本义务。为此，国家应当为公民接受教育提供相应的条件和设施。《宪法》第19条明确规定了国家发展社会主义的教育事业，提高全国人民科学文化水平的基本方针。

（2）发展科学、医疗卫生、体育和文化事业。

在科学方面，《宪法》第20条规定："国家发展自然科学和社会科学事业，普及科学和技术知识，奖励科学研究成果和技术发明创造。"科技是第一生产力，是推动国家发展、社会进步的巨大力量，发展科技事业直接关系社会主义现代化建设事业的顺利推进。发展科技事业，首要的是要鼓励科学技术创新，推动科技在发展中的引领作用，为发展注入持久动力，最终实现全面、协调和可持续发展。

在医疗卫生方面，《宪法》第21条第1款规定："国家发展医疗卫生事业，发展现代医药和我国传统医药，鼓励和支持农村集体经济组织、国家企业事业组织和街道组织举办各种医疗卫生设施，开展群众性的卫生活动，保护人民健康。"

在体育方面，《宪法》第21条第2款规定："国家发展体育事业，开展群众性的体育活动，增强人民体质。"

在文化方面，《宪法》第22条规定："国家发展为人民服务、为社会主义服务的文学艺术事业、新闻广播电视事业、出版发行事业、图书馆博物馆文化馆和其他文化事业，开展群众性的文化活动。国家保护名胜古迹、珍贵文物和其他重要历史文化遗产。"

（3）培养专业人才，发挥知识分子作用。

《宪法》第23条规定："国家培养为社会主义服务的各种专业人才，扩大知识分子的队伍，创造条件，充分发挥他们在社会主义现代化建设中的作用。"

首先，国家通过培养各种专门人才，使知识分子人数不断增加，队伍不断壮大。

知识分子的概念是不确定的，一般是指具有较高文化水平并主要从事脑力劳动的人。近一二十年，随着高等教育规模的迅速扩大，高校普遍扩招，培养的本科生、研究生人数也快速上升。

其次，国家创造条件，充分发挥知识分子在社会主义现代化建设中的作用。

社会主义市场经济体制的建立，对知识、对人才提出了更高的要求，市场经济呼唤人才，改革开放需要人才，现代化建设离不开人才。

（4）弘扬社会主义核心价值观。

《宪法》第24条规定："国家通过普及理想教育、道德教育、文化教育、纪律和法制教育，通过在城乡不同范围的群众中制定和执行各种守则、公约，加强社会主义精神文明的建设。国家倡导社会主义核心价值观，提倡爱祖国、爱人民、爱劳动、爱科学、爱社会主义的公德，在人民中进行爱国主义、集体主义和国际主义、共产主义的教育，进行辩证唯物主义和历史唯物主义的教育，反对资本主义的、封建主义的和其他的腐朽思想。"爱祖国、爱人民、爱劳动、爱科学、爱社会主义，简称"五爱"。这是中国全体公民必须共同遵循的五种基本道德规范，也是中国社会主义道德建设的基本要求。

（三）公民的基本权利和义务

公民的基本权利和基本义务共同反映并决定着公民在国家中的政治地位与法律地位，同时也是普通法律所规定的公民权利与义务的基础和原则。中国公民的基本权利主要有平等权、基本政治权利、宗教信仰自由、人身自由、社会经济权利、文化教育权利和自由、批评建议申诉控告等。公民的基本义务主要有维护祖国统一和各民族团结；遵守宪法和法律，保守国家秘密，爱护公共财产，遵守劳动纪律，遵守公共秩序，尊重社会公德；维护祖国的安全、荣誉和利益；保卫祖国，依法服兵役和参加民兵组织；依照法律纳税等。

（四）国家机构

国家机构是国家为实现其管理社会、维护社会秩序职能而建立起来的国家机关的总和。从横向划分，它包括立法机关、行政机关、监察机关、审判机关、检察机关、军事机关等；从纵向划分，国家机构分为中央国家机关和地方国家机关两大类。中央和地方国家机关职权的划分，遵循在中央统一领导下，充分发挥地方的主动性和积极性的原则。国家机构的组织和活动原则为：民主集中制原则、责任制原则和法治原则。

中央国家机关是国家最高层次的政权组织体系，依据宪法分为全国人民代表大会及其常务委员会、中华人民共和国主席、国务院、中央军事委员会、国家监察委员会、最高人民法院、最高人民检察院。

地方国家机关（县级以上地方国家机关）分为人民代表大会及其常务委员会、人民政府、监察委员会、人民法院和人民检察院。乡、民族乡、镇的国家机关分为人民代表大会和人民政府。

二、行政法律制度

（一）行政法律制度概述

行政法是调整和规范行政权的部门法，是规范行政权的授予、行使和运作及其监管的法律规范的总称，是中国社会主义特色法律体系的重要组成部分。

目前，中国的行政法体系基本完备，其内容涵盖了行政主体、行政行为、对行政救济及监督等方面，行政法规包括《国务院组织法》（简称《国务院组织法》）、《行政许可法》（称简《行政许可法》）、《行政强制法》（简称《行政处罚法》）、《行政处罚法》（简称《行政复议法》）、《行政复议法》（简称《行政诉讼法》）、行政诉讼法等法律法规。除在全国范围普遍适用的法律外，地方政府制定亦在上位法的概念下对其内容进行了具体的规定。但本书讨论的行政法内容限于在全国范围内适用的一般行政法律规范。

（二）行政法律制度的基本原则

1. 依法行政原则

行政机关的职权和在行使职权中产生的权利义务必须以法律为依据。《行政处罚法》第 3 条第 1 款明确规定："公民、法人或者其他组织违反行政管理秩序的行为，应当给予行政处罚的，依照本法由法律、法规或规章规定，并由行政机关依照本法规定的程序实施。"《行政许可法》第 4 条规定："设定和实施行政许可，应当依照法定的权限、范围、条件和程序。"

2. 合理行政原则

合理行政是指行政机关行使行政权力应当客观、适度、符合理性。《行政许可法》第 5 条第 1 款规定："设定和实施行政许可，应当遵循公开、公平、公正的原则。"《行政处罚法》第 4 条第 1 款规定："行政处罚遵循公正、公开的原则。"《行政强制法》第 5 条规定：“行政强制的设定和实施，应当适当。采用非强制手段可以达到行政管理目的的，不得设定和实施行政强制。”

3. 程序正当原则

行政行为的作出要符合法定程序，未依法定程序作出的行政行为的效力具有一定的瑕疵甚至无效。《中华人民共和国政府信息公开条例》（简称《政府信息公开条例》）第 6 条规定：“行政机关应当及时、准确地公开政府信息。行政机关发现影响或者可能影响社会稳定、扰乱社会和经济管理秩序的虚假或者不完整信息的，应当发布准确的政府信息予以澄清。”《行政许可法》第 5 条第 2 款规定：“有关行政许可的规定应当公布；未经公布的，不得作为实施行政许可的依据。行政许可的实施和结果，除涉及国家秘密、商业秘密或者个人隐私的外，应当公开。未经申请人同意，行政机关及其工作人员、参与专家评审等的人员不得披露申请人提交的商业秘密、未披露信息或者保密商务信息，法律另有规定或者涉及国家安全、重大社会公共利益的除外；行政机关依法公开申请人前述信息的，允许申请人在合理期限内提出异议。”《行政处罚法》第 4 条第 3 款规定：“对违法行为给予行政处罚的规定必须公布；未经公布的，不得作为行政处罚的依据。”该原则的内容包括：行政公开、公众参与、回避。其中，公众参与主要包括获得通知权、参与权、表达权、监督权。

4. 高效便民原则

行政行为的作出要符合效率高、利民的理念。《行政许可法》第 6 条规定：“实施行政许可，应当遵循便民的原则，提高办事效率，提供优质服务。”第 25 条规定：“经国务院批准，省、自治区、直辖市人民政府根据精简、统一、效能的原则，可以决定一个行政机关行使有关行政机关的行政许可权。”

高效便民原则的内容包括行政效率原则和便利当事人原则。行政效率原则要求行政机关应当积极履行法定职责，禁止不作为或不完全作为，同时，行政机关必须遵守法定时限，禁止不合理迟延。便利当事人原则要求行政机关在行政活动中应当减轻当事人的负担，便利当事人。

5. 诚实守信原则

诚实守信原则主要是指信赖利益保护原则。诚实原则要求行政机关根据的信息应当全面、准确、真实。信用原则要求非因法定事由并经法定程序，行政机关不得撤销、变更已经生效的行政决定，除此之外，还要求若因国家利益、公共利益或者其他法定事由需要撤回或者变更行政决定的，应当依照法定权限和程序进行，并对行政相对人因此受到的信赖利益损失依法予以补偿。

（三）行政主体法律制度

行政主体法律制度是关于行政机关的组建及其法律地位、公务员的产生及其法律地位，主要包括行政组织法、公务员法等法律。

1. 行政组织法

行政组织法是规定行政机关的职权和其所属机构、公务员关系的法律规范。行政机关行使的行政职权由宪法和法律设定，行政机关不能给自己设定职责和权限。目前，中国有两部重要的行政组织法，即《中华人民共和国国务院组织法》和《中华人民共和国地方各级人民代表大会和地方各级人民政府组织法》。

《中华人民共和国国务院组织法》对于国务院的组成、职能和基本活动方式作出了具体的规定，国务院行使由宪法赋予其的法定职权。《中华人民共和国地方各级人民代表大会和地方各级人民政府组织法》对于地方政府的权限和职能进行了规定。

2. 公务员法

公务员是依法履行公职、纳入国家行政编制、由国家财政承担其工资福利的工作人员。《中华人民共和国公务员法》对于公务员管理的各个制度进行了规定，我们对公务员的介绍主要以该法为主线。

（四）行政行为法律制度

行政行为分为抽象行政行为和具体行政行为两种。抽象行政行为是行政立法有关的行政行为，具体行政行为则是国家行政机关依法行使行政权力，就特定的事项对特定的主体作出的有关其权利义务的单方的行政行为。

1. 抽象行政行为

（1）行政法规。

在中国，行政法规是指中华人民共和国国务院领导和管理国家各项行政工作，根据宪法和法律，按照行政法规规定的程序制定的政治、经济、教育、科技、文化、外事等各类法规的总称。

（2）行政规章。

行政规章有国务院的部门规章和地方政府的规章两种。

国务院的部委行署、具有行政管理职能的直属机构以及被授权的直属事业单位，可以根据法律和国务院的行政法规、决定、命令，在本部门的权限范围内，制定规章。

省、自治区、直辖市和设区的市、自治州的人民政府，可以根据法律、行政法规和本省、自治区、直辖市的地方性法规，制定规章，其中设区的市、自治州政府制定地方政府规章，限于城乡建设与管理、环境保护、历史文化保护等方面的事项。

行政规章的制定，没有上位法的依据，不能设定减损公民、法人和其他组织权利或者增加其义务的规范。

规章的制定程序和行政法规几乎一致，都要经历立项、起草、审查、决定和公布几个阶段。

（3）规范性文件。

规范性文件是指行政机关针对不特定的对象发布的能够反复适用的行政文件。其基本特征是：针对的对象不特定，能够反复适用。制定主体广泛：各级政府及其工作部门在行政管理过程中都可以依法制定。

2．具体行政行为

具体行政行为依据不同的标准可以进行多种不同的分类，这里主要介绍几种在中国比较重要的具体行政行为，包括行政许可、行政处罚、行政强制、行政公开和行政征收。

（1）行政许可。

行政许可是一种依申请的、授益性的、要式的、过程性、连续性的、是对一般禁止的解除的行政行为。

（2）行政处罚。

行政处罚是指行政主体依照法定职权和程序对违反行政法规范、尚未构成犯罪的相对人给予行政制裁的具体行政行为。

（3）行政强制。

行政强制包括行政强制措施和行政强制执行。

行政强制措施必须依法进行。

第一，实施前须向行政机关负责人报告并经批准；

第二，必须有2名以上行政执法人员实施；

第三，执法人员当场要出示执法身份证件；

第四，应通知当事人到场并且当场告知当事人采取行政强制措施的理由、依据以及当事人依法享有的权利；

第五，告知后听取其陈述和申辩；

第六，制作现场笔录，该笔录由当事人和行政执法人员签名或者盖章，当事人拒绝的，在笔录中予以注明；

第七，如果当事人不到场的，邀请见证人到场，由见证人和行政执法人员在现场笔录上签名或者盖章。

根据我国行政诉讼法的规定，中国的行政强制执行有行政机关自己强制执行和申请法院强制执行两种，但法律明确规定了有些行政机关没有强制执行权。行政机关自己强制执行的一般程序包括：催告、当事人的陈述和申辩、作出强制执行决定。除一般程序外，还有金钱给付义务的执行、代履行等程序。对于申请法院强制执行的案件，必须要申请人自己向行政机关申请，经法院的形式审查和实质审查后，作出准予执行行政行为的裁定或者不予执行的裁定。当情况紧急或者为了公共利益保障公共安全时，行政机关可以申请法院立即执行。

（4）行政公开。

政府信息公开是现代政府的一项基本义务，是公民知情权得以实现的前提和保障。政府信息公开的主体是全国和地方政府信息公开的主管部门。

政府公开的信息范围有三种：主动公开、依申请公开和不予公开。包括涉及公民、法人或者其他组织切身利益的、需要社会公众广泛知晓或者参与的、反映本行政机关机构设置、职能、办事程序等情况的以及其他依照法律、法规和国家有关规定应当主动公开的。当公民、法人或者其他组织对自己的生产、生活、科研等有特殊需要时，可以向国务院部门、地方各级政府及县级以上地方政府部门申请获得相关政府信息。而当信息涉及国家秘密时，绝对不予公开；对于涉及商业秘密、个人隐私的信息，经过权利人同意公开或者行政机关认为不公开可能对公共利益造成重大影响的，可以予以公开。

（五）行政救济的法律制度

对于执行机关作出的具体行政行为，若当事人认为其行为损害了自己的合法权益，可以通过行政复议和行政诉讼对自己的权利进行救济。

1. 行政复议

当当事人认为行政主体的行政行为侵犯其合法权益时，可以依法向行政复议机关提出复查该行政行为的申请，行政复议机关按照法定程序对该行政行为的合法性和合理性进行审查，并附带对行政行为依据的规范性文件进行审查，作出裁决。对于行政复议的受案范围，中国采取了概括和列举相结合的混合方式加以规定。

行政复议的主体包括申请人、被申请人、第三人、代表人及代理人等。申请人有行政相对人和行政相关人两类。被申请人则是作出行政行为的行政机关。第三人是认为自己与被申请行政复议的行政行为存在着利害关系进而参加到行政复议中来的主体。当同一行政复议案件的申请人超过 5 人时，可以推举 1~5 人作为代表参加行政复议。在行政复议中，只有申请人和第三人可以委托 1~2 名代理人进行行政复议。

根据行政复议法的规定，复议机关针对不同的情形，可以作出如下几种复议决定：维持决定；责令履行决定；撤销、变更、确认违法和责令重新作出行政行为的决定；驳回复议申请决定；附带赔偿决定。当该复议决定是在法定期限内作出并且依法送达的情况下，该行政复议决定生效。

2. 行政诉讼

对于行政诉讼的受案范围，《中华人民共和国行政诉讼法》第 2 条规定："公民、法人或者其他组织认为行政机关和行政机关工作人员的行政行为侵犯其合法权益，有权依照本法向人民法院提起诉讼。前款所称行政行为，包括法律、法规、规章授权的组织作出的行政行为。"

行政诉讼程序包括一审程序、二审程序和审判监督程序几种。一审程序是最完整、应用最广泛的程序。在一审程序中，首先要组成合议庭，其后交换起诉状，经过传唤与通知使当事人到场参加庭审，最后进行宣判。

根据判决内容，可以将行政诉讼判决分为：驳回诉讼请求判决、撤销判决、履行判决、给付判决、确认违法或无效判决、变更判决六种。

第二节　民商事法律与经济法律制度

一、民商事法律制度

（一）民商事法律制度的体系

民商事法律体系的构建与采取民商分立还是民商合一的立法模式关系很大。中国采取民商合一的立法模式。

中国对于民商事的立法采用的是民商合一的模式，即以民法总则为核心，以民事、商事单行法以及相关的司法解释构成的体系。其中，民法领域除民法总则外，还有物权法、合同法、知识产权法、婚姻法、家庭法、继承法等；商事领域则有公司法、合伙企业法、个人独资企业法、外商投资法等法律规范。

（二）民商事法律制度的基本原则

1. 民事法律制度基本原则

中国民法总则确定了民法的基本原则有：平等原则、自愿原则、私法自治原则、公平原则、诚实信用原则、公序良俗原则等。几项原则中，私法自治原则是核心，基于私法自治原则，法律制度赋予并保障每个民事主体具有在一定的范围内，通过民事行为，特别是合同行为来调整相互关系的可能性，其核心内涵是确认并保障民事主体的自由。私法自治原则之所以成为民法基本原则中核心的原则是因为民法是市民社会的基本法。

2. 商事法律制度基本原则

商事法律制度的基本原则主要有：促进交易自由原则，在商法中交易自由主要反映在合同自由、企业自治和市场自律。维护交易公平原则，当事人的法律地位一律平等，当事人应该按照诚实信用原则从事交易活动。提高交易效率原则，法律通过交易定型化和时效短期化交易程序，弱化交易方式。确保交易安全原则，商法通过规定强制性规范、公告周知义务、告知或者通知义务等确保交易安全。

（三）民商事主体制度

民事上主体是民商事法律关系的主体要件，根据主体有无人格性，可以将民商事主体分为自然人、法人和非法人组织。但要想成为法律意义上的主体，必须具备法律规定的相应要件。

民商事主体，即民商事法律关系的主体，依中国法律，包括公民、法人及其他组织，以及个别情形下的国家（如国家成为无主财产的所有人）。

1. 自然人制度

自然人进行民事法律行为需要具备民事权利能力和民事行为能力，《中华人民共和国民法总则》第 13 条规定："自然人从出生时起到死亡时止，具有民事权利能力，依法享有民事权利，承担民事义务。"即中国自然人的民事权利能力开始时间为出生之时，终止时间为死亡之时。同时，在此规定中，还涉及自然人的宣告死亡制度，即经利害关系人申请，由法院依照法律规定的条件和程序，判决宣告下落不明满法定期限的公民死亡。宣告死亡和自然死亡具有相同的法律效果，但是，被宣告死亡的人重新出现或者确知他没有死亡，经本人或者利害关系人申请，人民法院应当撤销对他的死亡宣告，有民事行为能力人在被宣告死亡期间实施的民事法律行为有效。

关于自然人的民事行为能力，中国将民事行为能力分为完全民事行为能力、限制民事行为能力和无民事行为能力。

2. 法人制度

法人是具有民事权利能力和民事行为能力，依法独立享有民事权利和承担民事义务的组织。法人根据学理和民法总则的规定，可以进行不同的分类。在中国，对不同的法人，设立的原则也不同。例如机关、事业单位法人是依据宪法和法律规定设立的，其采取的是特许设立主义；而有限责任公司则是准则主义。在中国，法人必须依法设立，而且通常情况下，法人的设立都须经过登记。

3. 非法人组织

非法人组织是不具有法人资格，但是能够依法以自己的名义从事民事活动的组织。非法人组织包括个人合伙、合伙企业、个人独资企业、不具有法人资格的专业服务机构等。

个人合伙是指两个以上公民按约各自提供资金、实物、技术等，合伙经营、共同劳动的行为或组织形式。

合伙企业，是指民事主体依法设立的由各合伙人订立合伙协议，共同出资、合伙经营、共享收益、共担风险的营利性组织。根据合伙企业法的规定，合伙人可以是自然人，也可以是法人和其他组织。

个人独资企业是指依照《中华人民共和国个人独资企业法》在中国镜内设立的由一个自然人投资，财产为投资人个人所有，投资人以其个人财产对企业债务承担无限责任的经营实体。个人独资企业的设立需要的条件为：投资人为一个自然人、有合法的企业名称、有投资人申报的出资、有固定的生产经营场所和必要的生产经营条件、有必要的从业人员。

（四）民商事权利制度

民商事法律关系中的核心是民商事权利。民事权利包括人身权、财产权两部分，其中人身权又包括人格权和身份权；财产权包括物权、债权、知识产权。中国民事权利制度主要包括物权、债权、知识产权等制度。

1. 物权制度

（1）所有权。

《中华人民共和国物权法》第 39 条规定："所有权人对自己的不动产或者动产，依法享有占有、使用、收益和处分的权利。"所有权的权能包括：占有权能，是对所有物加以实际管理或控制的权利；使用权能，是在不损毁所有物或改变其性质的前提下，依照物的性能和用途加以利用的权利，使用权能也可以转移给非所有人行使，并且使用权能仅适用于非消耗物；收益权能，是收取所有物所生利益（孳息）的权利；处分权能，是对所有物依法予以处置的权利。处分包括事实上的处分和法律上的处分。处分权能是所有权内容的核心和拥有所有权的根本标志，其通常只能由所有人自己行使。

（2）用益物权。

用益物权，是物权的一种，是指非所有人对他人之物所享有的占有、使用、收益的排他性的权利。根据中国物权法的规定，用益物权包括：土地承包经营权、建设用地使用权、宅基地使用权。

（3）担保物权。

物权法及担保法规定，担保物权分为抵押权、质权与留置权。根据产生依据的不同，担保物权可以分为法定担保物权与约定担保物权；根据担保物种类的不同，担保物权可以分为动产担保物权、不动产担保物权和权利担保物权。

2. 债权制度

（1）债的发生根据。

根据中国法律的规定，债的发生依据主要有：合同、侵权行为、不当得利、无因管理、单方允诺、悬赏广告、缔约过失、遗赠等都可以成为债的发生根据。

（2）债的变更。

债的变更是指债因一定的法律事实而改变其主体、内容或客体。债的变更只能发生在债成立后、尚未履行或者尚未完全履行之前。

（3）债的消灭。

债的消灭又称为"债的终止"，是指债在客观上不再存在，债权债务关系归于消灭。

3. 知识产权制度

知识产权有广义和狭义之分。广义的知识产权包括著作权、邻接权、商标权、商号权、商业秘密权、产地标记权、专利权、集成电路布图设计权、植物新品种权等各种权利。狭义的知识产权，即传统意义上的知识产权，包括著作权、专利权、商标权三个组成部分，其中的专利权与商标权合称工业产权。世界贸易组织《与贸易有关的知识产权协定》明确规定，知识产权属于私权。在中国，知识产权属于民事权利。民法总则规定，知识产权包括著作权、专利权、商标权、发明权、发现权以及其他科技成果权。

二、经济法律制度

（一）经济法的基本原则

中国的经济法反映了市场经济现代化生产的一般要求，其宗旨在于维护社会整体利益，是调整发生在政府、政府经济管理机关和经济组织、公民之间的经济管理关系的法律规范的总和。经济法律制度的基本原则是经济法的核心和构建经济法体系的根基，是经济法宗旨的具体体现，是所有经济法的规范和法律文件应贯彻的原则。具体来说有以下几项内容。

1. 平衡协调原则

这是由经济法律制度的社会性决定的一项普遍原则，是所有经济法律制度共同遵循的一项主导原则。平衡协调原则，是指经济法的立法和执法要从整个国民经济的协调发展和社会整体利益出发，来调整具体经济关系，协调经济利益关系。

2. 维护公平竞争原则

这是经济法律制度反映社会化市场经济内在要求和理念的基础性原则。维护公平竞争原则也体现出了经济法规范的强行性，显示出政府的积极义务以及法律对国家或者政府的限制。

3. 责任权利相统一原则

这是指经济法律关系中的管理主体以及活动主体的责任须与其所拥有的权利、利益相一致，这是一项基本原则。对于责任的理解要从以下两个方面进行：首先，这是一种角色分配的责任，表明了经济法律关系对于特定角色权利义务的要求；其次，该责任表明主体违反义务时法律和国家对其的否定性评价。该原则是与中国的公有制原则相一致的。

除此之外，经济法律制度还有公平公正原则、违法行为法定原则以及管理权限和程序法定原则。

（二）竞争法

1. 反不正当竞争

《中华人民共和国反不正当竞争法》于 1993 年 9 月 2 日通过，并自当年 12 月 1 日起施行。2017 年进行了修订完善，2019 年进行了最新修正。

根据《中华人民共和国反不正当竞争法》，经营者不得实施下列不正当行为。

（1）混淆行为。

经营者的下列行为构成混淆：擅自使用与他人有一定影响的商品名称、包装、装潢等相同或近似的标识；擅自使用他人有一定影响的企业名称（包括简称、字号等）、社会组织名称、姓名；擅自使用他人有一定影响的域名主体部分、网站名称、网页等；其他足以引人误认为是他人商品或者与他人存在特定联系的混淆行为。

（2）商业贿赂行为。

经营者采用财物或者其他手段贿赂下列单位或者个人，来谋取交易机会或者竞争优势构成商业贿赂行为。

第一，交易相对方的工作人员、受交易相对方委托办理相关事项的个人或者单位、利用职权或者影响力影响交易的单位或者个人。

第二，经营者可以向交易相对方支付折扣或向中间人支付佣金，但是都应以明示的方式，并且都要如实入账，否则构成商业贿赂。

第三，经营者的工作人员进行贿赂的，也被认定为经营者的行为，但是，若经营者能证明该行为与经营者谋取机会或者竞争优势无关的除外。

（3）虚假广告。

经营者对其商品的性能、功能、质量、销售状况、用户评价、曾获荣誉等作虚假宣传或者引人误解的商业宣传，欺骗、误导消费者的；经营者通过组织虚假交易等方式，帮助其他经营者进行虚假或者引人误解的商业宣传。

（4）侵犯商业秘密。

商业秘密是指不为公众所知悉、具有商业价值并经权利人采取相应保密措施的技术信息和经营信息。经营者以盗窃、贿赂、欺诈或者其他不正当手段获取权利人的商业秘密；披露、使用或者允许他人使用以前项手段获取的商业秘密；违反约定或权利人有关保守商业秘密的要求，披露、使用或者允许他人使用其掌握的商业秘密；第三人明知或者应知商业秘密的权利人的员工、前员工或者其他单位、个人实施前面的行为，仍获取、披露、使用或者允许他人使用该商业秘密的，均是侵犯商业秘密的行为。

（5）不正当有奖销售。

经营者所设奖的种类、兑奖条件、奖金金额或奖品等有奖销售的信息不明确，影响兑奖；采用谎称有奖或者让内部人中奖的欺骗方式进行有奖销售；抽奖式的有奖销售，最高奖的金额超过5万元的。

（6）诋毁商誉。

有竞争关系的竞争者故意编造、传播虚假信息或者误导性信息，从而损害竞争对手的商业信誉、商业声誉。

（7）互联网不正当竞争行为。

经营者利用技术手段，通过影响用户选择或者其他方式，实施下列妨碍、破坏其他经营者合法提供的网络产品或者服务正常运行的行为：未经其他经营者同意，在其合法提供的网络产品或者服务中，插入链接、强制进行目标跳转；误导、欺骗、强迫用户修改、关闭、卸载其他经营者合法提供的网络产品或者服务；恶意对其他经营者合法提供的网络产品或者服务实施不兼容；其他妨碍、破坏其他经营者合法提供的网络产品或者服务正常运行的行为。

2. 反垄断

垄断行为是指经营者达成垄断协议，经营者滥用市场支配地位以及具有或者可能具有排除、限制竞争效果的经营者集中。中国反垄断法只适用于中国境内的垄断行为以及境外的对境内市场竞争产生排除、限制影响的垄断行为。但是在知识产权和农产品方面有豁免。根据中国反垄断法的有关规定，垄断行为有以下几种。

（1）协议行为。

垄断协议是指排除、限制竞争的协议、决定或者其他协同行为。可以分为具有竞争关系的同业竞争者之间的横向协议、具有交易关系的上下游经营者的纵向协议以及行业协会的横向和纵向协议。

（2）滥用市场支配地位。

判断是否为滥用市场支配地位的前提是判断是否为市场支配地位。市场支配地位的确定有参考因素和推定因素两种。

滥用市场支配地位的行为主要有以下三种。

第一，以不公平的高价销售商品或者以不公平的低价购买商品。

第二，没有正当理由，进行倾销、拒绝交易、限定交易、搭售、差别待遇。一定要注意的是该几种行为都是在没有正当理由的前提下。

第三，国务院反垄断执法机构认定的其他滥用市场支配地位的行为。

滥用市场支配地位，会承担相应的行政责任和民事责任。

（3）经营者集中。

经营者集中是两个或者两个以上的企业以一定的方式或手段形成企业间的资产、人员和营业的整合，最终结果是控制权的转移。

经营者集中的主要表现有：经营者合并、通过取得股权或者资产的方式取得对其他经营者的控制权、通过合同等方式取得对其他经营者的控制权或者能够对其他经营者施加决定性影响。

国务院反垄断机构经过一定的审查程序来认定经营者的行为是否构成经营者集中，若构成经营者集中，该经营者会承担相应的行政责任、民事责任。

（4）行政垄断.

行政垄断是指拥有行政权力的政府机关以及其他依法具有公共事务职能的组织滥用行政权力，排除、限制竞争的行为。

行为方式主要有：限定经营；强制经营者从事垄断行为；制定垄断性规定、文件、政策等。

若发生行政垄断，行政机关和具有管理公共事务职能的组织以及相应的经营者会受到相应的处罚。

针对以上几种反垄断行为，反垄断机构要进行相应的调查。其中，反垄断委员会负责组织、协调、指导反垄断工作；反垄断执法机构包括国务院反垄断执法机构和被国务院反垄断执法机构授权的省级政府的相应机构，具体分工为：国家市场监督管理总局负责非价格协议、非价格滥用、市场支配地位、行政垄断；发展改革委负责调查与价格相关的垄断行为；商务部则负责经营者集中的调查。

（三）消费者法

1. 消费者权益保护法

消费者权益保护法的主要作用在于保护弱势群体——消费者的合法权益，主要包括消费者的权利、经营者的义务以及消费者与经营者之间争议的解决三个方面。

（1）消费者的权利。

消费者具有以下权利：安全保障权、知悉真情权、自主选择权、公平交易权、获取赔偿权、结社权、获得有关知识权、受尊重权、监督批评权、个人信息权。

（2）经营者的义务。

经营者应当履行下列义务：安全保障义务、缺陷商品召回义务、提供真实信息义务、标明真实名称和标记的义务、出具凭证或单据的义务、保证质量的义务、履行三包义务等。

（3）争议解决。

争议解决途径包括：与经营者协商和解、调解、请求消费者协会或其他组织调解、提请仲裁（消费者权益争议也可通过仲裁途径予以解决，不过仲裁必须具备的前提条件是双方订有书面仲裁协议或书面仲裁条款）、向人民法院提起诉讼等。

2. 产品质量法。

产品质量法的主要内容包括：产品质量责任、生产者和销售者的质量义务以及经营者责任。

（1）产品质量责任

产品质量责任是指产品的生产者、销售者以及对产品质量负有直接责任的人违反产品质量法规定的产品质量义务应承担的法律后果。当上述主体违反默示担保义务、违反明示担保义务、产品存在缺陷时，可以判定其应承担相应的产品质量责任。

（2）生产者、销售者的质量义务。

生产者应当承担以下义务。

第一，产品质量的要求。

产品不存在危及人身、财产安全的不合理危险，有保障人体健康和人身财产安全的国家标准、行业标准的，都应该符合标准；具备产品应当具备的使用性能，但是对产品存在使用性能的瑕疵作出说明的除外；符合在产品或者其包装上注明采用的产品标准，符合以产品说明、实物样品等方式表明的质量状况。

第二，产品或者包装上标识的要求。

有产品质量检验合格证明；有中文标明的产品名称、生产厂厂名和厂址；根据产品的特点和使用要求，需要标明产品规格、等级、所含主要成分的名称和含量的，用中文相应予以标明，需要事先让消费者知晓的，应当在外包装上标明，或者预先向消费者提供有关资料；限期使用的产品，应当在显著位置清晰地标明生产日期和安全使用期或者失效日期；使用不当，容易造成产品本身损坏或者可能危及人身、财产安全的产品，应当有警示标志或者中文警示说明；易碎、易燃、易爆、有毒、有腐蚀性、有放射性等危险物品以及储运中不能倒置和其他有特殊要求的产品，其包装质量必须符合相应要求，依照国家有关规定作出警示标志或者中文警示说明，标明储运注意事项；裸装的食品和其他根据产品的特点难以附加标识的裸装产品，可以不附加产品标识。

第三，不作为义务。

不得生产国家明令淘汰的产品；不得伪造产地，不得伪造或者冒用他人的厂名、厂址；不得伪造或者冒用认证标志、名优标志等质量标志；不得掺杂、掺假，不得以假充真、以次充好；不得以不合格产品冒充合格产品。

销售者应当承担以下义务：进货验收义务；保持产品质量的义务；有关产品标识的义务；不得违反禁止性规范。

（3）经营者责任。

销售者交付的标的物不符合法定或约定的品质标准，应当承担违约责任。

3. 食品安全法

食品安全法主要适用于在中国境内从事的与食品相关的活动，具体包括：食品生产和加工、食品流通和餐饮服务，食品添加剂的生产经营，用于食品的包装材料、容器、洗涤剂、消毒剂和用于食品生产经营的工具、设备的生产经营，食品生产经营者使用食品添加剂、食品相关产品，食品的贮存和运输，对食品、食品添加剂和食品相关产品的安全管理。

同时，该法也用否定列举的方式进行了规定：供食用的源于农业的初级产品的质量管理，遵守《中华人民共和国农产品质量安全法》的规定，但是，食用农产品的市场销售、有关质量安全标准的制定、有关安全信息的公布和《中华人民共和国食品安全法》对农业投入品作出规定的，应当遵守其规定。

（四）银行法律制度

中国银行可分为中央银行、商业银行、政策性银行三种，政策性银行一般是基于国家某个时期的政策而设立，故本书在此不予讨论。中国人民银行是中国的中央银行，不仅承担银行的职责，还有其特殊职能，中国人民银行法对其进行了规定。对于商业银行的职责，也有相应的法律规范其行为。

中国银行法律主要有《中华人民共和国中国人民银行法》《中华人民共和国银行业监督管理法》《中华人民共和国商业银行法》等。

（五）财税法律制度

税收是国家财政的主要来源之一，因此，税收法律制度要遵循税收法定、税收公平、税收效率的基本原则，同时也要符合社会政策的要求。

1. 税收的基本原则

所谓税收的基本原则，是指一国调整税收关系的基本规律的抽象和概括，是贯穿税法的立法、执法、司法和守法全过程的具有普遍性指导意义的法律准则。中国税收法律制度的基本原则为：税收法定原则、税收公平原则、税收效率原则、社会政策原则。

（1）税收法定原则。

所谓税收法定原则，是指由立法者（在中国指全国人民代表大会及其常委会）决定全部税收问题的税法基本原则，即如果没有相应法律作前提，政府则不能征税，公民也没有纳税的义务。

（2）税收公平原则。

税收公平原则是指政府征税要使各个纳税人承受的负担与经济状况相适应，并使各个纳税人之间的负担水平保持均衡。在现代各国的税收法律关系中，纳税人的地位是平等的，因此，税收负担在国民之间的分配也必须公平合理。税收学界对公平原则的理解主要有两派：一为受益说，一为负担能力说。

（3）税收效率原则。

在一般含义上，税收效率原则所要求的是以最小的费用获取最大的税收收入，并利用税收的经济调控作用最大限度地促进经济的发展，或者最大限度地减轻税收对经济发展的妨碍。税收效率原则包括税收行政效率和税收经济效率两个方面。

（4）社会政策原则。

社会政策原则是指税收是国家用以推行各种社会政策，主要是经济政策的最重要的手段之一，其实质就是税收的经济基本职能的法律原则化。

社会政策原则确立以后，税法的其他基本原则，特别是税收公平主义原则，受到了一定程度的制约和影响。如何衡量税收公平，不仅要看各纳税人的负担能力，还要考虑社会全局和整体利益。社会政策原则的确定及其对税收公平主义原则的影响，是税法基本原则在现代发生的重大变化之一。

2. 税收征收管理制度

税收征收法律制度，包括税收征收程序制度以及与其相关的各项程序制度。税收征收管理法是规定税务机关与纳税人之间在税收征收、税收管理活动中的权利、义务、责任以及税收征纳程序的法律规范的总称。

（1）税务管理。

税务管理是征收管理程序中的基础性环节，主要包括：税务登记、账簿凭证管理和纳税申报。

（2）税款征收。

税款征收包括征纳主体、征纳期限、退税、应纳税额的确定、税款入库、文书送达制度等制度。

3. 税收实体法律制度

按照课税对象的性质，中国的税种可分为流转税、所得税、财产税、资源税、行为税五大类。

（1）流转税法律制度。

流转税法是调整各种流转税收法律关系的法律规范的总称。流转税是指以商品或劳务服务为征税对象，就其商品流转额或非商品流转额征税的一类税的总称，包括增值税、消费税、关税及烟叶税。

（2）所得税法律制度。

所得税是指对纳税人在一定期间内的净收入额为征收对象的一类税的总称，包括企业所得税、个人所得税。

企业所得税纳税人是在中华人民共和国境内的企业和其他取得收入的组织。企业分为居民企业和非居民企业。个人独资企业和合伙企业不是企业所得税的纳税人。企业所得税的征税范围包括在中国境内的企业和组织取得的生产经营所得和其他所得。

个人所得税以所得人为纳税人，以支付所得的单位或个人为扣缴义务人，居民纳税人以来源于中国境内和境外的全部所得为征税对象，非居民纳税人则以来源于中国境内的所得为纳税对象。个人所得税的税目分为两类，共9个应税项目。个人所得税的税率按照不同的税目规定了不同的税率。个人所得税的计税依据为个人取得的各项所得减去按规定标准扣除费用后的余额。个人所得税的应纳税额为应纳税所得额乘以适用税率，同时根据不同的税目规定了扣除标准。此外，还规定了个人所得税的税收优惠和纳税申报与缴纳。

（3）财产税法律制度。

财产税是指对纳税人所拥有或者支配的特定财产，就其数量或价值额征收的一种税，包括房产税、城镇土地使用税、车船税等。

财产税类是指以各种财产为征税对象的税收体系。财产税类税种的课税对象是财产的收益或财产所有人的收入，主要包括房产税、财产税、遗产和赠与税等税种。对财产课税，对于促进纳税人加强财产管理、提高财产使用效果具有特殊的作用。中国财产课税有房产税、城镇土地使用税等。遗产和赠与税在体现鼓励勤劳致富、反对不劳而富方面有着独特的作用，是世界各国通用的税种，但中国还没有开征遗产税和赠与税。

（4）资源税法律制度。

资源税是对自然资源征税的税种总称。在中国，资源税是对在中国境内开采矿产品和生产盐的单位和个人取得的级差收入征收的一种税。资源税有以下特点。

（5）行为税法律制度。

行为税是以某种特定行为的发生，对行为人加以课税为目的的一种税。包括环境保护税、契税、印花税、城市维护建设税、车辆购置税、土地增值税、耕地占用税、船舶吨税等。

行为税的征税对象，是国家税法规定的，除商品流转、劳务收入、收益、所得、财产占有、特定目的、资源开采和占用等行为之外的其他各种应税行为。如中国现行的屠宰税、印花税、筵席税等。行为税包括的税种较多，各个税种的具体课征对象差异甚大，所以此类税收中各税种的课征制度也不大相同。

第三节　刑事法律与司法法律制度

一、刑事法律制度

（一）刑法概述

1. 刑法的概念及特征

刑法是由全国人民代表大会及其常务委员会代表人民的意志制定的、规定犯罪及其法律后果的法律。刑法的表现形式有：刑法典、单行刑法、附属刑法三种。中国现行刑法典是指 1997 年刑法典；单行刑法是规定某一类犯罪及其法律后果或者刑法某一事项的法律；附属刑法是指在经济、行政等非专门刑事法中附带规定的一些关于犯罪与刑罚或追究刑事责任的条款。

刑法有广义和狭义之分，广义刑法包含上述一切形式的刑法，狭义刑法特指刑法典。刑法典也被称为普通刑法，单行刑法和附属刑法被合称为特别刑法。

相对于民法、行政法等法律，刑法有其独有的特征。具体包括：调整范围的广泛性、调整对象的专门性、刑罚制裁的严厉性、刑法发动的补充性和保障性。

2．刑法的基本原则

（1）罪刑法定原则。

《中华人民共和国刑法》（简称《刑法》）第3条规定了罪刑法定原则："法律明文规定为犯罪行为的，依照法律定罪处刑；法律没有明文规定为犯罪行为的，不得定罪处刑。"

（2）刑法适用平等原则。

《刑法》第4条规定："对任何人犯罪，在适用法律上一律平等。不允许任何人有超越法律的特权。"它意味着对所有的人，不论其社会地位高低、民族、种族、性别、职业、宗教信仰、财产状况如何，在定罪量刑以及行刑的标准上都平等地依照刑法规定处理，不允许有任何歧视或者优待。

（3）罪责刑相适应原则。

《刑法》第5条规定："刑罚的轻重，应当与犯罪分子所犯罪行和承担的刑事责任相适应。"

（二）犯罪的主要内容

1．犯罪的构成

刑法中规定了多种犯罪，这些犯罪都必须具备四个方面的构成要件：犯罪客体、犯罪客观方面、犯罪主体、犯罪主观方面。

（1）犯罪客体。

犯罪客体是犯罪活动侵害的、为刑法所保护的社会利益。对犯罪客体可按其范围大小划分为三种：一般客体、同类客体和直接客体。

（2）犯罪客观方面。

犯罪客观方面是说明犯罪活动外在表现的诸客观事实。它一般包括危害行为、行为对象、行为的危害结果以及犯罪的时间、地点和方法等要素。其中危害行为是一切犯罪构成客观方面的必要要素，其余的则是选择性要素。

（3）犯罪主体。

犯罪主体包括自然人和单位。刑法对于自然人和单位构成主体规定有所不同。

自然人若要构成犯罪主体，需要达到刑事责任年龄、具备刑事责任能力。刑法规定，已满16周岁是完全负刑事责任年龄阶段，已满14周岁不满16周岁是相对负刑事责任能力年龄阶段，不满14周岁是完全不负刑事责任年龄。构成犯罪主体的自然人达到刑事责任年龄、具备刑事责任能力，即是一般主体。但是，在某些犯罪中，对于主体除上述要求外，还要求必须具备特定身份，此为特殊主体。作为特殊犯罪主体的身份只是针对该犯罪段单独实行犯而言的。

单位犯罪是指公司、企业、事业单位、机关、团体实施的依法应当承担刑事责任的危害社会的行为，单位犯罪只有法律明文规定的才负刑事责任。但是，要注意下列几种特殊情况：个人为进行违法犯罪活动而设立的公司、企业、事业单位实施犯罪的，或者公司、企业、事业单位设立后，以实施犯罪为主要活动的，不以单位犯罪论处；盗用单位名义实施犯罪，违法所得由实施犯罪的个人私分的，依照刑法有关自然人犯罪的规定定罪处罚；以单位的分支机构或者内设机构、部门的名义实施犯罪，违法所得亦归分支机构或者内设机构、部门所有的，应认定为单位犯罪。

单位犯罪的，对单位判处罚金，并对其直接负责的主管人员和其他直接责任人员判处刑罚，即对单位犯罪一般实行"两罚"原则。刑法分则有特别规定只实行"单罚"的，依照规定。

（4）犯罪主观方面。

犯罪主观方面，指犯罪主体对其实施的危害社会的行为及其所造成的危害结果所持的心理态度，是追究行为人危害社会行为的刑事责任的主观基础。刑法对犯罪的认定坚持主观罪过责任原则。罪过是犯罪行为人对自己的行为所造成的危害后果所持的故意或者过失的心理态度。犯罪故意分为直接故意和间接故意两种，过失也分为疏忽大意的过失和过于自信的过失两种。

2. 故意犯罪的停止形态

（1）犯罪既遂。

既遂是犯罪人的行为完整地实现了刑法分则条文所规定的全部犯罪构成的事实。中国犯罪既遂有三种类型：结果犯、行为犯、危险犯。对于犯罪既遂的处罚依照刑法分则的规定进行处罚。

（2）犯罪未遂。

犯罪未遂指行为人已经着手实行犯罪，由于犯罪分子意志以外的原因而未得逞的形态。犯罪未遂又可以依据不同的标准进行不同的分类：实行终了的未遂和未实行终了的未遂、能犯的未遂和不能犯的未遂。对于犯罪未遂，可以比照既遂犯从轻或者减轻处罚。

（3）犯罪预备。

犯罪预备是行为人为了犯罪，准备工具、制造条件的行为。犯罪预备是行为人还未进行实行行为。对于犯罪预备，可以比照既遂犯从轻、减轻处罚或者免除处罚。

（4）犯罪中止。

犯罪中止是行为人在犯罪过程中，自动放弃犯罪或者自动有效地防止犯罪结果发生的形态。犯罪中止可以分为预备阶段的中止、实行阶段的中止。对于犯罪中止，没有造成损害的，应当免除处罚；造成损害的，应当减轻处罚。这里所称的造成"损害"，不得是犯罪既遂结果。如果发生了犯罪既遂的结果，则认为犯罪已然完成，不成立犯罪中止。

3. 一罪与数罪

中国通说上确定罪数的标准采取犯罪构成说，即凡是行为人以一个犯意，实施一个行为，符合一个犯罪构成的，就是一罪；凡是以数个犯意，实施数个犯罪行为，符合数个犯罪构成的，就是数罪。

4. 共同犯罪

共同犯罪，是指二人以上共同故意犯罪。共同犯罪的构成特征包括：有两个以上的犯罪主体；有共同的犯罪行为；具有共同的犯罪故意。在认定共同犯罪时，要注意以下几种情况：过失犯罪不能构成共同犯罪；把他人当成工具利用的不构成共同犯罪；事前无同谋、事后提供帮助的行为不构成共同犯罪；过限行为不构成共同犯罪；同时犯不构成共同犯罪；在共同实行的场合，不存在片面共犯。

5. 正当防卫与紧急避险

（1）正当防卫。

正当防卫是指为了使公共利益、本人或者他人的人身和其他权利免受正在进行的不法侵害，而对实施侵害的人所采取的合理的防卫行为。

正当防卫的成立需要满足一定的条件：起因是不法侵害行为的发生、时间是不法侵害行为正在发生、对象为不法侵害者本人、主观条件是为保护合法权利免受不法侵害、限度条件是不能明显超过必要限度造成重大损害。

行为人若在防卫过程中，超出了必要限度构成了防卫过当，则应当负一定的刑事责任，但是应酌情减轻或者免除处罚。

（2）紧急避险。

紧急避险是指为了使公共利益、本人或者他人的人身和其他权利免受正在发生的危险，不得已而采取的损害另一较小合法利益的行为。紧急避险是在紧急情况下两种合法利益发生了冲突，顾此失彼，而不得不采取了损害其中较小的利益，保全较大利益的行为。紧急避险行为造成损害的，不负刑事责任。同样，若紧急避险超过必要限度造成不应有的损害，应当负刑事责任，但是应酌情减轻或者免除。

（三）刑罚的基本内容

1. 刑罚种类

以某种刑罚方法只能单独适用还是可以附加适用为标准，将刑罚分为主刑与附加刑两类。

根据《刑法》第32—34条的规定，刑罚分为主刑和附加刑两大类。主刑有管制、拘役、有期徒刑、无期徒刑、死刑五种。附加刑有罚金、剥夺政治权利、没收财产三种。此外，《刑法》第35条还规定，对于犯罪的外国人可以独立适用或者附加适用驱逐出境。据此，驱逐出境也是一种附加刑。

2. 量刑

（1）量刑原则和量刑情节。

我国刑法规定量刑要采取"以事实为依据，以法律为准绳"的原则。在量刑时，应当考虑的、据以决定量刑轻重或者免除刑罚处罚的各种情况如下。

第一，法定量刑情节。

从轻、从重处罚。《刑法》第62条规定："犯罪分子具有本法规定的从重处罚、从轻处罚情节的，应当在法定刑的限度以内判处刑罚。"

减轻处罚。《刑法》第63条第1款规定："犯罪分子具有本法规定的减轻处罚情节的，应当在法定刑以下判处刑罚；本法规定有数个量刑幅度的，应当在法定量刑幅度的下一个量刑幅度内判处刑罚。"该条第2款规定："犯罪分子虽然不具有本法规定的减轻处罚情节，但是根据案件的特殊情况，经最高人民法院核准，也可以在法定刑以下判处刑罚。"据此，刑法中减轻处罚情节的基本适用规则为：减刑处罚，必须判处低于法定最低刑的刑罚。

免除处罚。根据《刑法》第37条的规定，免除处罚，是对犯罪分子作有罪宣告，但免除其刑罚处罚。

第二，酌定量刑情节。

酌定量刑情节是人民法院从审判经验中总结出来的，在刑罚裁量过程中灵活掌握、酌情适用的情节。司法实践中常见的酌定情节包括：犯罪的动机、犯罪的手段、犯罪发生的时间及地点、犯罪造成的损害后果、犯罪分子的一贯表现、犯罪后的态度等。

（2）量刑制度。

①累犯。我国刑法规定的累犯有一般累犯和特别累犯两种。一般累犯是指被判处有期徒刑以上刑罚并在刑罚执行完毕或者赦免以后，在5年内再犯应当判处有期徒刑以上刑罚之罪的犯罪分子，一般累犯的构成要满足犯罪主体、主观、刑度、时间条件。特别累犯也是如此，特别累犯是指因犯危害国家安全犯罪、恐怖活动犯罪、黑社会性质的组织犯罪的犯罪分子受过刑罚处罚，刑罚执行完毕或者赦免以后，在任何时候再犯上述任一类罪的犯罪分子。

②自首。根据《刑法》第67条的规定，自首分为一般自首和特别自首两种。一般自首的成立条件为：自动投案、如实供述自己的罪行。特别自首是被采取强制措施的犯罪嫌疑人、被告人和正在服刑的罪犯，如实供述司法机关还未掌握的本人其他罪行的行为。二者所需要满足的条件是不同的。

③立功。立功是指犯罪分子揭发他人犯罪行为，查证属实，或者提供重要线索，从而得以侦破其他案件等行为。立功分为一般立功和重大立功两种。根据中国刑法第68条的规定，对于立功的罪犯应分别依照以下不同情况予以从宽处罚：犯罪分子有一般立功表现的，可以从轻或者减轻处罚；犯罪分子有重大立功表现的，可以减轻或者免除处罚。

④数罪并罚。数罪并罚是指对一行为人所犯数罪合并处罚的制度。我国刑法规定的数罪并罚的原则为：以限制加重原则为主、以吸收原则和并科原则为补充的折中原则。该原则适用范围及基本适用规则如下：判决宣告的数个主刑中有数个死刑或最重刑为死刑的，采用吸收原则，仅应决定执行一个死刑；判决宣告的数个主刑中有数个无期徒刑或最重刑为无期徒刑的，采用吸收原则，只应决定执行一个无期徒刑，而不得决定执行两个以上的无期徒刑，或者将两个以上的无期徒刑合并升格执行死刑，或者决定执行其他主刑；判决宣告的数个主刑为有期自由刑即有期徒刑、拘役、管制的，采取限制加重原则合并处罚。

⑤缓刑。缓刑是指人民法院对于被判处拘役3年以下有期徒刑的犯罪分子，根据其犯罪情节和悔罪表现，认为暂缓执行原判刑罚，没有再犯罪的危险，且宣告缓刑不会对所居住社区产生重大的不良影响的，规定一定的考验期，暂缓其刑罚的执行。若犯罪分子在考

验期内没有发生法定撤销缓刑的情形，原判刑罚就不再执行的制度。

《刑法》第73条规定了缓刑的考验期限为：拘役的缓刑考验期限为原判刑期以上1年以下，但是不能少于2个月。有期徒刑的缓刑考验期限为原判刑期以上5年以下，但是不能少于1年。

3. 刑罚执行制度

（1）减刑。

减刑，是指对被判处管制、拘役、有期徒刑或者无期徒刑的犯罪分子，因其在刑罚执行期间认真遵守监规，接受教育改造，确有悔改或者立功表现，而适当减轻其原判刑罚的制度。根据《刑法》第79条的规定，对于犯罪分子的减刑，由执行机关向中级以上人民法院提出减刑建议书。人民法院应当组成合议庭进行审理，对确有悔改或者立功事实的，裁定予以减刑。非经法定程序不得减刑。

（2）假释。

假释是对被判处有期徒刑、无期徒刑的犯罪分子，在执行一定刑期之后，因其认真遵守监规，接受教育改造，确有悔改表现，没有再犯罪的危险，而附条件地将其予以提前释放的制度。

《刑法》第83条规定了一定的考验期："有期徒刑的假释考验期限，为没有执行完毕的刑期；无期徒刑的假释考验期限为10年。假释考验期限，从假释之日起计算。"根据有关司法解释，被假释的罪犯，除有特殊情况外，一般不得减刑，其假释的考验期也不能缩短。根据刑法的有关规定，对于犯罪分子的假释，由执行机关向中级以上人民法院提出假释建议书。人民法院应当组成合议庭进行审理，对符合法定假释条件的，裁定予以假释。非经法定程序不得假释。

4. 刑罚消灭制度

（1）时效。

时效分为追诉时效和行刑时效两种，我国刑法没有规定行刑时效制度，只规定了追诉时效。追诉时效，是指依法对犯罪分子追究刑事责任的有效期限。

我国刑法规定的追诉期限为：法定最高刑为不满5年有期徒刑的，经过5年；法定最高刑为5年以上不满10年有期徒刑的，经过10年；法定最高刑为10年以上有期徒刑的，经过15年；法定最高刑为无期徒刑、死刑的，经过20年。如果20年以后认为必须追诉的，须报请最高人民检察院核准。追诉时效还可因法定事由延长或者中断。

（2）赦免。

赦免，是国家对于犯罪分子宣告免予追诉或者免除执行刑罚的全部或者部分的法律制度。我国刑法规定了大赦和特赦两种，大赦既赦其罪又赦其刑；特设只赦其刑，不赦其罪。

二、司法制度

（一）人民法院

根据《中华人民共和国宪法》和《中华人民共和国人民法院组织法》的规定，人民法院是国家审判机关，是适用法律的专门机关，独立行使国家的审判权。人民法院根据法律规定受理并处理具体案件，依据事实和法律作出判断，保障法律的实施，维护法律尊严，实现打击敌人、惩罚犯罪、保护人民、调解纠纷的国家职能。

根据人民法院组织法的规定，人民法院的任务是根据事实和法律审判刑事案件、民事案件、经济案件、行政案件以及其他法律规定应由人民法院受理的案件。通过审判活动，惩罚犯罪，解决民事、经济纠纷，解决行政纠纷，以保卫人民民主专政政权，维护社会主义法治和社会秩序，保护国家所有的财产和劳动群众集体所有的财产，保护公民私人所有的财产，保障社会主义市场经济建设顺利进行。同时，人民法院通过审判活动宣传法治，教育公民遵守宪法和法律，忠于社会主义祖国。

（二）人民检察院

我国宪法和人民检察院组织法都规定，人民检察院是国家的法律监督机关。法律监督，又称为检察监督，是通过人民检察院行使检察权，对国家机关及其工作人员和公民是否遵守宪法和法律进行监督，保障宪法和法律的统一实施。

人民检察院的基本任务是：通过行使检察权，镇压一切叛国的、分裂国家的以及其他危害国家安全的活动，打击危害国家安全的犯罪分子和其他犯罪分子，维护国家的统一，维护人民民主专政制度，维护社会主义法制，维护社会秩序、生产秩序、工作秩序、教学科研秩序和人民群众生活秩序，保护社会主义国家所有的财产和劳动群众集体所有的财产，保护公民私人所有的合法财产，保护公民的人身权利、民主权利和其他权利，保卫社会主义现代化建设的顺利进行。并且，人民检察院通过检察活动，教育公民忠于社会主义祖国，自觉地遵守宪法和法律，积极同违法行为作斗争。

（三）人民法院、人民检察院和公安机关的关系

我国宪法规定，人民法院、人民检察院和公安机关办理刑事案件，应当分工负责，互相配合，互相制约，以保证准确有效地执行法律。刑事诉讼法也作出同样的规定。

人民法院、人民检察院和公安机关的分工负责主要表现在：除人民检察院依法自行侦查的案件及当事人自诉案件外，在办理刑事案件时，公安机关负责对案件的侦查、预审、执行逮捕、依法执行判决，人民检察院负责批准逮捕、审查起诉和出庭公诉、抗诉，人民法院负责审判。刑事诉讼法对三机关各自的工作分工作出详细的规定，各司其职、各尽其责，避免互相推诿扯皮或争夺管辖权。

人民法院、人民检察院和公安机关的互相配合主要表现在：每一机关的工作依法完成后移交下一个环节的工作机关时，都能依法顺利接受并开始新环节的工作。每一个机关在工作上需要另一机关协助时，能依法在职权范围内协助。例如，人民法院决定逮捕犯罪嫌疑人或对罪犯执行某些刑罚要由公安机关执行，人民法院执行死刑可要求公安机关派警察维护秩序，等等。互相配合表明三机关虽然职责不同，但目的和任务是一致的，适用的法律和执行的政策是一致的。三机关在办理刑事案件时，既不能互相对立，又必须坚持原则，严格依照法律，密切配合，以切实保证惩罚犯罪，保障公民的合法权益。

人民法院、人民检察院和公安机关的互相制约主要表现在：三机关通过各自的工作发现另外机关的工作问题，可提出建议要求其纠正；通过下一阶段的工作审查前一阶段工作是否存在问题，并作出相应的处理。具体表现在：公安机关在侦查过程中，需要逮捕犯罪嫌疑人时要经过人民检察院审查批准，对不予批准的，公安机关认为有错误的，可以要求复议以及向上级人民检察院要求复核。人民检察院对公安机关侦查终结移送起诉的案件，进行审查，决定是否起诉。犯罪事实不清、证据不足的，可以退回公安机关补充侦查或自行侦查。在办理案件中发现公安机关有违法情况，即通知公安机关予以纠正。公安机关对人民检察院的决定认为有错误的，可以要求复议，以及要求上一级检察机关复核。人民法院对人民检察院提起公诉的案件，经审判，根据具体情况和法律作出有罪、无罪的判决。人民检察院认为判决有错误的，可以提出抗诉。对发生法律效力的判决，人民检察院认为有错误的，可以依照审判监督程序通过抗诉引起再审。通过互相制约，可以纠正错误，避免冤假错案，避免放纵罪犯。

分工负责、互相配合和互相制约三者密切相关。只有分工负责，才能互相配合、互相制约；只有互相制约才能保证办案质量。实行分工负责、互相配合、互相制约，才能发挥

三机关的整体功能，防止主观片面和滥用权力，保证准确有效地适用法律，以及保护公民的合法权益。

第四节　社会法律与对外贸易法律制度

一、社会法律制度

社会法是在国家干预社会生活过程中逐渐发展起来的一个法律门类，所调整的是政府与社会之间、社会不同部门之间的法律关系。社会法是调整劳动关系、社会保障、社会福利和特殊群体权益保障等方面关系的法律规范的总和。主要是保障劳动者、失业者、丧失劳动能力的人和其他需要扶助的人的权益。社会法的目的在于从社会整体利益出发、对上述各种人的权益实行必要的、切实的保障。它包括劳动用工、工资福利、职业安全卫生、社会保险、社会救济、特殊保障等方面的法律。

（一）社会法的基本原则

1. 权利保障普遍原则

权利保障普遍原则，是指权利保障的对象应该包括社会全体成员，所有成员之间应该是平等的，应受到一视同仁的对待。权利保障的对象是全体民众而非个体、部分。坚持这一原则是社会法自身的要求。凡是符合保障条件的对象，都可依据社会法有权要求得到保障。生存保障是社会法的最根本依据，客观上每个成员都有可能受到生存的威胁，他们都是社会法提供权利保障范围的对象。

2. 适度保障原则

适度保障原则，主要是指权利保障水平应与社会自身的经济发展水平相适应。一个社会能提供的社会保障水平受经济规模与经济发展水平、社会结构、人口结构、历史、政治、社会保障等因素的制约。在适度区域内的社会保障水平客观上可以促进经济社会自身的发展，过高或过低的保障水平都会对社会产生不利的影响，从而反过来影响社会保障的可持续性。判断一个社会提供的社会保障水平是否适度的标准是社会保障制度是否有助于实现自身的良性发展，能否促进国民经济的进一步发展，能否持续保障公民的某种程度的生活水平。判断适度需要考虑的主要因素包括：社会保障制度提供给需要社会保障的成员经济生活水平是否能够抵御不可抗拒的社会风险；提供保障的支出能力是否与社会发展水平相适应且国民经济的各个方面能否接受；是否有助于促进就业和统一的劳动力市场形成。社会保障水平是动态变化的，它随着社会人口的变化、社会制度的成熟和社会生产力水平变动而变动。

3. 平等性原则

权利保障平等性原则的主要含义是反对歧视。它要求在社会法适用范围内的所有对象，都能在不受歧视的情况下平等普遍地适用法律，尤其是享受权利的公民更不应该受到任何歧视。普遍性原则是从义务主体的角度要求义务主体在提供相应保障给权利主体时所应当遵循的要求，平等性原则是从权利主体的角度要求义务主体在提供相应保障给权利主体时，权利主体之间所享有的机会、条件及保障是没有差别的，同等状况受到同等对待。

4. 向社会弱势群体倾斜原则

社会法的立法应向弱势群体倾斜。事实上，目前的社会存在着许多种类的处于相对弱势地位的人群，如果完全按照民法的原则进行交易，则会损害他们的合法利益，甚至威胁到他们的生存。因此，社会法通过加大保护，以维护这部分群体的利益。比如在劳动领域，制定最低工资标准、劳动安全卫生标准等。

（二）劳动法律制度

1. 劳动法概述

劳动法是调整劳动关系以及与劳动关系密切联系的其他社会关系的法律规范的总和。劳动法分为广义的劳动法和狭义的劳动法。

狭义的劳动法是指 1995 年 1 月 1 日起正式生效的《中华人民共和国劳动法》。这部劳动法是中华人民共和国成立以来第一部完备的劳动法律，在中华人民共和国境内有普遍的法律效力。广义的劳动法是指由国家权力机关颁布的关于调整劳动关系以及与劳动关系密切联系的其他社会关系的法律规范的总和，主要包括劳动法律、劳动行政法规、劳动规章、地方性劳动法规和劳动规章以及其他规范性文件等。

2. 劳动法的基本内容

劳动法的内容主要包括：劳动就业制度的规定、劳动合同的规定、关于集体合同的签订与执行办法、工作时间和休息时间制度、工资方面的裁定、劳动安全与卫生的各项规程、女职工与未成年工的特殊保护办法、取业培训的法规、社会保险与福利制度、劳动争议处理制度、有关执行劳动法的检查监督制度、违反劳动法的法律责任。上述一系列有关调整劳动关系的法律、法规、规章构成了劳动法的完整体系。

（三）社会保障法律制度

社会保障是指国家立法强制规定的，由国家和社会出面实行的，对公民在年老、疾病、伤残、失业、死亡、面临生活困难时给予物质帮助，以保障公民及其家庭基本生活需要并根据社会经济的发展逐步提高生活水平的制度。

中国社会保障的主要内容包括社会保险、社会福利、社会优抚、社会救助等。经过多年努力，中国初步形成了以城镇职工社会保险（养老保险、医疗保险、失业保险、工伤保险和生育保险，简称"五险"）、城镇居民最低生活保障和农村社会保障为主要内容的社会保障体系。

社会保障法是调整社会保障关系的法律规范，是在调整国家、社会和社会成员之间，在保障社会成员或者特殊群体基本生活及发展的权利的活动中所产生的社会保障关系的法律规范的总称。

二、对外贸易法律制度

（一）对外贸易

对外贸易是指一个国家或地区与其他国家或地区进行商品或服务交换的活动。《中华人民共和国对外贸易法》（称简《对外贸易法》）主要针对货物进出口、技术进出口和国际服务贸易三个方面进行规定。世界各国的对外贸易总和即构成了国际贸易，这表现为货物、技术、服务在国家间进行交换流动。对外贸易立足于一国范围，而国际贸易立足于国家间的双边或多边关系。所以对外贸易与国际贸易是不同的概念，它们不可以进行随意替代。

根据不同分类标准，对外贸易可以进行不同分类。根据贸易的对象，可分为货物贸易、技术贸易和服务贸易；根据贸易的性质，可分为进口贸易、出口贸易和过境贸易；根据贸易的清偿工具，可分为自由结汇贸易和易货贸易。

（二）对外贸易法

对外贸易是一国国民经济活动的重要组成部分，它与国内产品的生产和销售、外汇收支的平衡、其他国家经济力量对本国经济发展的影响都具有很大关系。随着经济全球化的不断发展加深，世界上越来越多国家开始加强对对外贸易的管理，进一步加强对对外贸易法律的调整，以此推广和执行对外贸易政策，维护其对外贸易秩序。对外贸易法是确认对外贸易主管机关和对外贸易经营者的法律地位，调整它们之间形成的对外贸易关系的法律规范的系统。从法律渊源角度来看，按照制定机关的不同可以将我国的对外贸易法分为两类。第一类为国内立法，是国内制定的与对外贸易相关的法律法规，例如《对外贸易法》以及依据该法制定的、规范对外贸易及其管理活动的行政法规、地方性法规和规章等相关立法；第二类为我国参加或承认的有关国际贸易的国际公约、国际条约以及国际惯例，这是国家间有关国际贸易方面的多边条约，例如《联合国国际货物销售合同公约》等。

我国用于调整对外贸易关系的基本法律是对外贸易法。加入世界贸易组织后，为我国发展对外贸易带来了全新的机遇，为了能够更好地适应全新的贸易环境，对外贸易法中的一些内容和规定需要进行一定调整和修改。2004 年 4 月 6 日第十届全国人民代表大会常务委员会第八次会议对对外贸易法进行了修订，并于同年 7 月 1 日起开始施行。这次修订的内容主要可以总结为下面三方面：第一，对我国对外贸易法中与我国入世承诺以及世贸组织规则不符合的内容进行修改；第二，按照我国入世承诺以及世贸组织规则，增加关于享受世贸组织成员权利的实施机制和程序的规定；第三，对不适应新环境的内容和规定进行修改。对外贸易法可以促进我国对外贸易的进一步发展，维护我国对外贸易秩序，并对国家对外贸易管理活动的经济法律进行规范。

对外贸易法是我国对外贸易管理的基本法律，以法律的形式固定我国对外贸易政策，促进我国国民经济的健康、稳定、协调发展。近年来，根据对外贸易法和我国入世议定书，国务院先后制定了《货物进出口管理条例》《技术进出口管理条例》《反倾销条例》《反补贴条例》《保障措施条例》等一系列行政法规；其他相关部门也制定了一系列相关的配套行政规章，按照国务院的统一规定，对原有的涉外经济活动规章进行了清理，对那些不能适应世界贸易组织规则的规章制度进行修订和废止。随着我国的重视和努力，我国对外贸易法律制度已经日趋完善。

（三）对外贸易法的适用范围

1. 对外贸易法在时间上的适用范围

对外贸易法在时间上的适用范围，是指其在时间上的效力，其中包括法律开始生效的时间、终止生效的时间以及法律的溯及力。《对外贸易法》规定："本法自 2004 年 7 月 1

日起施行。"这就体现了法律开始生效的时间。

从理论层面来说，法律一般并不具有溯及力。我国《对外贸易法》第70条规定："本法自2004年7月1日起施行"，这并没有特别提及该法在时间上是否具有溯及力的问题，所以该法对于施行前发生的行为并不具有法律约束力。对于此前发生的对外贸易事项，需要按照时间依据相关规定进行处理。

2. 对外贸易法在空间上的适用范围

法律在空间上的适用范围，是指法律生效的地域（包括领海、领空）范围。一般情况下，全国性法律的适用范围为全国，但有特别规定其适用于或不适用于某些地区的情况除外。《对外贸易法》是一部全国性法律，但其第69条规定："中华人民共和国的单独关税区不适用本法。"根据我国相关法律以及实际情况，制定了这条规定。根据全国人民代表大会制定的《香港特别行政区基本法》《澳门特别行政区基本法》的规定，香港和澳门是中华人民共和国的单独关税区，单独关税区实行自由贸易政策，以此保证货物、无形财产和资本可以进行自由流动，并且在经济、贸易、金融、航运、旅游、科技、体育等领域，可以使用"中国香港"或"中国澳门"的名义，单独与世界其他国家、地区和相关国际组织建立和发展关系，并可以签订和履行有关协议。所以我国对外贸易法的空间适用范围仅限于中国内地。

3. 对外贸易法对于人的适用范围

法律对人的效力，是指法律对人的适用范围以及约束范围。我国对外贸易法对人的适用范围包括与中国对外经济贸易和与对外贸易有关的知识产权保护有关的一切主体。与我国对外经济贸易有关的部分，是指关于我国货物、技术、服务的进出口的部分。我国对外经济贸易有关的主体大致上可以划分为两类：一类是负责对我国对外贸易相关方面进行管理工作的机关；另一类是在我国境内，从事对外贸易业务的外贸经营商。其中，对外贸易经营商是指，由相关部门批准，获得在我国境内从事对外贸易经营活动资格的法人、其他组织或者个人。

4. 对外贸易法在我国市场经济中的作用

对外贸易管理是国家市场规制体系的重要组成部分。对外贸易法律制度是国家进行对外贸易管理的法律保障和手段，它可以维护对外贸易的秩序，促进对外贸易平稳发展，促进对外贸易体制改革，促进我国社会主义市场经济进一步发展。

我国对外贸易法推动我国对外贸易发展是我国成为世界贸易大国的保障。改革开放以来，我国的对外贸易发展迅猛。对外贸易法律制度起到了十分重要的推动性作用。我国外贸法律制度越来越科学、合理、系统，尤其在加入世界贸易组织后，我国更加重视对外贸法律制度的建设和完善。

　　可以看出，对外贸易法是我国重要的法律部门，它可以推动我国扩大对外开放，进一步发展对外贸易，维护对外贸易秩序，保护对外贸易经营者的合法权益，促进社会主义市场经济的健康平稳。

第三章 | 促进法治政府建设，打造营商环境

第一节 政府规制对营商环境的影响

一、政府规制的内涵

（一）经济性规制

经济性规制是对某一具体产业进行研究，所以被看作产业经济学的延伸。经济性规制发生在具有物理网络特征的自然垄断行业（通信、电力、铁路、天然气、自来水行业）与信息偏在领域（金融、保险、证券行业），目标是解决资源配置低下。

19世纪70年代的美国是最早实行经济性规制的国家。20世纪30年代，凯恩斯主义占据西方主流经济学地位，政府干预思想日益增强，大量政府干预形式出现，公共利益规制理论得到迅速发展。美国颁布了多种行业法规，包括《电信法》《民用航空法》《证券法》《银行法》等。同时建立多家规制机构，如联邦电力委员会、联邦通讯委员会、证券交易委员会等。20世纪70年代，西方主要国家陷入"滞胀"困境，人们关注的视野转向"规制失灵"。新自由主义克服"滞胀"从而走向复兴，发达国家纷纷出现放松经济性规制的趋势。集中于电力、通信、交通等行业，引入市场竞争机制。这一时期的放松规制思想在利益集团规制理论中蔓延。20世纪70年代末，激励性规制理论兴起，实现了在不完全信息下，将规制问题转化为机制设计，赋予规制理论新的生命力。21世纪经济全球化发展，规制从一国以内向国际扩展。金融等行业的区域网络外部性不断增强，对金融规制产生大量需求，尤其在2008年金融危机后，新自由主义放任自由的理念受到了严峻挑战。再规制思想逐渐显现，政府更多干预经济，以减少投机，更多体现了"集中规制"和"深化规制"的思想。同时，机制设计的快速发展，提高了规制经济学解决实际问题的能

力。从历史发展实践的视角上，经济性规制经历了"市场效率—加强规制—放松规制—再规制"的演变过程。

中国的经济性规制产生于改革开放以后，特别是 20 世纪 90 年代之后取得了较大进展。但国内经济性规制与西方先进国家相比还存在一些不足：缺乏有效的法律法规支持，缺乏独立性的规制机构，大多被规制的企业具有国有性质，进而形成了政企不分的管理体制，难以形成严格意义上的经济性规制。到了 20 世纪 80 年代，国内逐步放松了对电信业的价格管制，放松经济性规制产生。

（二）社会性规制

社会性规制是以保障消费者与劳动者的健康、卫生、安全、环境保护和防止灾害为目的，对产品和服务的质量以及伴随提供它们而产生的标准，实施禁止、限制等特定的行为的规制。目的是纠正存在的外部性与信息不对称问题。美国的社会性规制集中在健康、安全和环境保护三个方面，因此社会性规制也被称为 HSE 规制。19 世纪 20 年代初，社会性规制首先关注食药品领域。到了 20 世纪六七十年代，在环境保护、健康安全领域开展，并呈现加强趋势。80 年代中期，社会性规制在被规制产业中占比超过经济性规制，并兴盛至今。理论界更多转向机制设计，将激励方法引入社会性规制。

关于社会性规制的效果，还存在一些争论。一些学者持社会性规制有效观点。社会性规制的实施可以促进行业防止和降低市场风险，维护和保障公共利益。社会性规制比司法具有更低的成本与更佳的效果。社会性规制通过强制披露企业信息，降低了消费者与劳动者搜寻信息的成本。相比市场机制，规制具有强制性和权威性；相对私法执行，规制具有预防、灵活、专业的优势。

也有学者怀疑社会性规制的有效性，政府具有"经济人"属性，具有追求效用最大的动机，作为规制主体极易发生"规制俘获"，而导致规制失灵。利益集团的博弈会影响规制政策，政府在很多情况下不能代表公共利益，同时集团间的竞争会引发资源无效率消耗。

二、政府规制对营商环境的影响

（一）经济性规制对营商环境的影响

1. 价格规制对营商环境的影响

价格规制集中在自然垄断行业，以及医疗、天然气等基本公共设施领域。有关价格规制对营商环境的影响，研究集中在企业创新、研发投资等方面。在电信业中研究最高限价和回报率两种价格规制形式对技术创新的影响，发现带有激励机制的最高限价规制能促进企业创新。而非激励性价格规制的存在降低了制药企业的预期利润，价格规制过于严格，企业将不进入市场。药品行业价格规制降低研发投资与技术创新。由于美国的药品价格基本不受规制，因此对美国展开规制模拟，发现价格规制导致企业研发投资下降23.4%—32.7%，通过预期利润效应和现金流效应发生影响。使用1993年克林顿政府颁布的健康安全法案作为自然试验，研究价格规制对企业研发支出的影响。结果表明，该法案削减了约10亿美元的研发支出。参考定价导致制药企业与规制机构协商新药品的入门价格，对研发投资具有负面影响，并且阻止了小型企业创新。

价格规制对公共福利具有影响。中国垄断行业的价格规制往往采取最低限价，即价格不能低于某一价格。规制结果偏向被规制企业，形成了非公平竞争价格。对医疗服务进行价格规制，在短期内会增加社会福利，而在长期不具有稳定推动作用。医疗服务代表地区基础设施水平，价格规制在长期无法改善公共福利。对墨西哥天然气市场进行价格上限规制，发现会降低消费者剩余。中国天然气行业价格规制并没有显著提升福利。中国的价格规制损害了社会福利，在一定程度上抑制了对劳动力的吸引，劳动力不足以及劳动力结构不合理对企业生产经营发展不利。

2. 进入规制对营商环境的影响

进入规制通过经济增长、生产率、就业等对营商环境产生影响。进入规制强度对合法企业进入产业所需的时间和成本影响有很大差异。一定程度的进入规制有力维持市场秩序和提高治理水平，营造良好的投资环境。研究发现企业的进入行为是极其昂贵的，更严重的规制与更多腐败和大量非官方经济有关。加强进入规制增加了企业遵循法定程序的成本与时间，同时留下了寻租空间，滋生腐败，恶化营商环境。缺少民主的政府要求更严格的规制，但没有带来明显的社会福利。从进入时间来看，澳大利亚和加拿大需要两天，马达加斯加长达152天。成本上同样有显著差异，美国企业进入成本低于年人均总收入的0.5%，多米尼加共和国高于年人均总收入的4.6倍。更少的手续和实缴资本与开办企业流程有积极显著的联系。采取有力的规制措施缩短了撒哈拉以南非洲地区平均开办企业的时间，从59天缩短到23天，接近高收入经济体9天的平均值。

进入规制还会增加市场主体的隐性成本，降低市场竞争，抑制创新动力与生产率水平。中国的服务业规制强化了行业垄断，阻碍了服务业要素的进入与退出，不利于企业创新创业。打破垄断放宽准入还有利于鼓励革新，服务业为生存而竞争，迫使一些组织不断更新。

放宽市场准入，改革行政审批制度，提供公平竞争的市场环境。竞争主要依赖地方政府设置的贸易壁垒、进入规制等手段，影响生产要素的流动，生产要素是构成营商环境的核心要素。让国有经济与民营经济进行竞争，在竞争中互相学习。放宽进入规制，提高竞争程度最明显好处是提高效率，民营企业提供服务的成本相比国有企业更低。竞争还迫使国有垄断组织重视客户的需要，许多国家在国有企业市场化的进程中，发现引入竞争的垄断组织除了讨好顾客之外，别无选择。

3. 金融规制对营商环境的影响

金融业的规制理念，目的是为了纠正信息不对称与外部性相关的市场失灵，以支持金融市场效率和资源有效配置，有助于市场主体降低交易成本，形成便利化的营商环境。

过度的金融规制带来了资本市场长期低迷的状态，投资者保护机制缺失，国有金融机构自力更生能力低下，民间借贷市场混乱，资本配置效率低等问题。尽管中国基本取消了存贷款利率规制，但以存贷款基准利率作为调节利率定价的重要参考。隐性利率双轨制导致存贷款利率低于市场化利率水平，抑制了金融市场的市场化进程，增加了市场主体交易成本。放松金融业进入规制，降低银行集中度，增加市场竞争，激励银行业技术创新，推动银行业结构转型升级，有利于金融市场供给侧改革，促进企业发展。

过去30年的全球化和金融创新，加剧了系统性风险发生的可能性。在规制实践中，面对保护投资者、保证市场公平、减少系统性风险的要求，规制者采用了更为松散式的规制理念。近年来，基于原则的规制受到广泛欢迎，英国金融服务局对已制定的宽泛的规制手册进行了瘦身，日本、丹麦的规制者也采用了基于原则的规制。通过对市场失灵更深入的分析，关注于更有效的规制，实现市场的竞争优势。欧盟是全球主要金融市场的规制者之一，对成员国加强协调化的金融规制机制，支持投资公司从事跨境贸易，重塑欧洲贸易环境，寻求在欧盟形成更有力的零售投资文化。

中国的金融抑制导致了影子银行的兴起，互联网金融下的 P2P 网络借贷代表着影子银行的迅速发展，许多借贷机构出现资金链断裂、跑路和欺诈事件，加剧了金融风险。加强金融风险规制，对维护金融市场稳定意义重大。互联网金融机构适用以市场化为导向的"包容性规制"理念，采用宽松、透明的资质"门槛"标准，增强信息披露等事后规制手段的运用，将监管重点转向合规运营，给予金融机构更大的自主性和创新性。对互联网金融实行包容性规制、金融风险规制，促进行业健康发展，在一定程度上推动了利率市场化、降低信息不对称和解决中小企业融资问题，对营商环境具有促进作用。

（二）社会性规制对营商环境的影响

1. 产品质量规制对营商环境的影响

产品质量规制的目标是提高供给侧质量，最终满足人民需求，已成为经济高质量发展的重要命题。通过产品质量规制严厉打击假冒伪劣产品，希望营造守法的环境和秩序，保护竞争者和消费者的权益不受侵害，对守法企业提供创新激励，还能优化调整产业结构。相反，持续下降的产品质量会导致市场萎缩甚至消失。政府通过合理配置产品质量规制权，尽可能为生产者发展提供自由空间，科学规划产品质量发展，对优质生产企业的生产性努力提供保护，建立激励与约束相容的责任机制，激发市场内在动力，从而营造诚信守法的营商环境。如德国与欧盟与时俱进的优化调整产品质量规制，激励市场主体的行为选择，协调经济发展中的各方利益。有效的产品质量规制能取得消费者信任，高质量产品能够刺激消费需求，优化消费环境，进而保持行业经济健康，有助于形成诚信守法的营商环境。出口产品质量决定了出口企业贸易规模与产业结构转型，产品质量规制成为制约出口企业健康发展的关键因素，为市场参与者创造公平正义的市场环境，使其尽可能分享诚信守法、质量提升的成果。

2. 环境规制对营商环境的影响

地方政府间的"锦标赛"竞争，围绕寻求地区 GDP 最大化开展。在财政分权体制下，地方政府追求经济增长是导致环境问题的重要原因。环境规制更容易受 GDP 锦标赛的影响，尤其是经济落后的地区，地方政府不会主动参与环境治理，甚至可能对排污企业收取租金，共谋私利。通过美国州际数据实证检验了环境规制存在"逐底竞争"现象。放松环境规制引发企业选择低技能劳动者，降低就业结构水平。恶化当地生态环境，并对相邻地区产生负外部性影响，长期来看不利于招商引资。

我国经济转型过程中，从过去注重经济增长向经济质量转变，地方政府考核激励引导政府加强环境规制，这与注重生态与经济的和谐发展有关。美国州际政府间的环境规制更多采用"逐顶竞争"。严格的环境规制还可能刺激企业进行技术创新，形成不同领域的互动交流，促进地区间技术溢出，带动相邻地区营商环境的协同发展。财政分权使地方政府有充足的资金向环境治理投放，规制竞争不仅没有导致更恶劣的环境污染，反而对环境治理更有好处。环境规制压力影响企业环境创新战略的采用，并与经营绩效改善相关。企业技术创新引起对高技能劳动力的需求，引进战略科技人才，增加区域间科研合作与人才交流，促进就业结构升级。技术创新能够降低企业交易成本，提高交易便利程度。另外有学者提出环境规制的其他影响机制，在对马来西亚约 30 家本地控股公司调查发现，环境规制对企业战略响应程度存在差异性。当国内执行严格的环境规制，企业可以通过竞争优势从海外投资中获利，积极主动的企业在国际化进程中走得更远。

第二节　法治政府的重要性及其建设成果

一、法治政府的由来

"法治政府" 概念首次出现，是在国务院 2004 年 3 月印发的《全面推进依法行政实施纲要》中："全面推进依法行政，经过十年坚持不懈的努力，基本实现建设法治政府的目标。"

党的十七大报告关于全面建设小康社会的奋斗目标之一是 "法治政府建设取得新成效"。党的十八大报告把 "法治政府基本建成" 确立为到 2020 年全面建成小康社会的一项重要目标。

2015 年 12 月，党中央、国务院印发《法治政府建设实施纲要（2015—2020 年）》（以下简称《纲要》），明确提出了到 2020 年基本建成法治政府的指导思想、总体目标、基本原则、衡量标准、主要任务、具体措施和保障落实机制，既为 2020 年基本建成法治政府明确了路线图和施工图，也为中国本土化行政法治道路的探索提出了一系列崭新的课题。该《纲要》还提出了法治政府建设的衡量标准：政府职能依法全面履行、依法行政制度体系完备、行政决策科学民主合法、宪法法律严格公正实施、行政权力规范透明运行、人民权益切实有效保障、依法行政能力普遍提高。

在此基础上，党的十九大报告提出了从 2020 年到 2035 年，法治国家、法治政府、法治社会基本建成的奋斗目标。虽然坚持法治国家、法治政府、法治社会一体建设，但是三者基本建成的时间节点是不一样。从时间上看，到 2020 年，法治政府要率先基本建成；到 2035 年，法治国家、法治社会基本建成。

二、法治政府建设的重要性

（一）发展社会主义市场经济的必然要求

社会主义市场经济体制是中国共产党带领人民群众共同探索出来的最符合我国国情的

经济体制，不断发展社会主义市场经济对于我国的进步能够发挥很大的作用。市场经济的运作需要一种统一的带有强制性的处于根本地位的规则，那么表明市场经济需要法律规范市场经济运行的各个环节，市场经济的发展需要依靠法治的作用。因此，建设法治政府对发展我国的经济来说十分重要。

市场经济是以市场为基础进行资源配置的。市场经济环境中人们平等自由地进入市场参与其中的经济活动，所以市场经济是自主、平等、竞争共存的经济形态。然而由于市场化程度越来越高，市场发展更加多样化、复杂化，同时市场调节有盲目性、滞后性这样的弊端，仅靠市场自身调节并不能解决和协调问题，那么需要政府运用经济法律等手段对市场进行宏观调控，政府的宏观调控的方式方法也是由法律明确规范的，不断完善法律法规来化解各种问题，协调好各方利益，让市场的发展有法可依，为市场经济的发展营造一个法治氛围，从而更好地推动我国经济的发展。

由于我国社会主义市场经济的不断进步，经济和社会也因此有很大的改变，社会的利益格局也会随之发生变动，为了应对这些变化带来的问题，最根本也是最主要的是要依靠法治，要依靠法治政府制定相应的法律法规来规范市场的运作，政府依照法律规范行使权力。由此可以看出，市场经济的发展与进步有赖于法治政府的辅助，只有做好法治政府的建设工作，才能促进我国市场经济的良性发展，维持良好的市场秩序。因此，法治政府的建设对于发展社会主义市场经济十分关键。

（二）满足政治文明建设的客观需要

政治文明是人类在改造社会的实践活动中取得的成果，能够展示一个国家和社会发展和进步的情况。法治政府在政治文明建设中所起到的不可忽视的作用是由党的领导地位和政府依法行政的关系决定的。中国共产党处于我国一切事业的核心领导地位，那么自然也要担当政治文明建设工作的推动者的身份。党的领导地位是在革命和建设事业的实践中确立的，是历史的必然选择，是人民群众的选择。所以，正确处理好法、党和政府之间的关系是政治文明发展过程中相当重要的任务。

政府的一切权力来源于人民，宪法规定政府行为要在法律授权的范畴内。政府的行政行为以满足人民群众合理的需求为前提，秉承对人民负责的原则，同时要遵守法律法规的规定，否则政府就要因为不当行为承担应有的责任。我国人民当家做主，真正意义上的民主政治必须依靠法治的力量和作用。有法律法规进行约束、渗透到治理过程中的政治才可能是民主的政治。

依法行政，建立法治政府是依法治国的关键，它极为重要地影响党的领导、人民当家做主以及依法治国三者有机统一能否实现。建设法治政府是政治文明进步的具体体现，是我国政治文明进步的重要标志和保障。所以，结合我国当下的国情，处理好党的执政地位与政府依法行政的关系，把握人民当家做主的地位，党总览全局协调各方，政府依照法律规范行政权力的行使，共同打造法治政府，是社会主义政治文明建设的必然要求。

（三）依法治国、建设社会主义法治国家的根本途径

建设法治国家是一项综合性的建设工作，包括很多方面的工作，建设过程中会涉及多个部门，需要联合与建设工作相关的各个要素各个环节一起努力，而建设法治政府是法治国家建设的重中之重。

（1）我国建设社会主义法治国家必须要进行观念上的转变。长期以来，在人民群众的意识里，他们认为依法治国是政府依照法律法规的规定治理社会治理人民，政府是主体，人民群众则是被治理的对象。这种理解是不正确的。我国是人民当家做主，人民是国家的主人，所以依法治国的主体应该是人民，政府是代为行使权力的组织，政府是依法治国的主要对象。因此，建设社会主义法治国家，最先应该要实现把政府纳入法治的轨道中。

（2）政府的行政行为影响着社会的发展和人民的生活。从立法上看，许多法律草案是为了方便政府加强管理而形成的。现行的很大一部分的法律法规是跟行政管理有关的。从执法上看，行政机关在已颁布施行的80%的法律法规的落实执行的过程中发挥着极为重要的作用。从社会关系上看，与政府有关的行政法律关系占据整个社会关系的大部分。由此可以看出，政府在整个法治国家的建设工作占据相当关键的地位。

（3）现实国情决定了我国的法治化道路是"政府推进型"的。选择"政府推进型"的国家是法治权威能否实现有赖于政府权威的作用，政府的权威是否足够稳固对法治的建设情况产生直接的影响。因此需要通过对法治政府建设工作的加强来保证法治建设工作的顺利进行。因此，法治政府对法治建设的推动以及法治国家的实现有相当深刻的影响，是依法治国、建设社会主义法治国家的根本途径。

三、法治政府的建设成果

（一）政府机构改革和转变行政职能

对政府机构进行改革是我国对行政体制进行改革相当重要的一个方面，同时这对我国

法治政府建设工作的推进具有深远的影响。改革开放40年以来，我国根据法治政府建设工作的需要进行了多次政府机构改革，不断地优化组织机构，转变政府职能，理顺政府与市场、社会之间的关系，使得政府各部门的职责和权限得以明确。

第一次改革开始于1982年。国务院根据中共中央的建议，进行我国改革开放以来规模较大的行政改革。改革的主要目标是倡导经济改革，推动官僚体系变革，改变部门繁杂重叠、虚职过多等现象。改革的主要内容包括改革领导体制、裁并工作部门、精简领导班子和紧缩编制。从国务院各部门开始，地方政府机构逐级推进紧随其后。这次改革在一些方面有所突破，政府工作效率有所提高，选拔年轻干部的想法在推进，改革有一定的成效。

经过一段较长时间的酝酿以及对前一次改革的实际情况的总结反思，1988年进行了第二次机构改革。根据党对政府机构改革提出的要求和指示精神，这次改革着重强调政府职能的转变的重要性，重点对经济管理部门进行针对性的改革，撤销煤炭、石油、机械等专业经济部门。这次政府机构改革意识到行政体制应该与经济体制相配套，互相适应，共同促进彼此的发展进步。这次改革没有在地方推行。这次改革并不是简单地对机构部门以及人员编制的数量的合并调整裁减，更重要的是认识到机构体制改革要与经济体制相适应匹配。

1993年进行了第三次机构改革。这次改革经历了四年多的时间，改革的目的是要与社会主义市场经济体制相配套适应，做到体制上的配套。1992年10月，全国代表大会提出要建立社会主义市场经济体制，强调市场在资源配置中起基础性作用。建立社会主义市场经济的目标，需要进行一整套相适应的体制改革和方针政策的调整来为之奋斗。这次改革的重点是加快转变政府职能，把工作重点转移到宏观管理上，制定政策有效调控经济活动。内容还包括理顺关系，理顺部门之间、中央与地方的关系。还有精兵简政和提高效率，机构人员的裁减调整，使安排更加合理，能更加有效地发挥效能。

第四次政府机构改革是在1998年，改革于3月开始，到年底基本完成任务。这次改革的重点主要有：转变政府职能，尤其是完善经济法律手段以促进经济的快速科学发展。这是每次机构改革都要进行的工作重点，可以看出政府职能是否合理科学对国家发展有重要影响。调整、明确部门职责，注意分工，对职能交叉问题有相应的解决方式。精减人员，裁减整合后的部门人员。还注重对行政体系的法制建设的力度的强化。地方各级政府的改革从1999年开始，到2002年基本完成。

2003年的机构改革是在加入了世贸组织背景下启动的。改革对国务院所属的部分机构做了较大的调整。这次改革的主要任务有：深化国有资产管理体制改革，完善宏观调控体系，健全金融监管体制，推进流通体制改革，加强食品安全和安全生产监管体系建设。这次改革与之前不一样，不再是对人员裁减部门整合提出具体的数量指标，而是从宏观上把握，抓改革重点，重点解决管理体制的突出矛盾和问题，从量的要求转向质的飞跃，注重内容的调整改革，而不只是对形式的调整。这是机构改革很大的进步。

2008 年，改革开放 30 周年，为了适应新时代国情的要求，行政管理体制必须进行深化改革来改善一些不适应新时期发展需求的地方。此次改革的主要任务是：围绕转变职能和理顺部门职责关系，实现职能有机统一的大部门机制；合理配置宏观调控部门职能，加强能源环境管理机构，整合完善工业和信息化、交通运输行业管理体制，以改善民生为重点加强与整合社会管理和公共服务部门。这次改革重视了政府在保障和改善民生、社会管理以及公共服务方面所担当的角色。

第七次政府机构改革是在 2013 年。重点围绕转变职能和理顺职责关系，稳步推进大部制改革，实现铁路政企分开，整合加强卫生和计划生育、食品药品、新闻出版和广播电影电视、海洋、能源管理机构。这次改革把职能转变放在了更加突出的位置，以更大力度、更深层次地加快国务院机构职能转变，促进了法治政府建设工作的有序开展。

2018 年实行了第八次政府机构改革。这次改革涉及的范围的广度、调整的深度都是之前几次政府机构改革所不能及的。这次国务院改革着眼于职能的转变，坚决破除制约市场和政府作用更好发挥的体制机制弊端，着力推进重点领域和关键环节的机构职能优化和调整，对于人民群众普遍关心的领域加大调整力度。改革后，国务院正部级机构减少 8 个，副部级机构减少 7 个，国务院机构设置更加科学合理。

我国前后实施的八次政府机构改革在不同的时期根据实际社会形势进行有针对性的体制改革，加强了决策咨询部门和调节、监督、审计、信息部门的作用，调整和撤销了直接管理经济的专业部门，加强执法监管，有效促进了政府职能从微观管理转变为宏观管理。明确了部门的职责和权限，减少部门之间职能的交叉，有效促进了政府对企业从直接管理为主向间接管理转变。通过改革，政府职能不断转变，不仅重视宏观调控以及市场监管职能的体现，更加注重与人民群众利益关系更加密切的公共领域方面的职能的工作，例如公共服务的方面、社会管理和环境生态保护的领域等，建立了基本公共卫生体系和医疗服务网络，最大限度地向人民群众提供教育、医疗、公共设施等这些基础的公共服务，优化政府公共服务的职能，政府服务水平不断提高。政府对于生态环境保护的意识也越来越强，健全和完善生态环境保护的管理体制，促进我国绿色发展、循环发展、低碳发展。还深化行政审批制度改革，大力推行权力清单制度，简政放权，激发市场活力和社会创造力，提高我国政府的行政效率，由全能政府向"法无授权不可为，法有规定必须为"的有限政府转变。

（二）依法行政法律体系基本形成

科学完备的法律制度体系是我国法治政府建设工作的基础。为了推动建设工作的顺利开展，我国在涉及政府管理内容的法律法规制定以及政府立法工作方面获得了骄人的成绩，规范政府权力产生和运作的法律制度基本上形成。

（1）建立行政法律制度的基本框架。科学完备的社会主义法律体系是我国建设法治政府应该具备的基本条件。建立行政法律制度的基本框架有利于规范政府行使行政权力，对行政权力的运作进行有效的监督和制约，使得政府工作有法可依，并且保障维护我国公民的基本权利。改革开放40多年以来，我国的法律体系基本形成并还在不断健全，政府治理方面的法律法规也逐步完善。

改革开放以来，各类涉及政府运转管理的法律法规的相继出台施行使得我国大体上形成了社会主义行政法律制度体系，这些法律制度对法治政府建设工作的推动有着深远的影响。这些法律法规涵盖了我国政府组织以及行政管理的各个主要方面，加强了对我国政府在行政决策、行政执法等多个方面具体行政活动的规范、制约和监督，为我国法治政府建设工作的开展提供了法律制度的保障。

（2）审查和清理行政法规、规章。之所以要适时修改废止一些法规，是因为法规的制定是适应了当时的情形，随着时间的推进以及建设情况的变化，就会出现之前法规规章不适合当下情形、不利于如今建设工作进行的问题。每次对行政法规的修改清理都是党和国家根据具体形势做出的调整，时间不同，需要应对的问题和矛盾也不同，因此必须对法律规章及时做出针对性的调整修改。

这些规定的发布以及对行政法规规章的审查与清理工作的不断开展，有利于我国建立行政法规、规章和规范性文件清理长效机制，有利于我国建立科学完备的法律法规体系，从而为法治政府的建设提供了法制基础，对于推动我国法治政府建设的进程有着重要的作用。

（3）政府立法方式、立法质量有较大进步。在立法理念方面，政府立法更加注重体现科学发展，回应民意服务民生，更加以人为本，切实维护人民群众的利益。在立法内容方面，政府立法继续重视经济条件宏观调控，同时更加重视社会管理和公共服务方面的立法，重视关系人民群众切身利益的领域立法，加强重点领域立法，民生保障、生态文明等领域越来越受到重视，以法治方式服务民生，保护生态环境，促进社会发展。在立法方式方面，政府立法更加重视人民群众的主体地位，政府立法更加注重听取人民群众的意见，提高政府立法公众的参与度，通过网上征求意见，采取座谈会、论证会、听证会等多种形式广泛听取意见，还重视政协委员、民主党派、工商联、无党派人士、人民团体、社会组织在立法协商中的作用，重视与社会公众的沟通交流，充分反映广大人民的根本利益。这些方面的进步使得政府立法质量也有了进一步的提高。

（三）行政决策水平不断提升

我国不断规范政府行政决策程序，健全科学民主依法决策的机制和体制。注重增强公众参与的实效性，关系到经济社会发展全局和人民群众切身利益的重大事项的行政决策注重听取人大代表、政协委员、人民团体以及社会组织各方的意见，在决策前和决策过程中坚持协商。推行文化教育、医疗卫生等重大民生决策事项民意调查制度。健全行政决策咨询制度，提高专家论证和风险评估质量，重视专家在行政决策中所起到的咨询作用。建立行政机关内部重大决策合法审查机制，保障决策的合法性、有效性。积极推行政府法律顾问制度。法律顾问对于我国政府制定重大行政决策、推进我国依法行政发挥着重要的作用。还加强了政策效应跟踪评估，关注决策的执行情况和实际效果，严格决策责任追究。我国政府通过多种措施不断提高行政决策水平，对涉及人民群众利益的重大决策事项尤为重视，推进我国政府行政决策朝着科学化、民主化、法治化方向发展。

（四）行政执法行为规范化

我国政府重视对行政执法体制进行适时的改革，全面推行行政执法责任制，有利于强化对政府行政执法行为的依法规范管理，纠正不良执法行为，能有效保障政府行政权力依法行使，促使执法的质量和效率有很大提高，我国政府的执法水平和执法效果逐步提高。

我国对行政机关所执行的有关法律法规和规章进行了梳理，对具体行政执法职权和责任进行分解，明确执行执法项目的工作机构和工作岗位所承担的相应责任，明确执行工作流程中每个工作所对应的各项质量标准、考核方法等内容，全面部署了推行我国行政执法责任制的相关工作。各地贯彻该意见，依法界定执法职责工作取得初步成效。实行行政责任制，行政机关内部层级管理职能和岗位工作权限得到了重新整合并进一步理顺，从执法岗位到监督环节形成了严格的工作流程，从机制上使得规范执法工作得到保证，执法监督效果也从后果的被动监督转换到过程的预警监督，规范执法的监督效能也得到很大的提升，最终有利于提升政府的行政效能，提高行政工作的效率和水平。全面推行行政执法责任制，通过规范和监督行政执法活动，逐步提高行政执法水平，使得政府执法行为更加规范合法有效，有利于实现对人民负责的工作宗旨，在进一步推动我国法治政府建设工作的进程起着不可忽视的作用。

行政执法方式也有所创新，推行行政执法公示制度，加强行政执法信息化建设和信息共享。国务院法制办公室建立了统一的行政执法信息平台，对"乱执法"和"不执法"等问题进行了有效的惩治。

行政执法程序不断完善。我国逐步建立健全行政裁量权基准制度，对行政裁量标准进行了细化、量化，对裁量范围、种类和幅度进行了规范。我国各地先后开展相对集中的行政处罚权、行政许可工作和综合执法试点，对行政执法主体、行政许可项目进行清理，对重复执法、随意执法等执法行为问题进行了有效的解决，规范了行政许可、行政处罚的执法行为。

行政执法人员管理制度不断健全，全面实行执法人员资格管理制度，对执法人员的要求更加严苛，加强对行政执法人员的培训，通过加强他们执法工作相关方面的学习、实践，注重执法队伍建设，提升行政执法人员的素质和能力。推行行政执法人员平时考核制度，考核结果对于执法人员的升职、奖励等都有很大的影响。

这些年全面落实推进行政执法责任制，建立健全行政执法制度，完善行政执法程序，对一些不当的行政执法行为进一步纠错，逐步规范了我国行政执法行为，有效保障了政府及其工作人员依法行政，执法质量和水平不断提高。

（五）强化行政权力的制约和监督

对行政权力的制约和监督对于保证我国政府依法行使行政权力也是至关重要的。我国政府行政权力运行实行的内外结合的监督体系的建立并且不断健全完善，行政监察、行政复议、行政诉讼等监督制度不断完善，通过各方面对我国政府行政权力运行的监督制约，使人民群众对于政府工作被赋予的知情权、参与权、监督权得到切实有效的保障，政府工作也更加公开透明。

对于政府工作的内外部监督共同行进。对政府行政权力行使的系统内部监督有来自上级行政机关对下属机关的一般监督以及监察和审计机关的专门监督。外部监督有同级人民代表大会及其常委会的监督，人民政协的监督，司法机关的监督，新闻舆论的监督和人民群众的监督。各种监督形式的力度都在不断强化，政府自觉接受监督的意识也在不断提高。

在政府内部监督方面强化了行政监察和审计监督。

监察机关具备对行政机关行政监察的职能，监察机关所发挥的监督功能和作用加强了对我国的重大决策和工作部署的执行情况的监督检查。

审计机关对行政机关的审计监督职能有效地促进了政府依法行政，推动了我国廉政建设，从而也推动了我国法治政府的发展。行政复议有利于依法迅速解决行政争议，化解矛盾，维护社会和谐稳定，可以有效地纠正行政违法。

行政诉讼和国家赔偿制度在我国的行政监督体系中的功能也在进一步地发挥。行政诉讼制度在进一步保护公民、法人和其他组织的合法权益以及监督我国政府行为方面起着重要的作用。

在政府外部监督方面，新闻媒体和人民群众对政府行政权力的监督力度得到增强。全面推进政务公开，并不断完善政府信息公开制度，提高政府权力运行的透明度，对于保障人民群众的知情权，加强社会对政府的监督有着积极的意义，有利于有效地推动建设工作的进程。国务院和相关部门先后出台了很多文件推动政务公开，加强政府信息公开。根据实际社会形势、人民群众的需求以及综合政务公开工作的进度和实际效果，国务院和相关部门适时地发布针对性的意见文件指导推进政府信息公开的工作。这些文件的相继发布可以看出党和国家对于政务公开是相当重视的，同时也有效增强了政府工作和权力行使的透明度和公信力。

我国政府每年对信息公开工作都做了具体的安排，对这方面工作的重点、要求和具体措施等内容进行着重强调，从宏观上推动了政务公开工作的进行，国家的措施性文件为工作提供了具体指导、指明了方向。在继续推进财政信息公开的同时，要加强与人民切身利益相关、人民群众热切关注的一些公共领域的信息公开，比如公共资源配置、服务等方面，还要增强政府公开信息的主动性。

政府对政务公开的高度重视，从政府信息公开的重要性和意义出发，表现出推进政务公开对国家发展发挥着重要作用。根据时代发展的需要，根据社会具体情况对政务公开工作的要求不断做出调整，重点推进财政预算、公共资源配置以及社会公共事业建设等领域的信息公开，有效保证了政务公开工作的实效，对促进我国法治政府建设的发展发挥着重要作用。与此同时，新闻发布制度不断完善，及时回应人民群众关切。新闻发布会、记者采访、答记者问、网上访谈等多种形式向社会公众发布政府消息，这些形式的应用使得政府有效地把握了信息发布的时效，同时增强了政府的权威。还创新政务公开的方式，互联网与政务结合的模式进一步完善。近年来，我国政府通过微博、微信等新媒体发布政府信息，同时运用新媒体的互动功能及时方便地与公众进行交流。新媒体的应用能够及时便捷地传播政府信息，有效地提升了信息的透明度，提高了政务公开信息化水平，便于外界对政府工作的监督，政府工作更加公开透明。方便人民群众投诉举报、反映问题的举报箱，电子信箱，热线电话等监督渠道也在不断完善，社会监督和舆论监督机制在逐步健全。

内外监督主体充分行使监督权，不断提高监督意识，对政府行政权力运行所发挥的监督作用越来越显著，从宏观上对我国政府行政权力的滥用情况能有所遏制，督促行政部门依法行使其职责，同时也提高了行政机关及其工作人员依法行政的意识，有效推动我国法治政府建设的进程。

（六）公务员制度逐步完善

公务员是我国政府主要承担提供公共服务职能的人，在政府职能履行的过程中发挥着极其重要的作用。因此需要加强对公务员的法治化管理，完善公务员队伍建设来保障政府职能的有效依法履行。加强对行政机关工作人员的规范化、制度化管理有利于法治政府建设工作的推进。所以，我国法治政府建设就要建立公务员制度，依照法律法规对他们进行规范化管理，从而加强公务员队伍建设，提升行政机关工作人员的个人素质和工作能力。

《中华人民共和国公务员法》是我国第一部关于公务员管理的法律。这部法律对公务员的录用、考核、权利义务等一系列的环节都作了全面规定。随后，中共中央印发了公开选拔、竞争上岗等方面的法规性文件，对公务员法规体系做了进一步的完善。这部法的制定与实施结束了我国干部人事管理无法律规范的历史，标志着我国公务员制度的建设迈向了一个新的时期，有利于我国对行政人员的规范化管理，让管理逐步规范化、制度化，有利于建立高素质高质量的公务员队任。从而推动我国法治政府的建设工作。

向社会公开招考，择优录取公务员，有利于优化我国公务员队伍结构，提高整体素质。竞争激励机制引入公务员管理有效地激发了我国公务员的工作积极性与创造性，增强了他们的危机意识与责任感。通过多种多样跟依法行政相关的学习培训，以及在工作实践中积累的经验教训，我国公务员队伍的整体素质有了进一步提高，不仅关于依法行政的知识丰富了，他们依法行政的观念和意识不断增强，综合素质和能力也有明显的提高。各级行政人员和领导干部都对依法行政的含义和重要性有了深刻的了解，了解了在实践中如何依法行政，越来越重视运用法治思维和法治方式管理国家和社会事务；懂得运用各种制度、体制、机制处理问题，维护社会稳定，在应对自然灾害、突发公共卫生事件等方面的能力有明显提高。我国各级行政人员依法行政的能力与意识的不断提高，有利于促进我国政府依法规范行使权力，从而推动了法治政府建设工作的进程，加快实现建成法治政府的建设目标。

第三节　法治政府建设的推进路径

法治政府构建是一项系统工程，其并不是涉及要素的简单相加，而是相互配合，互为依托的关系。法治政府构建之所以是一项系统工程，归根结底由各相关要素之间的关系决定。法治政府构建各相关要素并不孤立存在，其之间存在着种种固有联系，如政府职能发挥需要公务人员依法履职；法治政府构建评估是对政府职能全面行使状况、公务人员依法履职状况、行政制度建设状况的全面评估等。为推进法治政府建设，相关各方应从立体视角、动态视角思考建设内容，具体包括以下三点。

一、发挥制度建设的整体支撑作用

行政制度体系是法治政府的基本支撑，是规范政府权力运行的制度保障。在法治政府构建过程中，行政制度体系可以充分发挥制度的优越性来弥补主观性和不确定性带来的弊端。具体而言，行政制度体系的制度支撑作用体现在政府职能、公务人员履职、法治评估体系建设等方面。

（1）为政府职能科学界定提供制度保障。在政府职能领域，明确职能内容是政府充分履职的首要环节。在新时代的背景下，政府应该明确其职能在经济、社会、生态等领域的具体内容。基于此，政府可以通过行政立法以法律规范的形式明确政府职能的主要内容，从而为政府的职能定位提供便利。明确职能内容是为了让政府明白在社会主义市场经济的大环境下应该做什么、不应该做什么。规范履职方式是政府充分行使职能的重要内容。在行政制度体系方面，政府可以通过完善行政执法体制建设为政府提供规范明确的履职方式，从而使政府职能行使效果最佳。除此之外，政府可以通过行政监督体制的完善为自身充分履职提供良好内外监督。

（2）为公务人员依法履职提供制度约束。在公务人员履职领域，公务人员依法规范履职是法治政府构建的重要内容。为了实现公务人员履职行为的规范化，首先需要明确自身应该具备什么样的素养及能力。在行政制度体系方面，政府可以通过行政立法做出明确规定，并为公务人员依法履职素养及能力的提高提供制度安排。为了规范文明履职行为过程，实现履职效益最大化，公务人员需要一定的履职经验积累及学习。在行政执法领域，政府除了明确规定公务人员应该如何履职外，还应该为公务人员履职经验积累及学习提供制度安排。有效的内外监督是提升公务人员履职能力、规范行政行为的重要保障，基于此，政府可以在行政监督体制方面畅通内外监督渠道，为政府内部、社会各界加强对公务人员履职监督提供制度便利。

（3）为法治评估体系建设提供制度规范。在评估体系建设方面，行政制度体系建设既是法治评估的对象，又可以为法治评估提供制度规范。在新时代的背景下，法治政府评估体系建设应该明确评估指标内容，包括评估主体、评估指标设置，评估对象范畴等。为此，政府可以通过规范性文件予以明确。为推进评估工作顺利进行，政府可以通过加强行政制度体系建设为评估工作的开展提供制度保障。

二、突出公务人员的核心主体地位

法治政府构建既需要发挥制度的优越性，又需要发挥公务人员的主动性。作为我国法治政府构建的重要主体，公务人员的法治意识及能力直接关乎法治政府构建的质量。就其具体内容而言，公务人员在法治政府构建过程中可以发挥以下作用。

（一）推动政府职能科学界定及全面履行

任何类型的政府都是由大量的个体组成，政府职能的全面行使需要依托公务人员的履职能力，并在公务人员的依法履职行为中得以展现。在新时代的背景下，政府职能的科学界定及全面履行主要体现在"强化""弱化""转化"三个领域，为此，公务人员需要在这在三个领域突出不同的法治修养。

"强化"领域指的是政府应当履行职责，需要承担责任的领域，其主要针对政府权力"缺位"的情况。公务人员需要突出自身依法履职的责任意识及担当意识，为相应制度性规定的完善积极建言献策。当制度性规定已经完善，需要通过一线执法人员充分履职以发挥效力时，公务人员应主动作为，积极行使职权，以促进政府职能的充分行使。

"弱化"领域指的是政府应当适当退出，降低存在感的领域，其针对政府权力"越位"的情况。法治政府构建要求政府理顺与市场、社会之间的关系，树立"市场自由，社会自主"理念，防止权力泛滥。在"弱化"领域，公职人员需要突出自身依法履职的权力约束意识。在执法过程中尊重市场、社会发展的规律，谨慎行使公共权力。

"转化"领域指的是政府应当转变工作思路，转移相关职能的领域，该领域目前主要集中在社会治理领域。"转化"思路服务于政府治理现代化的需要，使政府权力集中在需要行使的领域。进入新时代以来，伴随着互联网技术的日益进步，社会关系与社会矛盾纷繁复杂。在这些领域，公务人员在依法履职时应突出创新意识，加深服务理念，积极转换工作思路，促进政府部分职能向社会组织的平稳转移。

（二）促进行政制度体系的完善与有效实施

行政制度体系作为法治政府有效运行的重要依托，其归根结底由公务人员建立、完善并保障实施。为推动行政制度体系的完善与实施，公务人员应从以下三个方面入手。

首先，公务人员应不断增强依法履职意识，提高依法履职能力。在新时代的背景下，现行行政制度体系必然存在与时代发展要求不相适应的地方。为及时发现现行行政制度体系可能存在的问题并及时予以修正，公务人员应避免麻痹大意、一劳永逸的错误思想，意识到行政制度体系改革的必要性与重要性，并不断提高对新知识的学习能力及对新工作的适应能力。

其次，公务人员应广开言路，及时处理关于行政制度体系变革的社论舆情。人民群众作为主要行政相对人，其对现行行政制度体系的运行效果具有发言权。民间智库作为法律制度专业知识的掌握者，其在行政制度设计方面具有一定权威。公务人员及时倾听社会各界关于现行行政制度体系的社论舆情，并将有效信息及时提交有关部门进行审议，从而有助于加强现行行政制度体系的自身建设。

最后，公务人员应按时组织关于现行行政制度体系实施情况的调研活动。通过主动调研，倾听社会各方的意见，公务人员可以及时发现现行制度体系在运行过程中的堵点与难点，并就这些问题提出可行性解决方案以促进现行行政制度体系的有效实施。

（三）推动法治评估的健全与有效执行

法治评估是法治政府建设状况的晴雨表。公务人员作为法治政府内部的重要的组成部分，其既是法治评估的实施主体，又是法治评估的重要对象。为推动法治评估的健全与有效执行，公务人员一方面要主动接受对其履职能力及履职行为的外来法治评估，并为达到评估效果而积极建言献策，另一方面应积极参与政府内部主办的法治评估活动。除了提高法治评估参与意识之外，公务人员应重视相应工作能力的提升，如学习新的数据处理软件以更高效率分析评估数据等。

三、建立评估监督的根本保障

在法治政府构建过程中，法治评估扮演着极其重要的角色，其既是法治政府构建内容的一部分，又为整个构建工程提供有效信息反馈。法治政府评估指标体系本身旨在通过一种看得见、摸得着的标准规范体系，以量化的客观系数形式来把握和衡量法治政府的建设状态。在新时代的背景下，我国需要构建起针对法治政府建设各个领域的全方位、立体化法治评估体系。

（一）分角度评估政府职能履行情况

在政府职能履行方面，政府职能是否依法全面履行是法治政府评估的重要内容。政府要牢固树立现代发展理念，坚持简改放权、放管结合，依法全面履行各项职责。因此，对政府职能的评估体系可以从政府职能"强化""弱化""转化"三个角度入手。在政府职能"强化"领域，评估体系可以将政府新出台的规范性文件数量、相关职能部门机构设置变动作为参照。在政府职能"弱化"领域，评估体系可以将政府权力清单变动情况作为参考。在政府职能"转化"领域，评估体系可以将承接政府职能的社会组织、社会机构数量变动情况作为重要参考。除了以量化指标分析政府职能的变动外，评估体系仍然需要将政府职能履职效果作为加权因素纳入评估范畴。

（二）评估行政制度完备状况及实施效果

在行政制度方面，行政制度体系是否完备化也是法治政府评估的重要对象。行政制度体系包括行政立法、行政决策、行政执法、行政监督等方面，对其法治评估也可以从数量和效果两个角度进行衡量。在数量方面，评估体系可以将行政立法数量、行政执法数量、政府与民众中间的沟通机制数量作为重要参考。需要强调，各领域数量并不与评估得分呈正相关趋势。行政制度体系的完备必然需要行政制度在数量上有一定保证，行政制度数量的增加只能说明政府正在推进行政制度体系完善，但不能充分证明行政制度完善的方向必然正确。因此，对行政制度体系的法治评估依然需要将社会发展需求、社会矛盾解决状况作为重要变量，这就需要从行政制度实施效果角度进行分析。就其具体内容而言，对行政制度体系的法治评估需要将行政立法数量的增加能否有效弥补政府监管的漏洞、行政执法数量的变化能否有效维护社会市场秩序、政府与民众之间沟通机制的增加能否激起民众参与行政决策与行政监督的积极性作为重要加权因素进行评估。

（三）评估公务人员行政执法方式及效果

在公务人员依法履职方面，公务人员依法履职行为也是法治政府评估的重要对象。对公务人员依法履职行为的评估可以从执法方式、执法效果等角度进行分析。在行政执法方式方面，法治评估可以根据其执法行为的规范性与合乎法律性方面进行评估。在行政执法效果上，法治评估可以从行政对象的评价、执法难题及社会矛盾解决的角度进行分析。

第四节　建设数字法治政府，打造最优营商环境

一、数字政府建设有利于优化营商环境

优化营商环境与数字政府建设存在一种积极的正向关联，这已经成为学界的普遍共识。可以说，优化营商环境是评价政府数字化转型成效好坏的重要指标，政府数字化转型是优化营商环境取得成功的一个关键因素。[①]

从世界银行所选取的营商环境评估指标来看，这种正向关联度非常明显。世界银行依据企业的生命周期，选取了12个评估营商环境的一级指标：开办企业、办理施工许可证、获取电力、不动产登记、获得信贷、保护少数投资者、缴纳税费、跨境贸易、执行合同、办理破产、雇用工人和公共采购。以法律术语来表达，其中的"开办企业"实为企业注册登记，是一种关于资格的行政许可；"办理施工许可证"是一种关于行为的行政许可，两者的二级指标都是关注行政许可的程序、时间和费用问题；"跨境贸易"的二级指标包括"单证合规""边界合规所耗时间"，实为行使行政检查权的合法性与效率性问题；"不动产登记"是行政确认，"缴纳税费"是行政征收，两者都包括"程序""时间""成本"等二级指标，实际上是关注公共服务的效率问题；"保护投资者"的二级指标主要关注企业内部治理的透明度问题，也有赖于政府监管和信息披露来实现；"执行合同"包括"时间""成本"和"司法程序质量"三个二级指标，实际上是关注合同纠纷解决机制运行效率问题。世界银行声称其所划分的营商环境指标体系包含便利化、国际化和法治化三个维

① 陈涛，郜啊龙．政府数字化转型驱动下优化营商环境研究：以东莞市为例［J］．电子政务，2021（3）：83-93.

度。显而易见，便利化（效率性）是其中最首要的，国际化实为特殊情形的便利化，但法治化的维度并不清晰。毫无疑问，对于提升行政许可、行政征收、行政检查、公共服务、政府信息公开、纠纷解决的便利化（效率性）而言，数字政府建设大有可为。

（一）加强公共数字开放共享有利于优化营商环境

政府的数字化转型，关键在于打破信息壁垒，保障数据信息在不同政府部门之间自由流通。这就必然要求基础公共信息数据安全有序开放，公共数据服务纳入公共服务体系，推动企业登记监管、所有权和管理权等高价值数据向社会开放，这既有利于政府的有效监管，又更加有利于"保护投资者"。

（二）推动政务信息化共建共享有利于优化营商环境

政府的数字化转型，重点在于流程再造，通过技术手段实现不同版式程序的重构、衔接，避免线下办理的来回奔波和材料重复提交。这就必然要求加大政务信息化建设统筹力度，持续深化政务信息系统整合，布局建设经济治理、市场监管、公共安全、生态环境等重大信息系统，提升跨部门协同治理能力。这种跨部门协同治理，使得企业在申请行政许可时不需要重复提供跨部门可查询的企业信息，增强行政许可的便利性。而且多个部门的信息共享，也使得行政征收和行政检查的效率大大提升。

（三）推行精准智能的执法证据收集有利于优化营商环境

政府的数字化转型，其中一个热点在于以数字技术提高执法部门的证据收集能力，特别是对企业的安全生产信息、环境污染信息的精准收集，有助于解决执法部门举证能力弱、执法力度不够等问题。这意味着，政府能够更加精准地打击企业外部性问题，防止出现"公地灾难"，维护优良的营商环境。

（四）提高数字化政务服务效能有利于优化营商环境

政府的数字化转型，着力点之一在于建设全过程的合作监管机制。这必然要求加快构建数字技术辅助政府的市场监管机制，提高基于高频大数据的精准动态监测预测预警水平。这意味着，政府能够更加精准预测市场风险和行业风险，尽可能通过有效的事前和事中措施调控防止大量"执行合同"纠纷的发生。

二、数字政府建设对营商环境的法治风险

数字政府的核心是数据，重视数据的重要作用和价值，旨在形成"用数据说话、用数据决策、用数据管理、用数据创新"① 的现代治理模式。然而任何技术都具有"双刃剑"的属性，运用恰当与否会产生截然相反的社会效果，这是技术进步过程中的天然风险。显然以数字技术为运行基础的数字政府建设，也面临着这种技术风险。而且，这种技术风险传导到营商环境中，可能展现为一些急需防范和有待解决的法治风险。

(一) 数据收集可能侵犯商业秘密

数字政府建设必然要求大量收集相关数据，这是为企业提供快速便捷服务的前提，也是对企业进行全过程监管的基础。比如，世界银行选取"获取电力"这一营商环境评价指标，具体包含"获取电力连接的流程环节数""时间""费用"三个二级指标。通过提前收集企业的相关数据，当然可以缩减获取电力连接的流程环节和时间，但是也意味着该企业与获取电力不相关的其他信息（甚至是商业信息）被电力部门电子化储存，存在泄露给其他同行企业的风险。而且，在我国，电力部门也具有企业属性，其自身就与有些申请获取电力的企业有利益关联，这种数据收集很可能导致该企业的某些信息被不正当利用。再如，"保护中小投资者"这一评估指标包含"披露程度指数""董事责任程度指数"等二级指标，通过数据收集有利于更加便捷地进行信息披露，增加公司内部治理透明度，但是，这种便捷化的数据共享和公开，也使得商业信息的保护难度更大。

(二)"数字鸿沟"可能增加企业负担

进入数字社会以来，一些老年人因不熟悉网络技术而成为"数字难民"，网上预约、微信支付、扫码乘车等诸多数字技术带来的生活便利，却成为他们难以逾越的"数字鸿沟"。随着数字政府建设的推进，许多小微企业同样有成为"数字难企"的潜在风险。建设数字政府的关键在于做好政府的部分关键职能，即数字身份、数据交换和数字支付，在此基础上支持税收与公共财政、公共利益、资产跟踪、土地所有权、公民参与和投票、采购、重要记录和商业信息的公共登记处等政府服务。对有些小微企业来说，进行广泛的数字身份认证、转换并提供大量的数字信息，接受常态性的数字化监管成为一种过重负担。

---

① 国务院关于印发促进大数据发展行动纲要的通知 ［EB/OL］.（2015-09-05）［2021-09-30］. http://www.gov.cn/zhengce/content/2015-09/05/content_10137.htm.

比如，《中华人民共和国电子商务法》（以下简称《电子商务法》）第二十八条规定，"电子商务平台经营者应当按照规定向市场监督管理部门报送平台内经营者的身份信息"，以及"与纳税有关的信息"，或者有关主管部门依照法律、行政法规的规定要求电子商务经营者提供有关电子商务数据信息的，电子商务经营者应当提供。由于这些规定比较原则化，在现实操作中数据报送、提供义务往往给电商平台带来极大的困扰。一是提供信息事项过多，电子商务平台合规成本过大。现实中往往是有多少送多少，企业需要为此付出巨大的时间和人力成本。二是有权要求提交信息的主体太多太杂。往往相同的信息需要多次提交，不仅浪费平台的管理资源，而且导致商业秘密和个人信息的泄露。三是数据报送次数过于频繁。监管部门随时可以要求电子商务平台进行数据报送，不受时间段的限制。

（三）"算法黑箱"可能侵犯企业权利

在数字政府中，数据是材料，算法是火焰。但是，"算法黑箱"往往也与数字技术的发展相伴而行，它使得很多与企业密切相关的政府决策和监管措施可以规避审查和监督。因为大多数算法系统都是不透明的，被监管企业无法看清其中的规则，也不能参与决策过程，只能接受最终的结果。就好像企业的数据被装进了"黑箱"，企业无从了解它们的工作原理，这些算法将有助于控制企业的行为。[①] 在一定意义上，政府对企业监管的"算法"是一种行政权的行使。只要这种"算法"对不同性质企业提供的不同类别信息赋予不同的权重，系统就会自动生成企业是否获得许可、是否合规、是否处罚的判断和决定，对企业权利产生重大影响。但是，由于"算法"不是"信息"，企业甚至无法依据《中华人民共和国政府信息公开条例》来申请政府予以公开，更无其他有效的权利救济途径。例如，世界银行选取的"跨境贸易"这一营商环境评价指标，包含"单证的合规性""边界合规审查所耗时间"两个二级指标。其中，"边界合规审查"的结果就可能是边检部门运用算法所作出的决定。如果这种"算法"不透明，实际上很可能损害营商环境。

（四）"算法滥用"可能危及企业发展

在数字政府中，大量企业数据的共享和算法的运用服务于多样化的政府职能，它既可能服务于经济监管，又可能服务于社会管理。基于不同的目标导向，政府也可能出现"算法滥用"，侵犯企业的合法权益，影响到企业的健康发展。例如，世界银行选取的"雇用

① 卢克·多梅尔. 算法时代：新经济的新引擎［M］. 胡小锐，钟毅，译. 北京：中信出版社，2016：213.

工人"这一营商环境评价指标，重点关注劳动力市场监管。但是政府的数字化转型必然要求企业雇用工人的相关数据也可以被社会管理部门共享。在政府的社会管理系统中，很可能出现"算法歧视"问题。例如在美国，犯罪预警系统中的算法将有色人种赋予更高关注权重，导致有色人种被过度执法。假如我们的社会治安管理系统中的算法将不同地区的工人赋予不同的权重，就会导致有些企业由于某一地区工人占比高而被过度执法。这种算法滥用造成"地域歧视"，必然影响到企业的健康发展。再例如，世界银行选取的"公共采购"这一营商环境评价指标，在现实中政府也可能存在"算法滥用"的风险。基于地方保护主义等目的，地方政府很可能通过设定算法的规则和条件赋予某些特定企业竞争优势，进而损害市场公平，破坏市场大循环。

（五）"算法未知" 可能影响企业信誉

在数字政府中，由于政府建设和共享的数据库中难以完全排除一些"异常数据"，很可能导致出现"算法未知"，进而引发政府对有关企业进行错误的监管和执法。在我国，《电子商务法》第三十九条规定："电子商务平台经营者不得删除消费者对其平台内销售的商品或者提供的服务的评价。"但在实践中，由于网络空间信用体系对公民个人的约束力偏弱，一些消费者常以不合理的评价、异常退款、恶意拍下、恶意投诉等"异常行为"来对电商平台企业进行敲诈。由于信誉因素对电商平台企业至关重要，他们对此往往只能选择息事宁人。当这些"异常行为"形成的"异常数据"进入政府监管的数据库，就有可能出现"算法未知"问题，严重损害企业信誉。毫无疑问，企业信誉的受损会对世界银行选取的"获得信贷"这一营商环境评价指标产生不良影响。

三、以建设数字法治政府打造最优的营商环境

营商环境是一项系统工程，包括公平竞争的市场环境、高效廉洁的政务环境、开放包容的人文环境和公正透明的法治环境四个维度。其中，法治是营商环境中的核心要素，是改善其他要素的重要抓手，是维护整体营商环境的根本保障。从我国当前发展状况来看，构建法治化的营商环境难以一蹴而就，它以数字政府的法治化为必经阶段。从具体工作思路来看，它可以分为两个层面：一是我们更加积极地以世界银行指标引领数字政府建设；二是我们更加审慎地以建设数字法治政府持续优化法治化营商环境。

（一）以世界银行评价指标持续引领数字政府建设

世界银行现行的营商环境评价指标体系紧紧围绕着效率这一价值目标而设定。而且，

世界银行专家对各领域的打分，均采取"问"与"查"的方式来进行。"问"是指向中小企业、律师事务所、会计师事务所、建筑师事务所、报关公司等相关人士发放问卷。"查"是指查阅每一个问题对应法律法规或规范性文件，以确保被测评经济体的相关举措具有法律拘束力。① 从价值观与方法论来看，世界银行的营商环境评价指标体系总体科学客观，符合技术理性，对于提升被评估的国家或城市的治理体系和治理结构作用巨大。显而易见，这些评价指标对于数字政府建设也具有非常良性的引导功能。

1. 引领建立全国统一的数字化登记平台

世界银行关于"登记机构和登记系统"的规则要求，为了方便查询，降低信息收集成本，应当建立统一的登记机构和登记系统。② 因此，为了提高世界银行对我们营商环境的评价分数，应该尽快互联互通，整合共享各个省市已有的登记平台，打造全国统一的登记平台。

2. 引领税务申报系统升级更新

2018 年，国地税合并对于纳税营商环境产生直接影响。其中，两套申报系统的整合是一个难题。按照世界银行"缴纳税费"指标所包含的时间和成本的要求，我们必然要整合企业所得税的两套申报系统，将各个税种的申报系统统一到一个应用平台，并对整个申报系统进行统一的后台管理。而且，还可尝试建立标准操作纳税的时间模型，与企业办税人员的实际操作时间进行比对，来判断纳税人的操作提升空间。2017 年，世界银行的报告中开始引入税后事项指标，开始关注退税程序问题。我国在这一指标上排名一直比较落后。因此，在政府服务的数字化转型过程中，可以尝试引入第三方作为企业所得税错报更正的前置程序，提升报税后事项的服务质量。③

3. 引领政府提供智能高效的公共服务

比如，世界银行"办理破产"指标可以引领网拍在破产程序中的应用，以更加智能高效的公共服务来降低破产成本。更重要的是，要基于此类公共服务中所获得政务数据和社会数据，逐步研发趋势预测、标杆分析、问题解析和对策设计的追踪服务模块，开发能够应用多种特定情境和场景的营商算法，为企业提供更加精准优质的营商服务。

---

① 夏青. 世行营商环境指标体系特点及启示 [J]. 浙江经济，2018（20）：48-49.
② 罗培新. 论世行营商环境评估"获得信贷"指标得分的修法路径：以我国民法典颁布为契机 [J]. 东方法学，2020（1）：49-57.
③ 李成，施文泼. 世界银行纳税营商环境指标体系研究 [J]. 厦门大学学报（哲学社会科学版），2020（5）：118-130.

4. 引领建立更具代表性的评价案例和数据库

世界银行现有的指标体系在科学性和可比性方面仍存在一定局限性。其一，为了保证这些指标在不同国家和地区具有可比性，选择案例时往往将条件特定化和标准化，导致收集数据的范围相对较窄。其二，这些指标关注一国最大商业城市，以及人口数超过 1 亿国家的第二大城市，往往由于国家地区差异过大导致指标的可代表性不强。[①] 数字政府建设则可以适度弥补这些局限性。一方面，它可以通过政府数字平台来更加广泛地收集评价指标所需要的数据，在一定程度上解决案例的单一化问题；另一方面，它可以通过对不同地区赋予不同算法权重的方式来调整指标的分值分布，在一定程度上解决指标代表性不足问题。

（二）以建设数字法治政府持续优化法治化营商环境

1. 以法律制度规范政府对企业的数据的收集、管理和使用行为

其一，要通过立法明确规定政府对企业一定范围和事项有关数据的收集、管理、使用的权力，进行明确具体的"数据确权"。"数据确权"是数字政府建设的基础性问题，直接关系到数据的流动性和有效使用，明确政府对一定数据的创制权、管理权和使用权，是落实数据质量责任、确保数据在政府内部有序流动的必然要求。[②] 其二，要建立政府数据库分享和使用主体的数字身份识别平台，制定与之相配套的身份识别安全标准和认证标准，对于非经济监管部门分享和运用企业数据的范围和权限进行必要限制，防止无关部门不正当使用企业数据，避免泄露企业商业秘密，保密商业信息，保障"数据安全"。其三，要尽早制定《数据和虚拟财产保护条例》，对企业数据权利进行有效保护。2021 年 6 月 10 日刚刚通过的《中华人民共和国数据安全法》（以下简称《数据安全法》）重点规定政务数据，旨在保障政府数据权力，以维护公共安全和国家安全。与"政府数据权力"相对应的范畴是"企业数据权利"和"个人数据权利"，这是能够在一定程度上规范政府数据收集权力的两个概念，但是尚无相关法律法规对此进行有效的制度保障。例如，企业行使自身经营自主权所形成的数据，企业享有完全的所有权，政府部门一般不宜强制性收集。其四，要运用比例原则对政府收集企业数据的行为进行考量和审查。所谓比例原则，是指在法律适用过程中，应当尽量以最小的成本付出获取最大的收益，手段与结果必须合乎比

---

①　夏青. 世行营商环境指标体系特点及启示 [J]. 浙江经济，2018（20）：48-49.

②　顾平安. 数据治理赋能数字政府建设 [J]. 社会治理，2021（4）：30-35.

例，不宜用"大炮轰蚊子"的方式。依据该原则，政府免费且强制收集企业数据的行为一般应符合如下四种情形才具有合法性：其一，出于《数据安全法》第三十五条规定的维护国家安全或侦查犯罪的需要；其二，是《中华人民共和国行政许可法》规定的企业申请某一许可必须提供的有关材料所形成的数据；其三，是政府部门采取数据技术对企业执法检查而形成的相关电子证据；其四，是政府部门智能高效地为企业提供公共服务所需要的基础信息数据。

2. 建立专门的企业数据收集服务机构、异常数据审查处理机构和政务数据共享协调机制

其一，要成立专门服务于企业的数据收集机构，既要对所有企业履行数据提供业务，并提供指导咨询，又要特别性地主动上门到大量小微企业收集有关数据，减少企业因提供数据造成的成本负担。其二，要成立专门对收集到的企业数据进行研究分析的审查机构。一方面，要通过对企业数据的深入挖掘分析，对本地营商环境的发展变化进行动态监测，对产业发展进步提供精准预测预警，为具体的经济监管决策和措施提供科学依据。另一方面，要通过对企业数据的细致审查，对因异常行为产生的"异常数据"予以排除或者降低权重，避免因"算法未知"导致政府监管方向偏差和监管措施失当。其三，要建立政务数据共享协调机制，避免多头主体反复要求企业提供相同数据，加大企业数据提供负担。建议尽快修改《政务信息资源共享管理暂行办法》（国发〔2016〕51号），确立国家统一数据共享交换平台以及标准体系，阶梯性地规定政府部门拒绝共享情形及其不当行为的法律责任。如果某一类企业数据与国家安全、公共安全、社会治理具有关联性，则掌握该数据的部门不得拒绝共享；如果某一类企业数据仅与经济安全、金融安全和产业发展具有关联性，则掌握该数据的经济部门可以拒绝和与之无关的非经济部门共享；如果某一类企业数据仅与行业主管部门职能具有关联性，则掌握该数据的行业主管部门可以拒绝与其他政府部门共享，以保护企业自身发展利益。

3. 贯彻法治原则来破除"算法黑箱"、防止"算法滥用"和"算法未知"

具体来说，应当在数字政府建设中运用和贯彻五大法治原则。一是公开透明原则。建议修改《中华人民共和国政府信息公开条例》有关规定，将政府重要监管系统的"算法"列入"政府信息"，要求相关政府部门主动公开；对于特定行业进行监管的"算法"，则可以由相关企业依法申请公开。二是正当法律程序原则。政府部门建立与企业相关的数据监管系统，应当广泛征求和听取相关企业的意见，并且向相关企业说明建立这一系统的法

律依据、监管目的以及算法的多种变量取舍。执法部门通过数字化手段进行检查、调查、督察所收集证据，应当听取相关企业的陈述和申辩，保障企业的程序性权利。三是平等保护原则。在美国，联邦法院将搜索引擎的算法视为"言论"，算法中关于性别、种族等不当变量的设定构成"歧视性言论"，违反了平等保护原则。在我国，政府监管系统的算法也要尽量避免以性别、地域、学历来设定变量，防止"算法滥用"。四是司法救济原则。政府监管系统算法的每一次运用，都是依据其收集掌握的企业信息自动生成对企业的监管决定或措施，其实质就是行政权的行使，是一种行政行为。在我国智慧交通体系的建设中，算法可以直接对监控查获的交通违法行为处以罚款。这种行政行为也可能因"算法滥用"导致侵权，引发企业与政府之间的行政纠纷。依据法理，此类情形当然属于行政诉讼的受案范围，应当允许企业通过司法救济的方式来保护自己的合法权益。五是风险预防原则。风险预防应该成为现代社会风险治理的首要原则，它要求政府在国民面临不确定的威胁时，应当针对科学知识上的不确定性而采取保护国民的预防性风险规制行动。在一定意义上来说，"算法未知"也是由于科学技术的不确定性导致的风险，必须建立健全风险防控机制，运用制度威力应对风险挑战的冲击。例如，可以考虑强制规定作为算法载体而存在的政府监管系统的所有者或者运营者购买一定份额的保险或者建立一个算法风险补偿基金，以分担"算法未知"的安全风险对企业造成的损失。

4. 建立完善多元化的权利保护模式来保护知识产权、激活企业创新

在我国自主开展的营商环境评价中，"知识产权保护和运用""包容普惠创新"是两个非常重要的指标。正如习近平总书记指出："创新是引领发展的第一动力，保护知识产权就是保护创新。"[①] 这两个指标是内在一致互相促进的关系，但工作的着力点必然是知识产权保护。在数字政府、数字经济、数字社会共同构建的数字生态中，由于在线侵犯知识产权行为复制成本较低，传播速度快，隐蔽性强，线上线下联合作案，加上政府监管能力不足、监管力度偏弱、监管措施不及时，因而各种类型的知识产权侵权纠纷频发。因此，政府的数字化转型应当致力于建立完善多元化的知识产权保护模式，来维护和保障企业创新的营商环境。其一，知识产权主管部门要更加广泛地运用数字技术体系提升知识产权保护水平与效果。要按照 2018 年颁发的《"互联网+"知识产权保护工作方案》要求，尽早建立和完善基础数据库、侵权假冒线索智能检测系统等技术支持体系，以及建立侵权假冒线索检测启动与推送机制、智能检测与人工判断衔接机制、标识电子化管理机制等运

[①] 习近平在中央政治局第二十五次集体学习时强调全面加强知识产权保护工作激发创新活力推动构建新发展格局 [N]. 人民日报，2020-12-02（1）.

行机制。其二，要建立统一的知识产权行政执法立案标准，健全多部门联合执法机制。要鼓励、奖励电商平台、个人、企业等为执法办案提供数据信息，发挥企业、消费者等社会大众在知识产权保护中的作用，探索"政府—平台—商户—用户"的合作治理机制。其三，促进知识产权保护机制的专业化、高效化和多元化。努力实现知识产权审判专业化与高效化，建立行政调解、行政裁决和司法裁判等知识产权纠纷解决的多元化机制。司法机关可以通过典型案例或者规范性文件的形式，就判定在线知识产权侵权行为制定详细的认定规则，明确规定构成专利权、商标权、著作权等侵权行为和不正当竞争行为的具体情形，并且对实践中难以判定的复杂情形进行专业性解读，为企业正常的在线经营活动指明安全范围。

第四章　多方视角下营商环境的法治化建设

第一节　国家治理现代化与法治化营商环境建设

优质的营商环境是一个地区或国家核心竞争力、市场活力、经济软实力和社会创造力的重要体现。国家治理现代化的核心在于国家制度和制度执行能力的升级再造。法治化营商环境建设聚焦于法律规则及其实施机制的完善，契合国家治理现代化的发展趋势和内在要求，是实现国家治理现代化的重要手段；而法治化营商环境建设也成为实现国家治理现代化的重要契机与核心支点。

一、国家治理现代化与法治化营商环境建设的互动

（一）国家治理现代化与法治化营商环境建设的推动效应

与西方话语不同，一方面，中国的国家治理现代化立足于经济社会的转型，从计划经济向市场经济的转型，行政审批制度是政府对市场管控最主要的制度工具，如何推进审批制度改革，如何实现审批与监管协调，如何转变政府的治理理念与行政管控方式，就成为中国语境下营商环境建设的特殊问题。另一方面，作为单一制国家，在我国虽然经济活动与社会治理的开展方面遵循国家统一颁布的法律法规，但基于超大国家治理的现实需求，中央立法不可能照顾到各区域的差异，中央允许地方拥有适度的立法权，加之各地对中央法律的适应能力与水平存在差异，使得法治化营商环境建设程度在各地存在较大差异。

基于此，2018年1月召开的国务院常务会议明确要求，立足中国国情，在学习借鉴国际营商环境评价方法的基础上，本着国际可比、对标世行、中国特色原则，建立以市场主体和社会公众满意度为导向的中国营商环境评价机制——18个指标体系，形成了符合中国

实际的评价方法论。① 为了推动超大国家治理现代化的均衡发展与整体协调，国家不断总结和发布各类优化营商环境的典型经验，推动地方政府经验的相互借鉴与整体发展。在制度层面，"只有全面依法治国才能有效保障国家治理体系的系统性、规范性、协调性，才能最大限度凝聚社会共识"。② "法治是最好的营商环境""法治是核心竞争力"已经成为改革者在国家治理现代化背景下推进营商环境建设的共识。发挥法治引领与保障作用促进营商环境优化成为近年来法律修改的关键动因。2019 年 4 月 23 日，第十三届全国人民代表大会常务委员会第十次会议通过了 8 部法律的修订。此外，国务院修订了多部行政法规，最高人民法院则发布有关破产、中小投资者保护等多个司法解释。这些法律规则的修订，是顺应世界银行评估而做出的制度性变革，为促进 2020 年世界银行评估中国营商环境排名的大幅提升发挥了作用。而地方营商环境的竞争就是"改善一个区域的市场主体所面临的行政、法治等各种要素构成的综合发展环境"的竞争。③ 在地方法治化营商环境建设中，各地优化营商环境的立法立足于对标世界银行和国家营商环境评价指标体系，立足于破除地方营商环境建设的难点、痛点、堵点，成为在国务院《优化营商环境条例》推动下的普遍性做法。各级地方政府在相互竞争与学习的过程中，积极推广先进措施和主动复制实践经验，不仅促进了地方优化营商环境法治化发展，也为全国性的立法提供了大量的"地方经验"，有效回应了超大国家治理现代化中的结构性难题。

（二）国家治理现代化与法治化营商环境建设的倒逼功能

国务院《优化营商环境条例》规定，优化营商环境应当以市场主体需求为导向；国家建立和完善以市场主体和社会公众满意度为导向的营商环境评价体系。营商环境的建设以市场主体的需求为中心，以市场主体所处的微观法治环境为载体，以市场主体和社会公众的获得感和满意度为检验的价值导向，其核心在于以市场主体和社会公众的感受倒逼政府自身观念的转变与制度的改革，破解"放管服"改革深水区的问题。④ 2020 年国家发展和改革委员会牵头，在全国地级及以上城市开展中国营商环境评价。这项举措推动了参评城市纷纷把优化营商环境作为全面深化改革的"头号工程"，很多城市把优化营商环境作为"一把手"工程，许多地方性优化营商环境法规中明确规定"政府主要负责人是优化营商

① 林念修. 中国营商环境报告 2020 [M]. 北京：中国地图出版社，2020：2.
② 习近平. 论坚持全面依法治国 [M]. 北京：中央文献出版社，2020：3.
③ 付茱琳. 优化东北地区营商环境的法治路径：以强化地方检察职能为视角 [J]. 行政与法，2019（3）：80-89.
④ 车俊. 坚持以人民为中心的发展思想等"最多跑一次"改革进行到底 [J]. 求是，2017（20）：10-13.

环境的第一责任人"。此外，许多地方性的优化营商环境条例还明确规定，对营商环境年度考核不达标以及评价排名靠后的政府和有关部门负责人实行约谈制度，甚至对未按期整改的追究责任并责令其在广播电视等新闻媒体公开承诺整改期限和整改措施。这直接推动了各级政府官员在推进国家治理现代化改革的出发点上无论是话语体系还是立场站位，从一个管理者向"店小二"角色的快速转变。① "以市场主体需求为导向""以市场主体满意度为核心""人民群众的获得感""看企业家的脸色推进政府再造"等话语成为各级政府官员的口头禅，成为各级政府推进改革的目标。一场以市场主体和社会公众感受为标准的法治化营商环境建设，倒逼政府从组织体系、审批流程、监管规则到责任机制开展了系列变革，也促进了授权和规范政府职能的法律规则及其实施机制的不断变革。例如，在国务院《优化营商环境条例》和各地方的优化营商环境法规中规定的"一窗受理""一网通办"等制度，改革的核心在于通过政府部门职能的重组、数据的共享、流程的并联，进一步打破横向政府部门间的边界，倒逼部门职能"功能性集中"，使政府分散式许可体系呈现质的变革，从而完成一级政府内横向权力的再造。

优化营商环境是经济发展的体制性、制度性安排，其优劣直接影响市场主体的兴衰、生产要素的聚散、发展动力的强弱。国务院《优化营商环境条例》鼓励各地方、各部门积极探索原创性、差异化的优化营商环境具体措施。随着 2015 年《中华人民共和国立法法》（简称《立法法》）的修改，拥有地方立法权的市大幅增加，从而使地方政府通过地方立法主动优化营商环境的"先行先试"成为可能。在营商环境评估的压力下，审批事项的大幅调整，市场准入负面清单的逐步缩减，商事登记改革的深入，互联网+监管等综合行政执法改革的推进等一系列改革的实施，大多经历了通过地方法律规则确立并"先行先试"再向全国逐步推广的过程。例如，上海浦东新区建立行业综合许可制度，推进"一业一证"改革，实现了"一帽牵头""一键导航""一单告知""一表申请""一标核准"和"一证准营"；为有效解决规划打架问题，海南率先在全国开展省域"多规合一"的改革，实现国土空间用途管制审批"规划一张图，报批一套表，审批一支笔"。

地方之间围绕经济发展的竞争，正在通过一系列以市场主体需求为导向的法律规则供给来减少市场主体对人际网络等非正式制度的依赖，吸引要素流入，规范市场监管，降低交易成本，提升司法公正性，提高执法高效文明程度，为市场主体提供稳定的预期。这种机制推动了地方与地方之间以比较制度优势而胜出的新型竞争范式的生成。地方通过法律

---

① 骆梅英. 优化营商环境的改革实践与行政法理 [J]. 行政法学研究，2020 (5)：68-76.

规则供给表现出的新的竞争样态，核心目的在很大程度上是为了优化营商环境。而营商环境的法治化，则是地方制度竞争在经济领域所产生的一种积极效果。① 所以，在国家治理现代化语境下，营商环境法治化不又作为地方政府的一项职责存在，而且在一定程度上成为地方政府新一轮竞争的主赛道，成为地方开展法治建设的主要面向。这也倒逼着地方政府在"以 GDP 为核心的经济竞争之后，逐渐趋向于以'规则型治理'为核心的法治竞争"。② 如海南自由贸易港建设过程中，省委省政府多次强调消化吸收和认真学习浙江"最多跑一次"的先进经验，在此基础上提出"零跑动"的任务目标，"定量目标不给政府退路，改革成功与否的评判权也交给了老百姓"。③

国家治理现代化与法治化营商环境建设"推动"和"倒逼"的成效是显而易见的。我国在世界银行的全球榜单上的排名连续几年大幅跃升，2020 年居于第 31 位，已超过部分欧盟国家和经合组织成员国水平。而上海、北京、深圳等地在营商环境建设方面的积极探索和高起点示范，不仅承担着提升我国在世界排名的使命，也发挥了优化营商环境先进经验对其他地区辐射带动的强大势能。尤其是对包括海南自由贸易港建设在内的各自由贸易试验区的优化营商环境建设形成"倒逼"态势，各地在法治竞争的背景下纷纷围绕营商环境优化出台新规则、新举措，大幅降低行业准入成本和经营效益，形成"百舸争流"的局面。

二、国家治理现代化视阈下法治化营商环境建设趋势

国家治理现代化与法治化营商环境建设相辅相成，共同推进法律规则的完善、政府职能转变、思维逻辑的变革、市场活力的提升和国家竞争力的增强。但毋庸讳言，法治化营商环境建设依然存在明显短板。正视问题，把握方向，才能最终促进国家治理现代化的实现。

（一）法治化营商环境建设，制度完善是核心，能力提升是关键

制度完善，尤其是法律制度的完善，在法治化营商环境建设和国家治理现代化过程中的重要性是毋庸置疑的。"一个制度的好坏，老百姓是否最终接受，说到底是这个制度的

---

① 荀学珍. 地方法治竞争：营商环境法治化的地方经验 [J]. 甘肃行政学院学报，2020（4）：114-123.
② 周尚君. 地方政府竞争范式及其制度约束 [J]. 中国法学，2017（3）：87-101.
③ 参见冯飞省长在省优化营商环境工作专班第一次会议上的讲话（内部资料）[R].

'制度执行能力'所决定的。"① 所以，法治化营商环境强调的不仅仅是法律规则的完善，还要致力于法律实施效能的提升。制度完善与能力（效能）提升理应构成法治化营商环境的两翼，缺一不可。目前，在国家治理现代化和法治化营商环境建设推动下，各级政府普遍展开以"规则型治理"为核心的法治竞争，营商环境制度建设的差距日益缩小。通过各地方优化营商环境条例等法规的明确规定，"零跑动""一件事一次办""全省通办""多审合一""一业一证""一窗通办""一证准营""一帽牵头""一标核准""一单告知""一表申请""告知承诺""容缺办理""一枚印章管审批""拿地即开工""双随机一公开""包容审慎监管""分类监管""分级监管""轻微免罚"等规则普遍施行。而上述规则实施的能力与效果，在我国这个超大国家中不同地区的差异则十分明显。"治理能力不行，再好的制度也会因得不到有效落实而难以发挥作用。"② 例如，"一窗通办"强调的是"无差别全科受理"，即行政服务中心任何窗口都能代表政府受理办事事项，集中审批完成"通办"。东部地区对人才吸引力度大，财政支持能力强，"一窗通办"推行效果明显；而中西部地区窗口人员的工作能力、对政策制度的汇总准备、地方财力支持、服务理念等都会成为"一窗通办"制度落地的"瓶颈"。此外，执法权下沉到底的改革克服了"一个部门一支队伍"的行政碎片化等问题，形成综合执法的新格局。但基层的执法条件、设备和人员不足，专业化水平欠缺，"块块"协调困难，双重领导等问题则直接制约了执法的效果，③ 甚至在某些地区出现了"吃拿卡要"的问题。

（二）打通法治化营商环境建设的"最后一公里"

近年来，虽然我国营商环境建设成效举世瞩目，制度建设也取得了长足的进步，但一些地方"放而不松""粗枝大叶"，"玻璃门、旋转门、弹簧门"等各种隐性壁垒并未彻底消除，改革创新往往被阻挡在"最后一公里"。④ 例如，海南农业厅出台扶持"共享农庄"发展的政策，其中的"点状供地"审批由于归原国土厅分管，最后因各部门协调不到位、政策不配套而无法落实。北京、上海参与世界银行营商环境评估，"开办企业"等过程能够大幅削减程序、缩短时间、降低费用，其关键因素是政府部门的数据互联互通与共享应用。但在中西部许多地区，政府数据共享推进艰难，尤其是一些强势部门，不情愿不配

---

①　杨光斌. "国家治理体系和治理能力现代化"的世界政治意义 [J]. 政治学研究，2014（2）：3-6.

②　罗宗毅. 国家治理现代化：把制度优势转化为治理效能 [N]. 学习时报，2019-10-17（1）.

③　叶必丰. 执法权下沉到底的法律回应 [J]. 法学评论，2021（3）：47-55.

④　李中. 破除隐性壁垒打通营商环境优化"最后一公里" [J]. 经济界，2020（4）：61-64.

合，使营商环境优化的政策落地受阻于最后一步。各政府官网上对企业关心问题进行制度回应的政策文件散落在"政策法规""通知公告""信息公开"等栏目，经常按照政府各部门上传文件的时间进行排序，甚至存在上传时间晚于失效时间的规范性文件。① 各政府部门制定的涉企优惠政策和产业促进政策，或没有及时推送政府政务中心，或没有针对市场主体进行主动精准推送，最终无法有效回应市场需求。凡此种种，法治化营商环境建设在"最后一公里"出现障碍，使市场主体对营商环境体验感提升的努力"功亏一篑"。"制度细节"和"制度末梢"是优化营商环境政策最终与市场主体需求有效对接的关键性节点，也应该是法治化营商环境建设的重要着力点。

（三）法治化营商环境建设需进一步增强制度的"硬约束"

以国务院《优化营商环境条例》为代表的营商环境法律规则的设置，以导向性和促进性为主，对具体制度适用的"硬约束"不足。例如，对"政府诚信"问题，从国务院《优化营商环境条例》到各地方优化营商环境的法律规则均有细致明确的规定。但在现实中，"新官不理旧账"问题时有发生，不仅影响投资者积极性，而且会直接侵害人民群众利益，极大损害政府的公信力，甚至激化社会矛盾、引发社会冲突。② 社会对层出不穷的"新官不理旧账"问题往往只是媒体曝光、舆论谴责，而事后得到纠正与处理的凤毛麟角。法治化营商环境需要"硬约束"的保障，制度规则缺乏法律责任和责任追究机制的维护，会使制度本身形同虚设，甚至影响制度的约束力与权威性。

第二节　地方视角下的营商环境法治保障建设

法治对营商环境以及经济发展具有正向促进作用，这已经成为经济学界和法学界长期以来的基本共识。随着《优化营商环境条例》的出台，营商环境法治化不仅作为地方政府的一项职责而存在，并且在一定程度上也是地方政府在新一轮竞争中制胜的法宝，成为地方开展法治竞争的主要面向。

---

① 赵海怡. 企业视角下地方营商制度环境实证研究：以地方制度供给与企业需求差距为主线 [J]. 南京大学学报（哲学·人文科学·社会科学），2020（2）：51-64.
② 程波辉. 制度—能力：优化营商环境的治理框架及其检验 [J]. 行政论坛，2020（2）：106-111.

一、地方法治竞争的动因及其与营商环境的关系

地方法治竞争作为一种既存的现象，必然是由其他现象所引起。对于引起地方法治竞争的原因，学术界进行了较为充分的讨论，其中比较有代表性的观点有竞争动力学理论、国家"试错"策略理论，地方竞争理论，中国当下遭遇的超大型国家治理难题的实践背景，"央地"经济分权、国家法治的引领和流动经济的压力，以及由财政支配权、政绩驱动、司法环境、生态环境为主导的经济、政治、司法和环境动力等。梳理既有研究可发现，不管是理论层面还是实践层面的论证，地方展开法治竞争总是与经济发展相关，特别是与围绕着吸引具有流动性要素的营商环境相关。总体而言，在理论层面上，竞争动力学理论对地方法治竞争的原因、法治竞争与营商环境的关系具有较强的解释力；在实践层面上，超大型国家治理所面临的难题既是地方法治竞争的现实驱动力，也是地方能够主动参与营商环境法治化探索的一个基本前提。

（一）地方法治竞争的动因

1. 理论层面：竞争动力学理论

竞争动力学理论认为市场中买者的行为会对卖者产生一定的影响，如果买者对市场和产品投入较多的关注度（交易成本），掌握足够的信息，就会促使卖者之间展开竞争，进而刺激产品和技术的创新。该理论认为地方之所以会展开法治竞争，主要原因在于"地方政府及政府中的'代理人'为人们提供优质的'非市场提供的产品与服务'和'政府供给产品与服务'，可以吸引特色资源，推动地方发展，发挥竞争动力学优势。"[①] 而法律制度这类公共产品和服务恰恰是被国家合法"垄断"的，市场自身无法进行相应的供给，市场主体只能通过比较选择对其最有利的法律。

竞争动力学理论主要从经济发展的内在驱动力和官员晋升的"政治锦标赛"形成的外在压力两个层面论证地方竞争的动力。一方面，在央、地"经济分权"的既定前提下，地方政府有通过招商引资发展当地经济以获取更大财政支配权的内生动力；另一方面，地方经济发展以及法治环境建设成为中央（上级政府）任免官员的考核指标，而官员升迁的指标是有限的，由此促生了"政治锦标赛"式的外在竞争压力。这一理论在地方法治竞争中的适用有一个预设的前提，也就是假设地方政府有自己的追求目标，并且能自行设计部分

[①]　周尚君. 地方法治试验的动力机制与制度前景 [J]. 中国法学, 2014 (2)：50-64, 50.

行动空间。法律层面，《中华人民共和国宪法》（以下简称《宪法》）第3条原则性地规定："中央和地方的国家机构职权的划分，遵循在中央的统一领导下，充分发挥地方的主动性、积极性的原则。"实际上，要素在区域间流动的压力，央、地"经济分权"的事实，中央（上级政府）的"政治激励"等因素共同构成了地方竞争的一般性前提，为地方间的竞争提供了内生动力和外在可能。

新制度经济学的观点认为，制度变迁的主要诱因在于制度的制定者通过制度的改变而获取的潜在收益大于改变制度所花费的成本。不管是出于发展经济的需求，还是出于官员晋升的驱动，在有限的资源可以自由流动的前提下，地方政府不得不通过一定的方式吸引有助于当地发展的要素和资源，而改变法律制度的方式是成本较低的方式。这种竞争是地方政府间"不得已"的一种能动反应，事实上这种竞争确实也推动了中国经济的快速增长。而法治竞争作为地方竞争的一个重要组成部分和发展的高级阶段，在竞争动力学理论下，颇受斯蒂格利茨发展经济学的影响，斯蒂格利茨提出法治是保证投资者收益的唯一合法机制，经济的持续发展需要良好的法治环境，特别是产权制度来予以保障。

遵循此思路，地方政府之所以主动助推法治建设，将自己的权力关进法治的"笼子"，从本质上看竞争动力机制发挥了比较大的推动作用。只不过该领域的竞争是从之前的政策性让利等初级竞争阶段过渡到了优化营商环境的法治化高级竞争阶段。竞争动力学理论在解释地方法治竞争的动因时相信地方政府和投资者都知晓并认可"用脚投票"，即一方面相信地方政府具有相应的政府理性，能够准确制定经济社会发展的目标，进行科学高效的政府决策以及具有较高的政策（制度）执行力；另一方面相信投资者具有较高的法治意识，能够对不同地区间的法治状况进行对比并做出于己有利的投资决策。总之，地方法治竞争的本质还在于通过构建法治化的营商环境，进而实现地方经济发展和"政治竞标赛"的"双赢"。

2. 实践层面：超大型国家治理的现实需求

实践层面上，超大型国家治理的现实需求，也是中央允许地方以法治竞争的方式进行"自下而上"法治试验的主要原因。有研究指出，因历史和文化的传续，我国形成了"政府集权+行政集权"的国家治理模式。此模式固然可以有效推进国家治理且成效显著，但也会产生结构性难题，如治理资源总量的有限性与社会对治理需求之间的矛盾、决策统一性与地方治理有效性之间的矛盾、提升地方整体效应与不同层级政府利益诉求之间的矛盾、经济发展要求国家放权与政治发展要求国家集权之间的矛盾。① 而解决这些难题的方法之一则是允许地方进行法治试验，在一定程度上赋予地方在法治探索上的自主权。特别是在发展是解决我国一切问题的基础和关键这一重要前提下，围绕着要素自由流动、经济发展而展开的地方法治探索，中央层面往往予以高度的宽容。

由于中央立法不可能照顾到区域差异，对此需要赋予地方适度的立法权，以使其能运用法律手段进行地方治理。地方在中央统一领导下进行的法治建设竞争，一方面可以有效回应超大型国家治理中面临的结构性难题，即通过法治的竞争可以促进有限的资源总量实现市场化较优配置，在最大可能保证决策统一的前提下，实现地方决策的因地制宜，满足不同层级地方政府利益需求的同时，亦可提升地方治理的整体效应。另一方面有助于激发地方的活力，使得《宪法》第3条规定成为现实。我国经济社会建设的成就是不断加强顶层设计和"摸着石头过河"相结合的产物。关于法治建设的地方试验，1978年邓小平便提出"有的法规地方可以先试搞，然后经过总结提高，制定全国通行的法律。修改补充法律，成熟一条就修改补充一条，不要等待'成套设备'。"②

从我国法治发展的实践上看，地方在法治建设中（特别是经济法治建设）的贡献很值得重视。我国的法治建设之所以能够取得今日的成就，"不是规划与设计出来的，而是在改革开放总的路线方针政策的指引下，依靠被动员起来的广大人民群众、企业、社会组织、国家机关，在各个地方之间经济社会发展竞争激烈的环境下，逐步发展起来的。"③总之，面对超大型国家治理的结构性难题，特别是围绕着资源高效配置需要展开竞争、经济发展需要放权的现实需求，中央层面对地方的竞争和制度创新表现出了较高程度的宽容并进行了相应的授权。而地方则充分利用中央的授权并通过"自主性赋权"进行了各种有益的探索，在整体竞争的基础上探索出了一些有益的地方经验。

值得关注的是，地方在法治建设中的活跃始终是在中央有效控制范围内的有益尝试。首先，中央层面在不断加强对地方立法进行监督的同时适度赋予地方立法权。其次，中央层面通过不断强化中央司法权威、完善地方基层考核的法治化指标等引领地方竞争的市场化、法治化转向。在一套行之有效的激励与约束相互配合的制度框架之下，"地方法治建设可以成为国家法治建设的小样，为整个国家的法治建设提供试点，也可以成为其他地区

①　郑智航. 超大型国家治理中的地方法治试验及其制度约束［J］. 法学评论，2020（01）：39-50，42-46.
②　中共中央文献编辑委员会. 邓小平文选（第2卷）［M］. 北京：人民出版社，1994：147.
③　葛洪义. 作为方法论的"地方法制"［J］. 中国法学，2016（4）：125.

法治建设的范本，供其他地方参考乃至复制。"① 特别是营商环境法治建设方面，这种"自下而上"的法治竞争试验模式，在各级地方政府互相的竞争和学习过程中不仅促进了地方营商环境的法治化，也为全国性立法提供了"地方经验"，有效回应了超大型国家治理中的结构性难题。对此，《优化营商环境条例》相对明确地建立了鼓励地方竞争和创新，宽容合理失败的机制。

（二）地方法治竞争与营商环境关系的探源

通过分析上述地方法治竞争动因，不难发现，我国地方间展开的法治竞争大多是围绕着地方经济发展，通过一系列符合市场规律和法律制度的供给来吸引要素流入、防止要素流出。因此，地方法治竞争的出发点在很大程度上是为了改善当地营商环境；而营商环境的法治化，则是地方法治竞争在经济领域所产生的一种积极效果。

其一，地方法治竞争的重要目标在于通过改善营商环境来吸引要素流入。相对于政府在招商引资中的各类承诺，通过法治方式确保产权规则明晰、市场竞争规则的明晰、司法的独立公正对企业（投资者）更具有吸引力。因而运用法治方式推动区域发展，便成为区域造就其竞争优势的重要的制度理性选择。同时，与传统的竞争策略相比，通过制度的改进而获取竞争优势，可以最低的成本来改善营商环境，进而吸引最多要素的流入，实现促进区域经济发展的目标。因而，作为经济上具有"理性人"特征的地方政府，在意识到制度创新背后的收益后，势必会选择通过制度创新的方式来改善当地营商环境，而各地方在制度创新上的竞争最终则演变为法治层面的竞争。

其二，营商环境法治化是地方法治竞争的一种结果。"法治是最好的营商环境"这一经典论述深刻表明了法治对于营商环境的重要性。既有研究发现，"地区司法公正程度和产权保护水平对企业增长速度和全要素生产率具有显著影响，且产权保护具有基础性作用，而司法公正程度主要影响企业的融资能力。"② 在竞争动力学理论和超大型国家治理现代化现实需求的双重条件下，地方参与法治竞争是一种必然趋势，而法治竞争的重点又在于改善营商环境。因此营商环境的法治化是地方参与法治竞争的一种正面结果，即地方法治竞争推动了营商环境的法治化；与此同时，法治化也是地方改善营商环境的最佳路径选择。

---

① 卓泽渊. 地方法治与国家法治 [J]. 人民法治，2017（8）：68.
② 杨进，张攀. 地区法治环境与企业绩效——基于中国营商环境调查数据的实证研究 [J]. 山西财经大学学报，2018（9）：1.

二、营商环境法治化汲取地方经验的制度设计

当然，任何事物都具有两面性，地方法治竞争在发挥其独特优势时必然会产生负面效应。在地方利益至上的法治竞争中，其产生的负面影响集中表现为对法治原则的冲击、地方保护主义法治化、过高的立法成本等。地方展开法治竞争的动因主要是改善当地营商环境，以此来吸引要素的流入，这本身就是出于发展地方经济的需求，因而在此过程中难免发生地方利益至上的现象。一方面，在地方利益裹挟下的地方立法极有可能冲击法治原则，如通过立法来扩充地方权力或者突破《立法法》的限制，也有可能出现地方保护主义法治化等负面效应；另一方面，为了盲目竞争而忽视地方实际，脱离地方现实需求的立法不仅造成了过高的立法成本，而且浪费法治资源，这些都需要给予合理规制。以逻辑而论，法治化营商环境在其实现之前，尚处于理想状态，只是对市场规则的美好设想，实现的过程中必定面临各种困难。因此，营商环境法治化对于地方经验的汲取，需要设计出一套相应的制度机制，以扬地方法治竞争之长，避地方法治竞争之短。具体而言，可建立一种中央有效控制下的"自下而上"地方法治竞争路径，在激活地方竞争活力的同时降低其负面效应。

（一）纵向机制：国家层面的鼓励创新与法治约束相结合

地方法治竞争产生的有益探索自然是国家层面所鼓励和期待的，但不管是源自宪法的约束机制，还是从维护国家法律统一性的实际着手，地方法治竞争负面效应的避免也离不开国家层面的有效干预。一方面，欲推动地方竞争走向法治化，需要建立法治国家的顶层设计，以规范和引领地方竞争的法治化转向。也就是说，地方法治竞争的优化离不开国家层面的制度约束。另一方面，关于营商环境法治化过程中对待地方制度创新的态度，《优化营商环境条例》第7条第3款已经相当明确地建立了鼓励创新和允许失败的容错机制，自是不必赘言。因而，此处的重点在于对地方法治竞争构建一个宏观约束机制。结合我国地方法治竞争的实践以及中央在其中扮演的角色，对于规范和引导地方法治竞争的纵向机制，需要从以下两个层面展开。

其一，源自宪法及其相关法对法治竞争负面效应的约束。宪法及宪法相关法对地方法治竞争的规范，主要体现在法治竞争的范围和程序两个方面。从法治竞争的范围看，《宪法》第99条、第100条以及《立法法》第8条、第72条、第73条为地方的立法划出了一个较为明确的范围。特别是《立法法》第8条为地方法治试验设立了一个不得"擅入"

的禁区，第 72 条第 2 款进一步将设区的市的立法权限缩在城乡建设与管理、环境保护、历史文化保护等方面。从法治竞争的程序控制看，宪法程序作为一种基于高度社会共识建立的权威机制，凭借其特有的内外部结构能够促使在意见的充分陈述、交涉、辩论、沟通的基础上实现政治意见和政治意志的集中，进而形成相应的程序约束机制。这种具有高度凝练的宪法性程序对地方法治创新活动可进行有效的约束，如《立法法》第 77 条直接规定了地方性法律提出、审议和表决的程序，第 72 条第 2 款则规定了地方立法的报批程序与合法性审查程序。同时，通过备案审查制度来规范地方立法，也是从程序上控制地方立法的有效机制，《立法法》第 98 条至 102 条规定了地方性立法的备案审查制度，并赋予全国人大常委会主动审查权，外加《中华人民共和国各级人民代表大会常务委员会监督法》以及《法规规章备案条例》，这使得地方的法治竞争在程序上得以控制。综合而言，在法治竞争的范围和程序层面，可通过宪法以及相关法来避免地方法治竞争的负面效应，发挥地方法治竞争的积极作用。

其二，源自司法权对地方法治竞争负面效应的监督。与行政权和立法权存在"央地"间的配置博弈不同的是，司法权自始便属于中央权威的外在表征。根据《宪法》第 128 条、129 条以及 131 条之规定，最高人民法院及各级地方人民法院均属国家设立，是国家的审判机关。此外，最高人民法院自身也曾进一步明确"严格遵循审判权作为判断权和裁量权的权力运行规律，彰显审判权的中央事权属性。"[①] 同时，就司法权特征来说，由于其中立性、消极性、独立性和终局性的特征，使得它既有作为政治权力的一般属性，也具有作为最能体现法治特征的法律属性，在现代法治条件下，司法权对国家、市场和社会治理系统的功能是其他政治权力不可替代的。这也就决定了一个强有力的国家司法系统对于统一市场建设的重要性。作为中央事权表征的司法权，其统一行使，既可以为地方政府间的贸易扫清壁垒，进而助益于全国统一竞争市场的建立，也能够相对适可而止地防止因为过度中央集权而损害了地方发展的动力。正如有研究指出"在保证分权激励地方政府改善本地市场环境的同时，应当通过司法的中央集权来着重解决外地企业'进入'本地市场的机制，当发生跨地贸易纠纷时当事人有规避地方保护主义的'表达'渠道。"[②] 对于地方法治竞争而言，通过法院的司法审查对其进行有效的规制不失为一种理想的方式，个案的审判既可以做到对司法正义的追求，也可以审查地方性立法，可谓一举两得。

---

① 付子堂，张善根. 地方法治实践的动力机制及其反思 [J]. 浙江大学学报，2016（3）：107-116.
② 陈金华. 地方政府、国家法院与市场建设 [J]. 北京大学学报（哲学社会科学版），2008（05）：74，64.

（二）自我技术：权力自我规训下的地方法治竞争

如果说外在的权力在改变自我，并使自我客体化，那么"自我技术"则是个体通过自己的力量，或者他人的帮助，以此达成自我转变。而较之于立法、司法等外在模式的控制，自我审查、判断以及规训等更能使得地方充分认识自我并改变其在法治竞争中的失范行为。地方政府在营商环境法治化建设的竞争中，除来自中央层面外在权力的鼓励与限制外，还需要通过一套行之有效的"自我技术"规则来塑造自身的形象，并凭借其自我规训的实际效果，来引起国家层面对其有益经验的肯定和吸收，同时也引起相关地方政府和市场主体的关注。而当下立法评估以及市场公平竞争审查就是地方实现"自我技术"的有效规则。不管是立法评估，还是公平竞争审查制度，都是对地方保护主义法治化的一种事先防范机制，也是提高地方法律供给质量的有效保障。

其一，地方立法评估可助益于提升地方制度供给的质量，为"自下而上"的法治探索保驾护航。就地方性的制度供给而言，除了借助法院的司法审查等外在因素，通过立法者自身的控制也是可能的，立法评估就是这样一种有助于自我保障制度质量的工具。地方立法评估可分为立法前评估和立法后评估两种不同类型，立法前评估的重点在于事先评估立法的必要性、合法性、协调性和可操作性，评估法律通过后对经济社会发展产生的预期效应。而立法后评估则在于法律实施的真实状况，即评估法律对经济社会产生的实际影响，评估法律的社会可接受性等。地方立法评估机制的建立，可以较为有效地控制地方法治竞争中法律制度供给的质量。一方面，通过立法前评估可以有效防止那些不符合地方发展实际的法律出台，做到在降低立法成本的同时尽可能提高立法质量；另一方面，立法后评估可以及时检视法律的实施状况，为部分不利于优化地方营商环境的法律法规进行立、改、废提供有力的实证。

其二，市场公平竞争审查可防止地方法治竞争的异化，助益全国统一竞争市场的建立。尽管在优化营商环境方面国家鼓励地方进行制度创新并允许部分合理的试错，但这不意味着国家层面对构建全国统一竞争市场的放松，反而是一种强化。公平竞争审查制度的核心在于政府在制定法律政策时，要考虑可能对市场竞争的影响，确保其符合公平竞争要求和相关法律法规，在实现政策目标的同时，防止排除和限制竞争，保障市场配置资源的决定性作用，保障各类市场主体平等使用生产要素、公平参与市场竞争、同等受到法律保护。从审查对象看，公平竞争审查制度将审查对象限定为市场准入、产业发展、招商引资、招标投标、政府采购、经营行为规范、资质标准等涉及市场主体经济活动的规章、规范性文件和其他政策措施。因此，从制度的功能性视角看，该制度的本质就在于通过广义的事先"立法"审查，对审查主体制定的可能排除、限制市场自由竞争的法律、政策予以防止或制止的一种制度安排。通过公平竞争审查制度的实施，在很大程度上可避免地方制度中（公平竞争审查的对象主要为地方政府的规章等）出现的恶性竞争、不正当竞争等行为，进而防止这些异化后的竞争行为出现法治化倾向。

（三）外在激励：市场主体"用脚投票"下的地方法治竞争

"用脚投票"理论认为地方政府间竞争的条件在于"居民拥有在不同地区之间自由选择政府服务的权利"，这一理论在法律领域的典型表现就是"在无法直接影响法律的情况下，人们可以通过选择从实行对自己不利的法律制度的州搬迁到对自己有利的法律的州的方式来影响法律。"① 作为蒂布特模型引申的法律市场论则进一步提出，"公民不只是法律制度的被动适应者，通过在法律市场上选择适用对自己有利的法律，他们的个体行为可以对立法者产生激励作用，从而使立法者制定出适合社会需要的法律来。"② 概言之，在一个要素市场化的国家，一方面市场主体可以通过"用脚投票"来选择对自己有利的法律政策和投资环境；另一方面，迫于竞争压力，那些被市场主体暂时抛弃的法律和政策必然会进行追赶式的创新，以此来吸引新的要素流入。如此循环往复的模式，既是一种外部的监督也是一种外在激励。

在要素市场化不断被强调并上升到前所未有高度的今天，我国各类市场主体通过"用脚投票"来对各地方政府的法律制度和政务服务等的创新产生外在激励，不仅在理论上具有说服力，在实践中也已得到了较为充分的验证。昔日"投资不过山海关"变为今时"投资一定要过山海关"便是一个很好的实践例证。而从"投资不过山海关"到"一定要过山海关"的背后，是东北地区在优化营商环境领域痛定思痛后大力改革的见证，其中辽宁省 2016 年出台的《辽宁省优化营商环境条例》，可以说是我国地方层面第一次将营商环境的改变纳入法治化轨道的尝试。后续出台的《黑龙江省优化营商环境条例》《吉林省优化营商环境条例》《辽宁省优化营商环境条例》（2019 年版）都在互相竞争与学习中不断提高营商环境的法治水平，进而从整体上优化了东北地区的营商环境，也为自己创造了新的投资机遇期。

市场主体"用脚投票"的外在激励在一定意义上比"自上而下"的权力监督和法律

---

① 靳文辉. 论地方政府间的税收不当竞争及其治理 [J]. 法律科学，2015（1）：138.
② 刘双舟. 法律市场视野中的制度竞争与立法行为选择 [J]. 政法论坛，2010（3）：87—97.

约束具有更直接的影响。这种来自市场主体的选择会直接刺痛地方的神经，进而迫使其不断走向制度竞争和制度创新的道路。因此，对于营商环境法治化建设中地方法治竞争的规范，除却来自国家层面的法治约束和地方政府的"自我技术"外，持续推进要素市场化改革，保障市场主体的自主选择权亦不失为一种有效的外在激励。

第三节　政企关系视角下的营商环境法治化建设

一、政企关系视域下营商环境法治化的分析框架

政企关系既是经济关系，也是政治关系，其实质是法治关系。发达国家的政企关系通常表现为"政治关联"的形式，这种法治框架下的政企关系具备公开透明、相对稳定和便于追责等优点。政企关系视域下营商环境法治化的核心问题表现为，政府和企业是否依法建立起"清""亲"统一的关系以及这种关系的法治化、规范化程度。政企关系是否"清""亲"在很大程度上影响着营商环境的法治化程度。对政府而言，"清"的本质在于依法用权，即在政企交往中杜绝权力寻租和懒政怠政等问题；"亲"的本质在于服务营商[1]，即政府在尊重企业主体地位的基础上，按照市场规律和市场原则去服务企业，"政府对企业的主动积极、靠前服务，是打造'亲近'政府的核心内容，是对政府官员的基本要求"[2]。对企业而言，"清"的本质在于依法经营，即企业在法律框架内，按照市场规律参与市场竞争、获取利润；"亲"的本质在于服务发展，即通过创新发展促进经济提质增效升级，同时，积极表达自身需求和意见，为政府制定经济发展战略献言建策，并积极承担社会责任，共同参与社会治理。

依法、平等、限权、护权是《优化营商环境条例》的价值取向和核心内容。结合有关政策取向和相关案例内容，本节试图建立政企关系视域下营商环境法治化的分析框架，以期通过案例分析来考察法治化营商环境中政企关系方面存在的不合法、不规范、不正常之表现。依法，主要是考察政企双方是否具备法治思维和依法办事的习惯，政府是否能够做到依法行政，企业是否能够做到合法经营。平等，主要是考察政府与企业、官员与商人之

---

①　李善江构建新型政商关系需要双方同向发力［EB/OL］.（2020－01－16）［2020－01－16］. https：Tnaijiahao. about-blank. comls？id＝1655839074645886381&wfi＝spider&for＝pc.

②　陈寿灿，徐越倩. 浙江省新型政商关系"亲清指数"研究［J］. 浙江工商大学学报，2019（2）：5-17.

间的地位是否平等，政府是否能够对所有市场主体一视同仁。限权，主要是考察政府与企业是否能够基于道德底线和法律准绳承担各自的责任和义务，具体包括监管者与被监管者、服务者与经营者、产权保护者等与平等博弈者、公共利益守护者与社会责任承担者四对关系。保护权，主要是考察政府在政企交往的过程中能否通过各种合法方式有效保护市场主体的合法权益，包括涉企政策、政企沟通和政企合作等政企互动的主要环节。

二、法治化营商环境中政企关系存在的问题

政企关系法治化的蕴含得到了较好的彰显或体现，营商环境法治化建设加快推进，但仍存在一些突出的问题。

（一）法治观念落后，平等意识淡薄

我国的政企关系一直难以彻底摆脱"父子式"关系网络的历史惯性，这也是法治化营商环境难以建立的一大根源。在权威关系型政企关系下，公权力显著强于私权力，企业常常需要依附于政府来求得生存，政府则习惯于干预甚至掠夺企业。一方面，地方政府会采取各种手段扶持地方企业成长壮大，特别是在经济结构单一、发展压力较大的地区，地方政府往往会采用放松监管，甚至是包庇纵容不法企业的方式来带动地方经济发展；另一方面，地方政府干预具有自我强化的趋势，特别是在经济发展水平较低的地区，政府规模相较企业数量更为庞大，企业税费负担相对较重，政府还常常强行向企业摊派，要求企业捐赠、赞助，增加企业的额外负担。过度扶持和保护不利于企业核心竞争力的形成和发展，直接攫取企业资产则无异于"竭泽而渔"。无论在哪一种情况下，企业都缺乏足够的讨价还价能力。为了避免和减少政府的骚扰或利益侵占，企业经营者会选择与政府官员发展私人关系或成为政协委员、人大代表来增加自己的政治资本，以此求得地方政府的庇护，这在客观上也会导致行贿等违法行为的发生。在党和国家不断推进法治政府建设和高压反腐的态势下，地方政府的依法执政水平显著提升，行政行为中主体或权限不合法的情况基本消失，但政府行政行为简单粗暴、侵犯企业正当权益的现象仍时有发生。

（二）行政自制薄弱，治理能力不足

作为理性经济人，政府在面临涉企决策和行动时同样会进行利益权衡。在晋升锦标赛的指挥棒下，地方政府尤其重视 GDP、维稳等硬指标，为此进行理性权衡的结果往往是牺牲少数企业的利益。例如，政府违法出让土地能带来巨额的财政收入，在巨大的利益诱惑

下，政府不惜铤而走险侵占企业经营用地，反映出行政机关缺乏对自身权力运行的有力约束和有效规范。司法救济虽然能够在事后对行政行为进行纠正，但从各案例历时和过程来看，司法救济受案范围窄、时间滞后、诉讼期长、成本较高、执行较困难，企业状告政府还面临可能被当地政府报复的风险，企业只有在别无选择的情况下才会冒着高风险、高成本去状告当地政府。因此，政府内部控制薄弱是行政权力被滥用的重要原因。

随着社会主义市场经济体制的建立和逐步完善，我国政府与企业的权力边界逐渐清晰，各自的职能定位也相对明确，但在政企互动中依然频频出现政府"越界"和"越权"的情况，凸显出我国地方政府职能转变的滞后以及依法治理能力与经济发展需要的不适应、不匹配。政府职能转变滞后主要体现在政府承担了大量的经济建设职能，且仍然习惯于用行政审批、市场准入等手段直接干预企业的微观经营活动。依法治理能力不足具体可概括为以下四个方面：一是没有对各种利益做出合法、公正、公平、合理的分配，导致改革认同难以建立；二是突破程序法治的游戏规则，导致协商博弈无法顺利展开；三是旧的行政立法保护着功利化、短期化和表面化的旧式发展行为，导致发展缺乏可持续性；四是单纯依靠行政强制手段解决矛盾问题，导致矛盾激化升级；五是政策的精准性、知晓度、衔接性、落地率不够，影响政策实效。

（三）沟通合作不畅，诚信透明不够

"作为一种功能性存在，现代政府的根本职责在于及时回应并满足公共需求。"[①] 很多案例中的企业在状告政府之前都与政府进行了沟通协商，但争议并未得到解决，一个主要原因是政企沟通不畅，主要表现为政企沟通机制不健全带来沟通的主观随意性，政企沟通平台缺乏导致沟通的个案分散性，政企沟通方式单一影响沟通的响应及时性，政企沟通的形式化使沟通缺乏实际有效性。政企合作是制约政企利益"双赢"的重要因素。在政企合作中地方政府习惯倚仗权力强横行事，难以放下身段去服务和关怀企业；企业则容易过度强调自身利益，忽视社会责任，甚至损害公共利益。这些都使得政企协作共享、共谋发展的合作伙伴关系难以建立。诚信缺失是政企关系紧张的重要原因，政府政策朝令夕改、不兑现政策优惠、拖欠企业款项等失信行为，不仅会给企业带来额外损失，还会影响政府形象和政府权威。政府与企业之间存在信息不对称是政府寻租行为产生的主要原因。在信息不公开、决策不透明的环境下，企业及企业家若不近距离接触政府官员就得不到及时、准

---

① 陶立业. 地方政府工作部门权责清单制度效用的提升路向 [J]. 江淮论坛，2019（5）：107-112.

确的信息，自然会远离商机和市场，此时根据少量已知信息所做的决策一般都是低效率和高风险的。

三、政企关系视域下营商环境法治化的推进路径

（一）强化法治意识，规范权力运行

良好政企关系的实质是以法治为基础的规则博弈。法律在政企互动中并不仅仅是最后的救济工具，更应当成为政府与企业行动的先导和依据。政府各种违法违规行为背后是法治意识的淡薄和依法执政观念的不足，企业合法经营理念的欠缺，需要强化政府与企业的法治意识，将法律的权威植根到他们的内心和信仰中去，通过掌握法律知识、树立法律意识，最终形成遵法守纪的行为习惯。在法律设立的规则体系之下，政府及其工作人员要以法治思维和法治方式用权行事，坚持"法无授权不可为、法定责任必须为"，做到任何行政行为都于法有据、任何政府部门都不能法外设权，从源头预防和遏制违法违规行为的发生；企业及企业家则要改变以往的"关系思维"，平等地参与市场的资源配置，做好风险防控和法律审查，学会用法律武器捍卫自己的合法权益。

营商环境法治化的核心是处理好权力和法律的关系。这也是建设法治政府的核心内容。传统观点认为，立法和司法是控制行政权力的主要途径，而行政系统的内部控制则常被忽略，但立法和司法机关在控权上都有各自的局限性，行政自制与之相比具有内生性、精准性、专业性、即时性、范围广、成本低等诸多优势。将行政自制与立法、司法有机结合，形成以行政机关为主体，集自我预防、自我发现、自我遏制、自我纠错于一体的内部控制机制，既是规范行政权力运行最直接有效的途径，也是构建营商环境法治化的重要举措。从案例中政府违法违规行为的广泛存在，特别是案例中行政复议机关支持了政府的违法行政行为来看，我国地方政府对自身权力运行的制约和规范还有待加强。一是需要落实简政放权，通过下放和外放权力压缩寻租空间，铲除腐败滋生的土壤；二是需要完善制度约束，制定并公开权力清单、责任清单、服务清单和权力运行流程图，强化对权责清单执行情况的监督，对越权、滥用职权等行为明确责任主体、严格责任追究；三是需要强化行政执法公示制度，将执法过程向社会公开，对重大行政事件还要进行额外的法制审查；四是需要建立合理的绩效评估制度，将过程考核与结果考核相结合，将依法办事与工作实绩相结合，将企业的满意度纳入考核指标中，从而增加依法行政的内部推动力；五是需要完善行政复议机制，推进复议工作的规范化、专业化建设，提高办案质量和效率，加强监督

和纠错力度，提升行政复议的知晓度和公信力；六是需要构建调解、仲裁、行政复议、诉讼有效衔接的多元化纠纷解决机制，畅通企业维权渠道，反向约束政府依法用权。

（二）转变政府职能，提升治理能力

良好的政企关系是基于政企分工形成的良好互动，其基础是双方基于法律框架和道德准则各自承担责任和义务。政府在市场监管、企业服务和产权保护等三个方面表现较差，需要进一步加快转变政府职能、提升依法治理能力。转变政府职能，首先，要减少对经济活动的直接干预，集中精力为市场有序竞争创造更好的体制和政策环境，建立起不越位、不缺位、不错位的有限政府、效能政府、责任政府；其次，要全面清理行政法规、行政规章和规范性文件，对阻碍政府职能转变的规定进行及时的修订或废止，为转变政府职能扫清障碍；最后，要运用法律和制度将职能转变的成果及时固定下来，并引导和推进职能转变的进一步深化。

提升依法治理能力，政府首先要学会运用法治思维和法治方式平衡利益、化解矛盾。建立和完善矛盾纠纷预防和解决机制，引导企业运用法律表达诉求、解决争议，塑造依法维权、理性维权、服从法律、敬畏法律的法治环境。其次，要规范政府的发展行为，推动高质量发展。以法治为核心进行制度供给和制度创新，转变法律对政府发展职能的确认、规范和调整方式，真正把高质量发展纳入法治化的轨道。再次，要实行综合监管执法和联合检查，减少执法主体和层级，合并或联合实施检查事项，减少对企业日常经营活动的干扰。最后，要强化市场监管，创新监管方式。依法加大对各类不正当竞争行为的处罚力度，增加企业违法违规成本；建立制度化、规范化、程序化的市场监管体制，形成多元共治的市场化、法治化监管新格局。

（三）规范政策制定，强化政策执行

规范涉企政策制定是营商环境法治化的重要内容。目前，存在着政府政策内容或制定程序不合理的情况，因此，需要进一步规范政府涉企政策的制定和完善。一是政府要健全依法决策机制，政策制定必须以法律法规为依据，不得损害市场主体利益，不得妨碍市场公平竞争，不得干预市场主体正常经营；二是积极履行决策法定程序，在做出重大经济决策时，要主动邀请相关企业参与，认真听取相关方的意见和建议；三是对涉企政策进行合法性审查和公平性审查；四是建立政策统筹协调机制，避免政策冲突或同向叠加；五是保持涉企政策的延续性和稳定性，维持市场主体稳定的政策预期。

强化涉企政策执行是营商环境法治化的重要环节。对于涉企政策执行偏差的情况，需要进一步强化涉企政策执行，切实增加企业获得感。一是强化政策宣传、解读、咨询和推广工作，提升政策的知晓度；二是建立政策反馈机制，收集企业的需要和建议，提升政策的协调性；三是细化政策措施，完善配套举措，给企业留出足够的调整期，保证政策有效落地落细；四是定期评估地方政府规章和规范性文件，对合理性、合法性不足的条款或文件及时进行修改或废止；五是政策承诺的做出必须符合法律法规的规定，不得过度承诺优惠条件，做出的承诺应认真履行，不得以不正当理由违约，有关税收、社保缴费等优惠政策必须加大宣传解读力度，抓好落实工作。

（四）加强信息共享，畅通政企沟通

加强信息共享，畅通政企沟通是持续推进营商环境法治化的重要保障。对于地方政府没有及时完整地将信息向社会公开或告知利益相关方，给企业造成了额外的损失的情况，需要进一步推进政府信息公开，实现政企之间的数据共享。一是需要从法律层面落实数据开放规则，明确数据开放的范围、程度、时效等；二是需要整合政府内部的信息，建立起跨地区、跨部门、跨层级的政府信息互动系统；三是需要加强企业之间的信息共享，特别是加强供应链上各企业之间的信息传递，以提高整个供应链的运作效率和整体效益；四是需要无缝对接政府信息与企业信息，共同建立以大数据为基础的一站式信息系统；五是需要明确数据共享带来的权利义务分配问题，以便更好解决因数据共享产生的争议和纠纷。

政企沟通不畅的情况，导致政府与企业之间难以理性地通过协商博弈解决纠纷，因此，需要进一步完善政企沟通机制。首先，要建立和完善畅通有效的常态化政企沟通机制，搭建方便的沟通平台、建立畅通的沟通渠道、创设多样化的沟通方式；其次，政府要积极主动了解企业需求、听取企业意见并认真落实，同时企业要积极主动参政议政、建言献策，并及时向政府反馈信息；最后，政府要及时妥善地处理企业的投诉和举报，并及时反馈处理结果。

（五）深化政企合作，实现风险共担

政府和企业作为不同的组织形式，各有其优缺点。政企合作就是要规避各自劣势、发扬各自优势，形成共同服务发展的合力，深化政企合作。需要通过多种方式保障政企合作，实现政企合作中的风险共担。首先，国家要制定相关法律法规，完善相关政策，明确政府与企业的行为边界和责任落实，保障市场主体的合法利益；其次，要保证政企合作的公开透明，鼓励更多市场主体参与合作；再次，政府要完善管理和监督机制，淘汰不合格的合作企业，激励负责任和高效率的企业；最后，政府要妥善协调合作方的利益分配问题，在保证公共利益的同时，给予企业足够的利润激励。

实现政企风险共担是推动政企深度合作的关键。首先，要建立规范透明的政企合作项目遴选机制，有效评估和控制项目整体风险；其次，要建立合理有效的拨款机制，可将政策性资金打入第三方支付账户作为保证金并及时支付，发挥政策性资金的杠杆作用，形成政策性资金、市场化运作、专业化管理、信贷放大的运作模式；再次，要建立公平合理的风险分担机制，对政策风险、汇率风险、完工风险、财务风险、营运风险和不可抗力风险等风险进行合理的权责划分；最后，要建立完善的监督和赔偿机制，推动政企长效合作。

第四节　法院视角下的营商环境法治保障建设

一、法院对法治化营商环境的塑造作用

法治是已成立的法律获得普遍的服从，而大家所服从的法律又应当本身是制定好的良好的法律。实现法治化不仅需要创设形式和实质相统一的良法，还要维护良法的实施。法院作为国家的司法机关主要承担着审判职能的履行。法院通过对案件进行审理和裁判来解决社会矛盾，确定双方当事人的权利义务内容，起到定分止争的作用。法院的职能特征决定了其是实现法治化不可或缺的实施主体。四级法院职能定位改革明确了最高人民法院主要承担着监督、指导全国审判，以及通过司法解释、指导性案例等方式确保法律得到正确适用的职能。基层人民法院、中级人民法院和高级人民法院主要承担审判职能，分别负责案件的一审、二审和再审的工作。最高人民法院职能定位主要为解决法律应用的具体问题，统一裁判尺度。最高人民法院针对司法实践中出现的具体法律应用问题制定相关的司法解释，以解决法律漏洞问题，适应当今社会的需求。该职能使最高人民法院在响应社会新的诉求即建设法治化营商环境方面有着较大的能动性，并且有助于完善法治化营商环境的相关制度。地方各级人民法院是法治化营商环境建设的重要推力，其通过审判职能的履行可以实现对经济社会主体的行为调整和引导。法治化营商环境的实现不仅需要司法机关的推进，更需要民众对其认可，从而形成民众自动维护法治化营商环境建设的局面。获取民众认可的方式就是中立且权威的司法公正。中立且权威的司法公正主要是靠法院实现，

法院的法官通过对案件的全面审理，在查明案件事实的基础上准确适用法律规定作出裁判文书。裁判文书蕴含的价值倾向和对特定行为的定性将引导民众主动调节自身行为，从而实现对社会的持续影响。法治化营商环境是党基于新时代发展需要提出的重大战略，是民众新的意志的体现，因此在司法实践中法治化营商环境对法院工作的内容和重点具有重要的指导性。党政机关提出的法治化营商环境内容主要为政治话语，这与法院审判需要的法律话语并不一致，因此法院需要正确处理法治化营商环境涉及的政策和理念与法律适用之间的关系，掌握将法治化营商环境中涉及的政策和理念转化成可以在法院审判工作中科学适用的方式。

二、法院视角下法治化营商环境建设的路径

（一）提高最高人民法院引领的能力

最高人民法院在现代法治社会建设的重要职能是统一法律适用，保障全国范围内的法律规定适用的统一性，避免出现不同法院、不同法官依据同一法律条款作出不同的解释。司法实践中，最高人民法院主要通过制定司法解释和发布指导性案例的方式对外部产生司法影响力，实现法律适用的统一。最高人民法院在响应新的时代需求即法治化营商环境建设时，需要很好的以司法解释、指导性案例的方式将法治化营商环境政策和理念融入现行法律规定适用中。因此最高人民法院应当清晰法治化营商环境在社会发展历史中的使命，及法治化营商环境在司法审判领域能够实现的范围，提高有关法治化营商环境的司法解释的审慎性、明确性和科学性，以及指导性案例的科学性与规范性。

1. 增强司法解释的审慎性、明确性、科学性和适用范围

最高人民法院的重要职责之一就是制定司法解释。司法解释不仅仅是最高人民法院填补法律漏洞的重要方式，也是帮助现行法律不断调整适应时代需求的方式。司法解释包含了一定的价值判断，体现新时代正向社会价值追求，因此最高人民法院应当增强司法解释的审慎性、明确性和科学性。司法解释的主要任务是对现行法律规定的进一步说明，而不是废止、变更、创造法律规定，不能够脱离立法时的基本价值。

增强司法解释的审慎性。最高人民法院在积极响应法治化营商环境建设时代需求时，也应坚定司法解释的审慎性和消极性立场。司法解释是针对审判实践中出现的具体法律适用问题进行解释，因此其具有一定的消极性，所以司法解释本身具有一定的局限性，不能全面调节社会利益关系。如果忽略审判实践经验，激进制定司法解释，将可能对市场主体

经营积极性起到反作用。最高人民法院应当在司法解释能力范围内谨慎出台相关解释条款。最高人民法院应当优先收集法官在审判实践中发现的对法治化营商环境建设起到阻碍作用的法律因素，并对这些法律因素进行解构和分析。对于属于司法解释有权调节范围内的内容发布针对性的司法解释。对于超出司法解释有权调节范围的，即与现行法律规定相冲突或者没有相应法律基础的，最高人民法院应当报送至全国人民代表大会及其常委会，由其按照法定程序对现行法律进行修订和完善。

增强司法解释的适用范围和明确性。最高人民法院发布的司法政策性文件属于政策文件，不具备普遍适用的法律效力。最高人民法院将审判理念以政策性文件方式进行指导，并不能实现好的实施效果。司法解释是对法律的进一步补充，是直接指导审判实践的，所以应当将法治化营商环境政策中具有可实践性的法律意见进行提取，通过法律技术手段转化成司法解释。同时，最高人民法院制定的司法解释内容应当更加注重明确性，避免如同司法政策文件一样表达内容宽泛，界限不明确。最高人民法院在制定法治化营商环境相关司法解释时应当对适用的对象、范围、行为效果等进行明晰的说明，保障该司法解释具有审判实践的可行性，保障法官对该司法解释的理解和适用没有偏差，减少出现司法解释适用难的情形，增强司法解释的权威性。

增强司法解释的科学性。司法解释应当是符合社会人民整体利益的，能够让民众在每个司法解释条款中感受到公平和公正，而不是为极少数人利益进行不正当倾斜，忽视其他社会群体的利益。法只有当它在一定程度反映了社会的共同意志和普遍利益，并且得到民众的认同后，才能充分发挥其影响力。最高人民法院制定的关于法治化营商环境的司法解释是对经济市场主体权利义务的再分配，涉及众多经济市场主体的利益，而且不同的社会主体利益诉求不同，司法解释对其产生的影响也不同。因此最高人民法院制定司法解释时应当广泛征求民意，在司法解释制定过程中掌握不同社会群体的利益诉求内容，了解司法解释出台后可能产生的社会影响及是否会产生新的社会风险点，判断实施后的法律效果是否会与司法解释目的相悖。对于可能出现的风险点，最高人民法院应当在司法解释制定过程中予以完善，从而获得社会共识。最高人民法院对于新的司法解释出台后的实践效果应当及时进行实际调研，避免其产生的社会效果与立法预期相悖。

2. 加强指导性案例的指导性

指导性案例虽然不具有明文规定的法律效力，但是仍具有一定的法律效力并可能构成设立案件之依据的准则来源。最高人民法院发布的指导性案例是法律规定与审判实践结合的重要指导工具，它的作用主要是指导性。最高人民法院从各地人民法院推送的全国裁判案例中筛选出具有典型性和普遍指导性的法治化营商环境的裁判案例对外进行公布，为法官案件审理和执行提供重要的参考。指导性案例不仅包含了法律适用依据，还包含了法官形成内心确认的价值倾向的论证，能够更好引导法官形成统一的价值倾向，对法官审理工作有着重要的示范作用。指导性案例有着统一裁判尺度的重要功能。最高人民法院通过发布关于法治化营商环境的指导性案例，将其认可的法治化营商环境理念适用方式和范围传达给各法院的法官，有利于形成统一的司法理念。使法官在其承办的案件事实与指导性案例高度一致时，直接参照指导性案例认定意见予以裁判。最高人民法院要充分发挥指导性案例的指导性，需要在筛选法治化营商环境指导性案例时突出法官就法治化营商环境理念形成内心确认的审判思维逻辑，同时在指导性案例中明晰该内心确认的逻辑适用范围，使法官更好地在司法实践中适用法治化营商环境理念，同时避免法治化营商环境理念的错误适用和滥用。

（二）健全地方各级人民法院的落实机制

地方各级人民法院在四级法院职能改革里主要承担案件的审判职能。为适应新时代法治化营商环境的要求，地方各级人民法院需要对审判质量、审判效率和管理监督等方面进行深入优化，进一步完善地方各级人民法院审判管理考核机制。同时，地方各级人民法院要强化其与上级法院的沟通机制，充分发挥地方各级人民法院建设法治化营商环境的能动性。

1. 完善审判管理考核机制

地方各级人民法院实行内部审判管理考核机制是新时代公共管理的要求。地方各级人民法院通过不断推进法官审判管理的标准化、制度化和数据化，带动法院审判质量和效率不断优化。审判管理考核制度作为法官工作的指挥棒对法官工作内容和方式有着重大的影响。审判管理考核事项的增加会让法官工作量加重，引起法官的抵触心理。虽然如此，但法官仍然会出于审判管理考核的要求完成对应的考核工作，从而有力地保障了考核事项的顺利执行。法官是法治化营商环境理念贯彻的"最后一公里"，法院应将法治化营商环境纳入到对法官的审判管理考核制度中。地方各级人民法院需要解析出法治化营商环境建设中涉及的审判因素，对于可以量化考核的因素主动纳入到对法官的考核指标体系里。众多社会机构发布的具有世界影响力的营商环境报告中涉及法院的主要为民商事案件的审理期限、裁判文书中判决给付款项执行到位情况和破产清算案件审理情况等。地方各级人民法院针对民商事案件需要着眼于提升审判和执行阶段的审理效率，从严把握案件审限扣除，将法官承办的案件平均审理天数纳入到审判管理考核指标中，避免法官拖延办案。地方各级人民法院针对执行案件应当严格限制其以终结本次执行的方式结案，需要将终结本次执行的案件数量纳入到审判管理考核指标，避免执行法官长期搁置款项未实际执行到位的案件办理。地方各级人民法院对于破产清算案件需要关注其审理期间各个节点的及时性，考核其是否在一定时间节点内及时选取管理人、召开债权人会议等，推动"僵尸企业"司法破产退出常态化。但是地方各级人民法院不能机械套用各社会机构发布的营商环境评价体系，因为司法案件个体间均存在差异，不同案件审理的难易程度也不同，因此地方各级人民法院制定的审判管理考核制度不能过于机械，应当结合各地方实际情况进行精确转化和动态调整，避免"一刀切"。地方各级人民法院对新增加的审判管理考核指标落实情况应当及时跟进了解，从法官评价反馈、审判质量系数影响、审判效率系数影响以及社会效果等方面进行多维度评价，如果发现实施效果存在偏差就需要及时进行动态调整。

2. 强化地方各级人民法院与上级法院的沟通机制

在法治化营商环境作为新的审判理念融入到法院审判实践过程中，地方各级人民法院应当与最高人民法院建立常态的协商沟通渠道，使地方各级人民法院对最高人民法院发布的关于营商环境的司法解释和指导性案例有清晰的认识，消除法律适用上的认知偏差。同时，最高人民法院可以通过该协商沟通渠道主动掌握地方各级人民法院在具体适用法治化营商环境理念的顾虑和困难，并对于共性问题及时回应。此外，地方各级人民法院中的上下级法院应当建立定期的对口审判业务庭室审判业务交流的制度，强化双方的审判理念的沟通机制，保障下级法院与上级法院就审判理念的沟通渠道通畅。在保证审判权独立行使的前提下，上下级法院应当充分利用该交流平台，帮助下级法院深入了解上级法院掌握的法治化营商环境理念的适用方式和范围尺度，减少模糊空间，使上下级法院对法治化营商环境理念适用尺度掌握一致，让下级法院在案件作出裁判时敢于适用法治化营商环境理念，实现法治化营商环境理念在案件审判中正确适用。

（三）增强法官落实法治化营商环境的能力

法官作为法院审判职能的具体履行者，其作出的裁判文书体现的价值导向能否响应民众对司法的期待并得到社会的高度认可，这很大程度取决于法官的专业素养高低。法官的专业素养影响着司法的质量和效力，进而对社会经济发展有着重要的价值导向影响。法官要在法治化营商环境建设中发挥积极作用，既需要具备较高的法律专业素养，也需要对法治化营商环境政策和理念有深刻的认识。这样法官作出的裁判文书才能实现法律效果、社会效果和政治效果的统一，获得民众高度的认可。

1. 树立正确的司法理念

法官以正确的司法理念为基础作出裁判文书。如果法官没有正确的司法理念，简单适用法律条款，较大可能陷入技术主义的桎梏。部分法官在裁判文书中对法治化营商环境理念的适用存在认识偏差，认为法官作出的裁判文书应当仅以法律条款为依据，排斥法治化营商环境理念在裁判文书的体现。沄条主义的审判方法以获得法律的确定性为出发点和落脚点，认为案件事实的讨论和定性仅取决于法律规定。法条主义希望社会各种纠纷都可以通过法律规定获得唯一且正确的裁判结果，但前提是法律规范极其完备且绝对正确。法律规范的滞后性和消极性决定了它很难达到极其完备且绝对正确的标准，所以绝对的教条主义必然会使法官进入机械法学的陷阱，形成民众接受程度低的裁判文书。能够实证的事实是当我们借助科学理念和方法观察、理解人文世界时，往往显得捉襟见肘、顾此失彼。那些在逻辑上完全能够自圆其说的人文社会理论主张每每被事实所证伪。法官审判实践中裁判内容通常蕴含着法官对社会真善美的追求，这种对社会真善美的追求就是一种价值追求。法治化营商环境也是一种为了形成平等的市场主体关系，创造良好稳定的营商氛围的价值追求。法官对法治化营商环境政策和理念的深刻理解，将很好的回应新时代民众对司法提出的新需求，有助于克服法条主义的不足，在事实和法律基础上实现法律效果、社会效果和政治效果的统一。

2. 强化法官裁判文书说理

裁判说理是裁判文书不可缺少的部分。法院在裁判文书中要求在查明案件事实基础上对裁判结论进行充分论证，向裁判文书受众解释清楚裁判结果的合理性与正当性。明晰、全面的裁判文书说理在帮助民众构建社会共识发挥着重要作用。部分法官作出的裁判文书虽然裁判结论正确，但存在逻辑混乱、论证不充分、法理缺乏等问题，导致裁判文书公信力下降，对法治化营商环境建设形成掣肘。法官说理对象主要为案件当事人及其他社会民众，应当根据说明对象的认知水平对裁判文书的表达方式进行斟酌。社会民众更容易接受非法理、法律条款等法律类理由，即事实和情理。因此法官应当准确理解法治化营商环境，将这一理念以情理的方式融入到裁判文书论证过程。法官只有正确理解法治化营商环境出台背景和价值追求，才能正确地将法治化营商环境理念以兼顾法律和情理的方式体现在裁判文书中。同时，法官需要充分利用有关法治化营商环境的司法解释提高说理的正当性。法治化营商环境理念是社会发展的必然需求，适用营商环境理念具有必然性和合理性，但需要正确适用营商环境理念作出裁判。在司法实践中，三段论是法官裁判推理的主要思维方式。立法机关制定的法律规定是大前提，案件具体事实为小前提，法官将大前提和小前提联结推导得出裁判结果，即该案件结果取决于法官采用法条的法律效果。法官的价值倾向通常位于大前提和小前提之间的位置。法官要在裁判文书中更好地将法治化营商环境理念融入其中，应当将法律规定作为第一个论证前提，将法治化营商环境理念作为第二个论证前提，案件具体事实作为第三个论证前提，最后将上述三个前提联结得出裁判结论。因此法官运用法治化营商环境政策理念时也应当在法律规定范围内适用，不能跳出法律的框架范围，如法律条款与时代需求不相符的情形，应积极推动法律修改程序，而非违反法律规定直接单独运用法治化营商环境理念得出结论。避免不适当或滥用法治化营商环境政策理念，保证法院裁判的严肃性。

第五节　知识产权视角下的营商环境法治保障建设

一、营商环境和知识产权保护的关系

（一）知识产权保护对营商环境的影响——基于各类营商环境评价指标体系

当前，我们已经全面进入了经济全球化时代，各类生产要素在全球范围内的流动更加频繁和便捷。而技术等智力成果作为当前非常重要和稀缺的生产要素成为全世界各地争相抢夺的对象。创新活动是智力成果的起源，理所当然成为引领发展的第一动力。尤其是，当前中国特色社会主义已经迈入了新时代，且步入了高质量发展的关键历史时期，我们更是将创新发展作为最重要的战略予以推进。

同样地，在当前创新驱动经济发展的大环境下，创新和知识产权的竞争从未像现在这般激烈，通过对廉价劳动力的使用来降低生产成本的方式已经不能长时期保证企业的竞争优势。而唯有不断的技术创新、制度创新、模式创新才能让企业抢占市场先机。也就是说，创新才是现代企业的核心竞争力。因此，能否促进企业的创新活动，能否保护企业创新成果，能否实现企业创新成果经济效益的最大化无疑是企业经营的重要影响因素，也是企业是否选择一国或者一域进行投资的重要影响因素。基于此，我们认为知识产权保护制度作为保护和促进创新的核心制度，必定是企业经营活动中关注的最重要的因素之一。

由于评价体系构建的出发点和切入点的不同，这些报告有些直接将知识产权或知识产权保护纳入了评价指标体系。例如，国际商业观察（BMI）发布的《营商环境排名》明确将知识产权列为制度这项一级评价指标项下的二级评价指标；经济学人（EIU）发布的《营商环境指数》将知识产权列为自由市场及竞争政策这项一级评价指标项下的二级评价指标；世界经济论坛发布的《全球促进贸易报告》中将知识产权列为营商环境法治指标的具体化指标；美国国务院《世界投资环境报告》知识产权保护制度列为法治指标的操作化指标。上海发展战略研究所"全球城市营商环境评价体系构建"课题组在自研的指标体系中，强调了企业"准入后"阶段知识产权保护力度对营造公平公正的法治环境的重要性。此外，一些专门针对中国营商环境做出的评估报告，也将知识产权列为重要的评价指标。2018年国家发展改革委发布了中国营商环境评价体系，提出要构建法治化、国际化、便利化的营商环境，并明确将法治环境指数作为营商环境评价指标体系（试评价）的核心指标，而知识产权保护力度便是法治环境指标项下的重要指标之一。而有些虽未明确列入，但我们依然可以从其评估报告中得出知识产权保护对于营商环境影响的结论。此外，常年在世界银行评估报告中名列前茅的新加坡、美国等经济体，在知识产权保护方面都拥有健全和完善的体系。值得注意的是，近年来印度在营商环境排名的大幅度提升，也同样得益于其知识产权制度的日益完善。

（二）营商环境优化对知识产权保护的要求

知识产权的保护是影响企业经营活动的重要因素，是营商环境的重要组成部分，要优化营商环境，必须对知识产权予以保护。但是只有知识产权制度符合营商环境优化的要求，知识产权保护才能够真正发挥其提升营商环境的作用。因此，对知识产权的保护必须起到以下几个导向。

一是鼓励创新的导向。也就是通过知识产权保护工作，让创新者对其创新活动可能带来的收益有足够的信心和期待，让越来越多的主体特别是企业参与到创新的活动中来，提升全社会的创新水平和活力。

二是公平竞争的导向。通过对知识产权的审查、监督、执法、协调等行为，以政府公权力的适度介入，维护公平、自由的市场竞争秩序。比如对知识产权侵权行为进行制裁，对知识产权权利进行审查登记等。

三是提升效率的导向。通过知识产权体制机制的改革，使知识产权的成果能根据市场需求的变化在全社会高效流动，促进知识产权成果有效转化和运用，推动知识产权经济效益最大化。

二、营商环境视域下对知识产权的保护

（一）制定知识产权保护战略

制定知识产权保护战略，是政府实施知识产权保护中的行政管理职能的重要手段，旨在为当前及未来一段时间知识产权保护工作定航指向。因此，建议各地政府结合地方实际，贯彻《国家知识产权战略纲要》等文件精神，尽快制定《知识产权战略纲要（2021—2025）》。在基本原则和具体的内容上，一是要确立知识产权保护的基本原则。包括鼓励创新、服务发展，有利于提升营商环境等等。二是要平衡知识产权保护的强度，应当建立与当前经济发展水平相适应的知识产权保护制度，同时对于不同产业应当实行差异化的知识产权保护。此外，在制定知识产权战略纲要的基础上，要根据实际情况尽快制定各产业发展领域，知识产权服务领域、执法等政策性文件，尽快完善知识产权政策体系。

（二）完善知识产权地方性立法

首要是完善知识产权综合性立法。一般来说，知识产权综合性立法最好是采用地方性法规形式，这也是全国大多数地区的做法。比如，深圳市出台的《深圳经济特区知识产权保护条例》就是地方性法规。但地方性法规的制定主体是地方人大，因此市政府可以报请市委，与人大协商将知识产权综合性立法尽快列入计划。如若人大无法在第一时间推动该项立法，政府可以考虑先行以政府规章形式立法。同时，要加快补齐商标权、著作权两个领域的地方性立法。与此同时，计算机软件、集成电路布图设计、地理标志、植物新品种权等小众领域以及网络侵权等新兴领域知识产权地方性立法也要加快制定，尽快实现知识产权地方立法的全领域覆盖。

（三）探索知识产权管理体制改革

世界各国特别是知识产权强国知识产权管理的相关经验表明，保持知识产权管理的集中性和知识产权管理机构的独立性，更有利于提升知识产权保护工作的成效。在知识产权局下设商标局、版权局、专利局和执法稽查局。商标局、版权局、专利局主要负责知识产权的管理和服务工作，同时为执法稽查局执法提供技术支持。执法稽查局主要负责知识产权执法，并下设商标执法、版权执法、专利执法三个执法大队，分别负责三大领域执法。与此同时，在公安机关探索设立知识产权专职警察制度，对知识产权犯罪领域进行执法，

完善知识产权执法稽查局与公安机关知识产权专职警察的沟通协调机制，形成知识产权执法领域的强大合力。

（四）形成浓厚的知识产权保护氛围

1. 发布《知识产权保护白皮书》

每一年或每两年向社会权威发布《知识产权保护白皮书》，定期全面系统地向社会报告知识保护工作进展和成果，让社会大众对知识产权保护工作情况有更清晰直观的了解。

2. 营造崇尚知识产权的环境

鼓励市属高校设立知识产权学科。建议先行设立知识产权应用学科，重点在知识产权行政管理、知识产权运用能力、运营服务人才、信息分析人才等领域培育一批专业人才。

建立知识产权利益共享机制。构建个人、部门和单位利益共享保障机制，以市属平台企业为示范，鼓励企业对专利等知识产权做出重大贡献的员工，在知识产权保护期内给予应得的报酬和奖励。

3. 丰富知识产权各类活动

（1）教育领域。

以树立知识产权意识、激发创新创造能力为目标，依托知识产权教育试点，在中小学校开展丰富多彩的知识产权教育活动。比如，举办知识产权教育讲座、中小学生科技大赛，开展知识产权夏令营，知识产权社会实践体验等活动。

（2）专业领域。

邀请企业家、学者、知识产权服务行业从业者定期召开知识产权论坛、沙龙等活动，讨论研究知识产权保护中出现的新问题和知识产权保护的前沿问题，形成活跃的知识产权保护学术氛围，同时也以其交流成具为政府决策提供更加专业有效的参考。

（3）社会领域。

认真开展全国知识产权宣传周活动。面向社会大众，开展知识产权专题演讲、咨询、展览等各类活动，同时利用报纸、电视等传统媒体以及微信、微博、抖音、直播等新兴媒体，开展一系列宣传活动，扩大知识产权宣传覆盖面，提高社会群众参与度。

第五章 现代营商环境法治化的创新路径

第一节 多元争议解决机制对营商环境法治化的保障

一、营商环境法治化对多元争议解决机制的现实需求

（一）多元争议解决机制源于法治建设需要

国家治理体系和治理能力现代化的概念是在党的十八届三中全会上提出的，其强调推进国家治理体系和治理能力现代化是全面深化改革的总目标。治理强调的是让多元主体参与，以多样治理方式实现。多元争议解决机制是多种社会治理方式之一，为国家整个治理体系的重要环节，在实现国家治理体系和治理能力现代化的进程中发挥着不可替代的重要作用。在十八届四中全会上，国家提出要健全社会矛盾争议预防化解机制，不断完善调解、仲裁、行政复议、诉讼等有机衔接、相互协调的多元争议解决机制。中央全面深化改革领导小组于 2018 年 1 月 23 日通过的《关于建立"一带一路"争端解决机制和机构的意见》提出，要建立诉讼、调解、仲裁有效衔接的多元争议解决机制。至此，多元争议解决机制建设受到国家的高度重视，统筹进国家的顶层设计，现已进入全面系统推进的新阶段。

从 2012 年开始，我国经济结束近 20 年的高速增长，由高速开始向高质转换，进入了增速换档期。经济增速、结构、发展方式的变化，势必会对各种社会关系产生影响，法律关系也开始发生新的变化，社会矛盾纠纷的类型更加复杂，数量更多。各类争议产生后大量涌入法院，体现了民众在争议解决过程中对公权力的高度信赖，也反映了民间争议解决机制的失灵。司法实践证明，诉讼并非所有争议的最佳解决途径，作为争议解决方式的一种亦存在其自身的局限性。涉案信访数量的居高不下也在一定程度上削弱了公众对司法的

信心，迫切需要建设更加高效的多元争议解决机制，释放争议解决资源，增加社会主体解决争议的自主性。自各级人民法院实行立案登记制以来，法院受理案件的数量连续高速增长。相对于不断增长的案件数量，承办案件的法官并没有明显的增加，有限的司法资源已无法满足日益增长的争议解决需求。在案多人少的大背景下，各级法院尝试开展司法改革，力图推动诉讼与非诉解决机制的相互衔接。当前，司法机关正积极推动多元争议解决机制建设，进一步加强与相关行政机关、仲裁机构和调解组织的协调配合，探索诉讼与非诉程序相互衔接配合的多元争议解决机制，以减少当事人滥用诉权的现象，在节省司法成本的同时，充分发挥多元争议解决机制在营商环境法治化中的保障作用。

（二）现代社会发展亟须营商环境法治化

一般来说，营商环境是企业经营的所有要素环境，包括影响企业经营的政治经济、文化等各方面的要素，涵盖了体现一国竞争力的方方面面。具体而言，营商环境又可细分为营商硬环境与营商软环境。营商硬环境所关注的是企业经营所需的自然条件、硬件设施情况等物理要素，如地理位置、自然环境、交通设施等短期无法变化的客观情况；营商软环境则是指企业经营的经济状况、人口素质、政府税率、审判质效等无形要素。在当前的国际实践中，各国政府和国际组织更注重对营商软环境的评估，重点关注制度因素，最终聚焦于法治建设。从不同的角度来看，营商环境的表现形式是不一样的，从便利性来说，营商环境是指政府服务和行政质效；从国际性来说，营商环境是指外商投资企业的权益保障、知识产权保护等；从法治化的视角来说，营商环境是指权利保护、执法司法等。营商环境的优劣，对一个国家或地区的招商引资、企业经营和社会发展都会产生深刻影响。营商环境是影响力和竞争力的重要体现，优良的营商环境吸引投资，增强经济集聚力，推动创新创造，为经济发展提供驱动力，它体现了该地区的改革开放程度、市场发育程度，以及综合实力和内在发展的潜力。党的十八大以来，我国非常重视营商环境的优化，营商环境在不断改善。

（三）多元争议解决机制促进营商环境法治化

自全面推进依法治国战略以来，我国关于多元争议解决机制的顶层设计与制度构建日渐完善，诉讼与非诉争议解决方式开始有序衔接，多元争议解决机制被纳入了全面依法治国的法治社会建设任务中，各地也在积极通过试点探索创新经验。受传统耻讼观念的影响，我国当事人往往把调解作为解决争议的落脚点。调解能够充分吸引群众参与司法，满足其多元诉求，最大限度地实现争议的社会控制。党的十九届四中全会提出，国家不断完善正确处理人民内部矛盾解决机制，完善人民调解、行政调解、司法调解衔接的制度体系，努力将相关矛盾化解在最基层。最高人民法院指导各地法院对各种调解平台进行提档升级，多元争议解决制度进一步完备。各种调解平台积极发挥案件分流、先行调解和司法确认等功能，快速化解大量争议，成为争议解决的集散地和分散点，由民间调解、人民调解和司法调解等多种争议解决方式组成的调解体系正逐步形成。调解协议达成后，还存在司法确认的问题。司法确认是指根据调解当事人申请，由法院来审查调解是否自愿合法，并确认调解协议法律执行力的非诉争议解决方式。《中华人民共和国人民调解法》《中华人民共和国民事诉讼法》均明确了调解协议的司法确认问题。2020 年，最高人民法院出台的《民事诉讼程序繁简分流改革试点实施办法》又对司法确认的具体程序进行了优化，明确要求各试点法院应建立并管理好特邀调解名册，扩大当事人可以申请司法确认的调解协议的范围，肯定中级人民法院和专门法院对司法确认程序的管辖权。上述办法对于支持和保障多元争议解决机制建设，提升争议解决质效，具有积极的促进作用。

建立健全多元争议解决机制，可促进营商环境的法治化，而优良的营商环境对经济发展和社会稳定具有十分重要的实践意义。一是有利于经济的可持续发展。当前，世界进入了大变局，各种不确定因素叠加，国际政治、经济、军事、外交等都在发生深刻变化。突发的新冠肺炎疫情大流行，使国际形势更加变幻莫测。为积极应对国内外的严峻形势，进一步推动经济平稳发展，必须以多元争议解决机制建设推动相关法律制度不断完善，积极优化各地的营商环境，可在特定区域的先试先行，以多元争议解决制度的创新，助推营商环境法治化，进而推动国家治理体系与治理能力的现代化。二是有利于生产要素的合理分配。对参与市场交易的企业而言，优良的营商环境能够为经营活动提供公平公正的市场和社会环境。争议发生后，市场交易主体的权利救济也应能得到有效的保障。面对严峻的经济形势和各项改革任务的挑战，需不断优化营商环境，积极发挥市场主体的能动性，不断增强企业发展的原动力，提升整体经济发展的韧性。我国《法治政府建设实施纲要（2021—2025 年）》为营商环境法治化制定了明确的任务书，各地政府相继也出台了相应措施，涉及投资审批、市场准入、降低成本、减轻负担、公平竞争等诸多方面，取得了十分明显的正向效果。营商环境的持续优化，在保护市场主体的合法权益的同时，也促进了各种生产要素的合理分配，强化了对市场金融风险的防控和市场主体创新成果的保护。三是有利于管理体制的加快转变。营商环境的优化涉及政治、经济、文化、社会、环境等多种因素，是社会运行整体制度的综合表现，在一定程度上反映了国家治理体系现代化和治理能力现代化的水平。国家通过对价值观的引导、公共管理的加强和市场交易的创新等，尽可能地合理配置各种市场资源，最大限度地减少对具体经济活动的干涉。政府通过职能转变，将关注点聚焦于公共服务供给，就会营造出良好的营商环境。不断优化的营商环境，可以反向促进管理体制的转变，从而更好地服务于经济建设和社会管理。四是有利于国际竞争力的不断提升。一个国家或地区的营商环境是其国际竞争力的重要量化指标，自世界银行发布营商环境报告以来，其监测了190个经济体，其中，186个经济体采取了3500多项涉及优化营商环境改革措施。当前，世界格局进入了动荡变革时期，各种不稳定、不确定因素显著增多。在世界经济发展进程中，部分国家奉行保护主义，部分国家出现种族主义，国际形势发生深刻变化。要想在不稳定的世界中顺利发展，就要积极优化国内、国际营商环境，通过不断完善多元争议解决机制，提升我国营商环境的法治化水平，在提高自身国际竞争力的同时，为世界经济的发展和稳定做出积极贡献。

二、多元争议解决机制对营商环境法治化的保障措施

（一）树立新时代多元争议解决法律理念

如今，各种社会公共事务越来越复杂，而国家对社会的管理却存在着诸多局限性，这导致了很多困难和争议无法有效得以解决，因此，社会争议处理理念应由管理向治理转变，这是营商环境法治化的必然要求。由国家主导、社会各方积极参与，法治提供保障的争议解决理念，是优化争议解决资源配置的指导原则。人民法院应进一步深化司法改革，积极推动多元争议解决机制不断健全，促使各类争议解决资源都能发挥其最大效能。多元争议解决机制的参与主体，在履行社会治理相关职责时地位平等，应积极沟通，相互协调，充分调动一切积极因素，促进当事各方的争议能够高效解决。通过对多种争议解决方式的资源整合，不断实现公共利益的最大化，积极推动营商环境的法治化。

（二）建立一站式多元争议解决平台

在多元争议解决机制的建设进程中，法院作为重要的争议解决参与主体，发挥了十分重要的作用，但也存在着一些制度上的障碍和司法程序上的不足。因此，应进一步深化司法改革，不断完善法律制度和司法程序，积极推进国家治理体系和治理能力现代化。建立一站式争议解决平台，是政法机关明确提出的一项重要改革任务。在平台建设过程中，应充分调研基层存在的具体问题，认真总结多元争议解决的先进经验，全面落实具体的改革举措，加快推进社会治理现代化。多元争议解决机制建设的一个重要抓手就是运用多种争议解决方式化解争议，应将所有争议解决方式汇聚在一站式多元争议解决平台，要求与多元争议解决相关的争议解决机构联合办公，相关工作及时有效衔接，相互协调配合处理具

体争议。在一站式多元争议解决平台建设中，应坚持把非诉争议解决机制挺在前面。多元争议解决机制的建设应重点关注其争议防范作用，充分发挥非诉争议解决方式的前端治理功能，对涉及营商环境的各类风险及时研判，努力从源头上保障营商环境的法治化建设。

（三）完善多元争议解决法律制度

法律是治国之重器，良法是善治之前提。健全完备的多元争议解决法律制度是优化营商环境的基础，具体可从以下几个方面来进一步完善我国的多元争议解决法律制度。

1. 明确多元争议解决法律依据

关于调解前置问题，部分法院已开展了多种形式的改革试点，对案情简单、当事人争议不大的案件设定调解前置程序，在立案登记前先行调解，取得了良好的法律效果和社会效果。关于司法确认问题，部分地区法院已在尝试扩大可进行司法确认的范围，将行业调解等组织主持调解达成的协议也进行司法确认。关于司法确认的管辖问题，中级法院和专门法院开始管辖由其委派调解成功的司法确认案件。对上述成功经验和做法，应尽快上升为法律规定，从而为营商环境的法治化提供更好的制度保障。

2. 做好多元争议解决相关保障

在多元争议解决机制的建设过程中，要加强各参与部门的对接，积极吸纳各类主体参与争议解决，充分发挥社会志愿者的辅助作用，形成以一站式多元争议解决平台为主线，各类专业化争议解决平台为辐射点的多元解决体系。加强对多元争议解决机制建设的考核，对非诉争议解决方式的质量和效率进行专项考评，建立相应的奖惩制度，充分调动非诉争议解决机构的积极性。多元争议解决机制的建设和运行，需要投入大量的人力物力，应将为多元争议解决而支出的相关经费纳入财政预算，为多元争议解决机制建设的可持续发展提供资金支持。

3. 打造多元争议解决机制专业化

术业有专攻，专业方能更高效。在完善多元争议解决机制过程中，要把部分司法机关与非诉争议解决机构的单一对接提升为全国范围内的多元争议方式的全面对接；要从单纯缓解司法机关的办案压力向不断满足人民日益增长的多元司法需求转变；要发挥好争议解决机制前端、中端和后端的各自功能，不断完善多方参与、有序衔接和协调配合多元争议解决机制。通过不断提高多元争议解决的专业化水平，不断优化营商环境，积极促进各种争议实质化解。

4. 促进多元争议解决机制智能化

随着信息化时代的到来，各种信息技术已广泛应用于社会生活的各个领域，社会治理领域也不例外，互联网、云计算、区块链和人工智能在社会治理和法治建设中发挥了十分重要的保障作用。在多元争议解决机制建设中，运用信息技术，建立智能化的多元争议解决平台已迫在眉睫，应将争议解决所涉及的相关数据采集，从人工处理转化为通过智能化技术自动提取；对多元争议解决的各个节点实行智慧管理，将争议的立案、分流、解决、存档等全流程数据化；对搜集的当事人诉求、争议焦点、咨询意见、庭审记录、法律文书等内容进行大数据分析，为将来的类案争议解决提供可参照的数据样本，大力促进多元争议解决标准和尺度的统一。

5. 推动多元争议解决机制社会化

社会力量对现代社会的综合治理和法治化发挥着非常重要的作用，在多元争议解决机制建设中，应充分调动各种社会资源，充分发挥社会力量的治理作用。多元争议解决机制建设离不开各种社会力量的共同参与，要让发生争议的当事各方，清晰地了解多元争议解决机制的诉求渠道；要让参与非诉争议解决的社会组织，准确地把握多元争议解决机制的办理流程；要让社会自治和司法职能各自发挥自己的优势，为营商环境的法治化履行应尽的责任和义务。在当前形势下，应当加大宣传力度，不断增强人民群众对多元争议解决机制的认同感和信任度。同时，要积极顺应争议解决的全球化发展趋势，及时将我国的多元争议解决机制融入到国际争议解决体系之中，主动参与国际争议解决规则的制定，不断提升我国多元争议解决机制的国际影响力。

第二节　数字经济营商环境的法治化刍议

一、数字经济时代营商环境法治化面临的新挑战

（一）存在数据安全、垄断、非法集资等法律风险

作为数字经济时代最为重要的生产要素，数据信息的价值自不待言。"数据就是石油""数据就是生产力"，因此，网络平台企业以及一些政府机关、社会服务机构等，皆想方设法多收集数据信息。然而，其对数据信息的保护意识不强或能力不足，甚至存在非法提供、出卖数据信息的情况，这不仅侵犯了用户的隐私，而且也威胁到企业和个人的数据安全甚至国家安全。

数字经济属于朝阳产业，整体发展质量高、势头猛，极易获得巨量融资，同时也易产

生大型企业数据垄断和不正当竞争等情形。由于互联网行业发展不平衡、不充分，一些大型互联网企业扩张速度快、资本雄厚、用户规模大，极易获得优势地位从而不断"跑马圈地"；从事人工智能研究和应用的组织手握数据、算法等资源，易于从事垄断行为、排除或者限制竞争；"二选一""大数据杀熟"、在社区团购领域利用资本优势低价排挤对手等垄断和不正当竞争问题也时有发生。

当前，也存在一些公司打着数字经济的旗号向社会不特定公众吸收资金，实际根本未获得融资许可或资金未用到真正的生产经营之中。如果融资不规范，极易构成非法吸收公众存款罪或集资诈骗罪。企业及其员工如行为不规范，还可能发生腐败、洗钱、侵犯知识产权、制假售假、算法歧视、"大数据杀熟"、侵犯个人信息甚至危害国家或公共安全的情况，存在被追究法律责任甚至是刑事责任的风险。

在数字经济的出海进程中，我国企业也面临着诸多挑战。例如，数据安全、知识产权、数字征税等方面，皆有来自域外的执法司法风险，包括刑事法律风险。

（二）数字经济领域的规则制定面临挑战

2021年1月，中共中央印发的《法治中国建设规划（2020—2025年）》明确提出，要加强信息技术领域立法，及时跟进研究数字经济、互联网金融、人工智能、大数据、云计算等相关法律制度，抓紧补齐短板。

数字经济领域产业、技术发展速度快，新业态、新模式不断涌现，虽然我们已初步构建了互联网法律法规体系，但"法律一经制定便落后于现实"在数字经济时代更加明显，这源于新技术、新经济、新业态时刻在发展变化并影响着人们的生活，且一些创新性的市场行为利弊兼具，有些行为主体、行为性质又是多部法律规制的对象，故立法在系统性、协调性、法秩序统一性方面需要作出更多的考量。

面对我国的立法落后现状，数字经济的法治环境亟待改善。例如，电商销售、直播带货等行为已有《电子商务法》《网络交易监督管理办法》《网络直播营销管理办法（试行）》等规范进行约束，这便是数字经济新业态出现之后，有关部门面对现存和可能存在的问题进行的部分立法回应。但我国数字经济在企业责任、数据保护、数字货币、人脸识别等方面仍存在立法规定不够、立法层级较低等问题。

如何为数字经济发展提供法治保障，是各国关注的重点。早在2008年，英国政府便提出建设"数字英国"的倡议，于2009年出台《数字经济法案》，对网络侵权、数字公共服务、互联网域名注册等问题作出规定；并在2017年加以修订，就知识产权保护、数据共享、监管部门职能等方面作出补充。2017 年，白俄罗斯出台《数字经济发展法案》，鼓励创新，通过清单制度扩大企业的可活动范围，并对加密货币、智能合约等作出规定。欧盟《数字服务法》《数字市场法》也为数字经济的发展努力确定方向，平衡了各方利益，目前，欧盟正在就《人工智能法案（草案）》征求各方意见。我国虽无须照搬国外的立法，但上述国家和国际组织紧跟经济发展和未来趋势作出立法，并与时俱进、修改补充的意识值得学习。

完善数字经济领域的立法，不仅有利于规范企业行为、保护消费者的合法权益，也有利于企业摸清底线红线，在法律的指引和政策的鼓励下大步创新向前。

数字经济具有虚拟性、隐蔽性等特征，导致市场主体的身份和行为性质复杂，行政监管机关和司法机关调查取证难、定性难、确定法律责任难。不少人"什么火就做什么"———看到数字经济的广阔前景后，各地"数字经济"研究机构、工厂公司、产业园等如雨后春笋般涌现、野蛮生长，其中不乏"空手套白狼""挂羊头卖狗肉"者。面对此类情况，需要监管部门、客户和用户擦亮眼睛、勇于打假。

（三）数字经济新模式、新业态治理模式的新特点

数字经济产业很大一部分是互联网与传统产业的融合。在 2020 年我国的数字经济发展总量中，80.9% 为产业数字化，其余为数字产业化，不同地区的数字产业化和产业数字化比重均不同①。从监管角度看，数字经济发展的超区域性、产业内容的多元性以及所依托平台集数据、技术、电商服务、广告等于一体的（电商平台、社交媒体平台）功能融合的复杂性等特征也给传统"条条、块块"的监管模式带来了较大的挑战。同时，由于数字经济的瞬时性，传统的事后监管模式难以防范技术、法律的风险，并且，为了促进数字经济的发展，市场又需要"最小干预"，数字经济监管的介入时机就显得尤为重要，相关的法律法规也需要尽可能明晰，以防新型网络产品、网络有害行为游离于监管之外。

目前，地方性优化营商环境的条例文件缺失。省一级的仅有《浙江省数字经济促进条例》；市一级的《深圳经济特区数据条例》已通过并于 2022 年 1 月 1 日施行，《深圳经济特区人工智能产业促进条例（草案）》也已于 2021 年 7 月 14 日公开征求意见。

---

① 中国数字经济发展白皮书［EB/OL］．［2021-03-10］．httpi：//www.caict.ac.cnKkxyjqwfb/bps/202007/P020200703318256637020.pdf.

二、数字经济营商环境法治化的完善路径

（一）健全与数字经济发展相适应的法律体系，夯实数字法治建设的基础

法律确认和保障人的权益和自由，市场主体的合法权益能否得到保护是评价法治营商环境优劣的重要因素。因此，首先需要坚持市场导向，着重推进数字经济发展相关的法律法规、政策文件的立改废释，科学立法、民主立法、依法立法。具体需要关注以下五个方面。

第一，健全相关地方性立法机制。在梳理现行的制度规范，避免政策、文件重复冗杂的基础上，针对数字经济的特性和各省市地区的发展状况，有针对性地制定优化营商环境发展的法律、规章、规范性文件。2021年作为十四五规划的开局之年，各地及时施行如《浙江省数字经济促进条例》的规定，有利于为本地区后续的数字经济发展指明方向和目标。

第二，进一步公开公共数据，适当扩大数据共享的范围，使公共数据惠民、惠企业、惠监管、惠治理。同时，收集、存储、使用、加工、传输、提供、公开数据资源应当遵循合法、正当、必要的原则，遵守网络安全、数据安全、电子商务、个人信息保护等有关法律、法规以及国家标准的强制性要求，不得损害国家利益、社会公共利益或者他人合法权益。

第三，鼓励从立法上为企业松绑。不应当对数字经济的各种面目"一刀切"，当然，也不能放任自流，而应当依法宽严相济。例如，将企业合规制度纳入《中华人民共和国刑事诉讼法》的条款范畴，鼓励高新技术创新，更好地保护互联网高科技企业及企业负责人的合法利益。

第四，完善《中华人民共和国劳动法》及数字经济产业相关的工伤保险等权益保障制度，维护就业人员的合法权益。

第五，加强应对国际竞争的数字经济的研究与制度供给，使我国数字经济的出海更为顺利。

（二）进一步提升政府服务和执法能力，努力实现治理数字化

经济体制改革的核心问题是处理好政府和市场的关系。数字经济治理则既要求数字经济规范发展，又要充分利用数字经济的优势，包括实现治理的数字化。

第一，提升政府机关的政务服务能力，推动各地"一网通办"迈向"一网好办"。禁止有关部门擅自提高市场准入"门槛"、违规强行进行涉企执法等不当干预经济活动的行为，一经发现从严惩办。

第二，制定鼓励数字经济创新发展的政策。各地可以尝试设立"创新清单"，提供企业创新的安全空间，对于现行法律法规没有涉及的数字经济新业态，允许企业在政府允许的范围内试错。

第三，根据本地区数字经济和企业发展的现实难题，提升数字化服务水平，提供有针对性的助企服务。如福建省为缓解中小微企业融资难、融资贵问题，建设金融服务云平台，汇聚电力、税务、商务等 17 个部门近 4400 项涉企数据，破解银行和企业信息不对称的难题，服务万企云上融资①。

第四，落实审慎监管。我国目前的市场准入"门槛"虽然不断降低，但市场监管部门面对可能存在危及人身财产安全、金融风险、不良内容传播等行为的申请主体时，仍需守住底线、从严管控，禁止此类主体进入市场。这也需要有关部门尽快厘清数字经济主要领域的经营资质和许可事项标准，针对数字经济领域的新业态和新模式制定准入细则，避免死板套用传统业务的准入要求。

第五，严格执法，进一步开展对超大平台垄断、不正当竞争、侵犯公民个人信息等案件的调查，打击违法犯罪行为。

（三）落实司法支持，推进智慧司法、智慧检务等司法数字化建设

司法机关应加大对数字经济相关权益的司法保护力度，增强市场主体对法律的遵守度、信任感和可预期性。进一步发挥司法裁判规则和指导性案例的指引作用，合理确定数字经济新业态主体的法律责任；加大对知识产权的保护力度，激发创作者的创作热情；扩大企业合规改革的试点范围，对满足积极整改、承诺合规经营等标准的企业负责人，根据个案情况依法不批捕、不起诉或从宽量刑；推进法院智能化、数字化建设，提升技术能力，推进建立电子立案和诉讼平台的功能优化，提升电子取证能力，实现各部门之间的信息共享。

总体而言，立法、执法、司法各项推动数字经济发展的举措还需要多关注法律法规的实际可操作性，关注企业的合规成本和守法成本。例如，当前如火如荼的企业合规从宽的

---

① 国务院新闻办就数字中国建设峰会有关情况举行新闻发布会［EB/OL］.（2020-09-17）［2021-05-09］. ttp. /iww. gov. cnlxinwen/2020-09/17content_ 5544237. htm.

刑事制度建设，需要立法、执法或司法部门推动合规考核标准的出台，作出系统化、前瞻性的制度安排，关注制度供给顶层设计"落地"的现实可能性。又如，如何把握电子商务中的"线上线下一致原则"，进行线上线下的一体化监管，使平台内经营者与线下经营者在税收、违法信息公示等方面的合规成本在实质上一致，还需要进一步加以研究。

（四）企业须加强合规体系构建，防范各种法律风险

企业自身在发展过程中需要时刻谨记合规的重要性，把握好原则与尺度，遵纪守法与追求效益并重，绝不触碰违法犯罪的底线。同时，面对法律尚未做出指引、规定的事项，在开展业务时需进行合理评估，及时与政府部门联络沟通，以避免可能产生的法律风险。例如，网络平台需要协助监管者承担法律规定的平台监管职责，依法保障信息的公开、透明，不得滥用信息屏蔽，并且在数据安全、用户隐私保护、平台反垄断、安全保障、消费者权益保障、反不正当竞争、保护知识产权等方面尽可能合法合规，增强行业自律，用实际行动取得监管部门和消费者的信任、争取友好型的营商环境。

第三节　　"放管服"改革与营商环境法治化

一、"放管服"改革是营商环境法治化的概况

在建设法治政府、"放管服"的视域下，作为营商环境的主要保护者、服务者以及管理者，要认识到自身职能，积极创建集管理服务、诚实守信、高效便民、公开透明于一体的政务环境，为企业创造最好的法治外部环境。从营商环境的角度来看，法治是一种重要的法律制度，它可以清晰地界定市场和政府之间的界限，尤其是要注意二者关系的平衡，以便于能够切实做好产权的保护工作，且要做好市场预期的稳定工作，从而弘扬良好的企业家精神。

"放管服"改革是营商环境法治化的重要内容。具体来说，"放管服""简政放权"等，都是以政府的权力为出发点，但其中也有一定的逻辑层面。简政放权是指政府在市场中的权力，它要求政府尽量少干涉市场，尽量保持市场的自治权。要做到最大限度地发挥市场主体作用，尤其要做到公平、高效的监督。优化服务主要是指政府在市场上的服务意

识和服务能力，以及政府在行政权力以外的主动[①]，不管是优化服务、放管结合还是简化行政，这从某种角度来说，都是政府的职责，那么对于政府来说，在开展实际工作中就应该积极促进营商环境的法治化建设，强化市场活力，做好市场秩序的维护工作，这也是为什么说"放管服"是我国营商环境法治建设的重要内容。

二、营商环境法治化依赖于政府"放管服"改革的深化

"放管服"是我国营商环境法治建设的一个重要方面，二者有着紧密的关系。"放管服"将会对营商环境产生重大影响。不适当的监督将会妨碍企业的法治运作，而适当的监督将会推动企业的法治[②]。

首先，对于企业营商环境法治化建设工作来说，政府应做好放权与管理的配合工作。企业治理的法治化不仅离不开市场，更离不开政府。企业营商环境的法治化，要求政府在权力和监督中把握分寸，掌握权力与监督的关系。"放权"是指政府将不需要对商业活动进行监督的权力归还给市场主体，使其充分行使其自主性，从而获得最大的经济效益和社会效益；而监管则是对市场经济中存在的违法违规行为，进行积极的规制，以维护市场的正常和稳定。政府放权是以下放权力为手段，以放宽市场准入，充分激发市场的活力和创造性，从而形成一个宽松的市场营商环境。在我国的行政体制改革中，要重视下放的限制，要掌握必要的市场监督力量。在营商环境的法治过程中，政府对其进行监督，以使其更好地发挥功能，而市场秩序的维持则是由政府参与，不是由政府干预。而是为了维护公平、稳定的商业环境。总之，"放管服"改革要做到既要重视权力下放，又要注重监督，要把握好二者的动态均衡。只有如此，我国的营商环境才能真正达到法治的目的。

其次，对于企业营商环境法律化工作来说，很大程度上取决于政府规制的形式与本质。政府管制的本质是公平的监督，而在形式上是监督的创新。政府的权威与公信力取决于其在实际工作中是否确保监督的公平性以及市场主体对于政府监督工作的服从程度。政府在开展监督工作的过程中，应该能够做到对所有市场主体一视同仁，均公平对待，不管是违法行为的处罚还是相关支持政策都应该平等对待。此外，还需要维护好市场的公平竞争行为，对于市场经济当中存在的垄断行为及不正当竞争行为要依法进行打击。政府创新管理成果对于市场的效率及活力具有直接影响，而创新的管理方式和制度机制是其中的关键。政府监督的方法和制度建设是促进我国企业依法行政管理的关键。当今是一个充满活

①　李水金，赵新峰. "放管服"改革的演进逻辑及未来趋势 [J]. 中国行政管理，2019（4）：15-17.

②　肖文荪. 坚持放、管、服并举加强和创新政府管理 [J]. 理论视野，2015（7）：7-9.

力的网络时代，政府不仅要对网络进行合理化利用，还要对网络进行监督。利用网上服务办公平台，有效地解决各类市场主体违法、违规的问题。政府的大多数部门都承担着监督的职责，那么在实际工作当中各个部门要对自身监督分工的职责予以足够的重视，并要重视各个部门的相互协作。推动各部门信息交流，推动全面监督，强化监督职责。同时，由于国家的监管力度有限，仅凭政府的力量无法对市场主体和企业的营商环境进行全面、有效的监管，因此，要靠社会的力量来维持公平的商业环境。在我国企业经营管理中，不仅要做到公平、公正，还要不断地创新监督手段。为实现有效监管、依法监管、公正监管，必须改革监管制度和监管机制，促进营商环境的法治化①。

最后，要想实现服务型政府，非常关键的一点就是要能够坚持依法治国，政府转变职能的最终目的是构建服务型政府，这也是开展"放管服"工作的重要目标。我国的营商环境法治建设，除了依靠政府自身的行政管理外，更要依靠政府的服务。政府行政与服务是促进营商环境法治的关键所在。监管的重点是监督和管理市场经济的行为，而服务则是为市场主体提供各种必需的帮助，使其更加便捷、有效。市场经济的主体在经营过程中难免会出现各种问题，需要国家给予相应的支持，例如资金不足、产权保护等，同时也要通过某种方式和途径来保护自己的权益，而这些都有赖于政府的主动服务意识和服务水平的提高。在市场经济条件下，企业可以通过政府的服务来促进企业的生产和运营，使企业利润最大化，从而达到一定的经济目标。在良好的商业环境下，消费者的合法权利也可以最大限度地避免各种市场主体的侵害。

三、"放管服"改革视域下营商环境法治化的路径

企业营商环境的法治化是一个动态的过程，政府要从立法、执法、司法、守法等多方面保障市场主体的合法权益，从而创造良好的营商环境。

（一）构建科学系统的营商法规体系

企业营商环境的法治化，必须以法律为依据，而企业的法治建设则要依靠科学、系统的商业法律制度。目前，我国还没有建立起完善的商业法律制度，现行的商业制度和管理制度也存在一些缺陷，整体上无法适应市场主体的发展；同时，现行的财政政策和税收政策对于推动私营企业的发展还存在着一些问题。要把"放管服"改革与营商环境法治化相结合。

---

① 解安，杨峰."放、管、服"改革的经验启示及路径优化 [J]. 中国行政管理，2018（5）：158-159.

首先，加快建立和完善营商环境的法律法规，明确审批事项，规范审批程序。以保证各个市场的生命力和创造性。市场经济主体众多，因此，政府在制定和完善营商环境法律制度时，必须明确各种市场主体的身份，从而实现对各种市场主体的公平待遇。尤其是对私营经济主体的法律保护。而在市场主体的生产和运营中，必须强化其创新能力，以提高其竞争优势。在制定和健全商业法律法规时，要强化产权保护，以促进市场的创新。商业法律制度确定了市场主体，保障了产权，有利于维护公司的正当权利。

其次，加快修订和废止不合理的商业法规。例如，市场竞争的不合理、地方保护主义的存在，会对我国的营商环境产生很大的影响。在一些地区，当地政府可以通过法规或规范性文件来整治不公平的市场竞争或地方保护主义，而当地政府则需要清理和废止此类商业法规和规范性文件，以防止地方政府滥用职权寻求当地的保护，破坏市场竞争的公平性和秩序。

最后，政府支持私营经济，推出鼓励政策，如贷款、税费等。由于受担保等原因影响，私营企业尤其是中小微企业贷款困难，而银行等金融机构对其申请贷款的支持力度较小，严重制约了其生产和运营。政府要从完善的商业法律法规中，给予地方中小微企业最大的政策扶持。

（二）强化规范严明的执法环境

营商环境的法治化既有赖于科学、系统、完备的营商政策，也要将相关政策落到实处。政府的行政管理工作，不仅涉及各级人大和常务委员会制订的有关营商环境的法规，也涉及各级人民政府制定的有关营商环境的法规。在商业执法方面，存在着执法不公、执法不力等问题。在我国的营商环境法治化过程中，要建立一个良好的法治环境，必须依靠政府和各部门的共同努力。一方面，政府和部门要保证企业经营管理的规范化，维护市场主体的合法权利，打击非法经营和非法经营活动。在执行过程中，政府和各部门要按照法定的程序，向公众公布执法的过程和结果，以保证执法的公开和透明。另一方面，要加强区域执法协作，依法惩治市场经济主体的不法行为，以达到对市场营商环境的影响和执行力。另外，在网络环境下，要加强对市场主体的监督，促进政府信息的共享。

（三）维护公正高效的行政司法环境

行政司法，通常是指依照法定职权，依照准司法程序，对与之相关的争议进行审判和裁定。在我国的营商环境法治化过程中，司法是必不可少的，但是，在这个特定的领域，政府和其他行政机构的行政执法也是不可或缺的。在政府监管市场的过程中，不同的市场主体必然会与政府产生一些利益冲突；不同的市场主体在进行商业活动时，存在着不同的利益冲突。在前者的情况下，受传统的诉讼理念等因素的影响，当事人的第一个反应是向政府求和，而市场主体则会提出行政复议。在后者的情况下，市场主体可以向政府寻求调解，也可以向法院提起诉讼。所以，政府在行政执法中扮演了一个重要的角色。在我国的营商环境法治化过程中，要想保持一个公平、有效的行政执法环境，可以从以下几个方面来解决。

首先，政府应以行政调解方式来化解市场各方的利益冲突，在开展行政调解工作的过程中，除了要对当事人的意愿予以充分尊重之外，还应结合政府的要求以及当事人实际要求，在不违背相关规定的条件下尽可能调解。如果行政调解取得了一定的成效，就能维护市场经济各方的经济合作。其次，在发挥行政复议机构职能的情况下，政府所给出的复议决定应具有公平性、及时性的特点，通过行政复议来开展市场主体与行政主体之间矛盾的协调工作。最后，建立完善的仲裁机构，以解决市场各方当事人的利益冲突。仲裁作为一种特殊的商业纠纷处理方式，因其高效、一裁终局的效力而备受市场经济的青睐。总之，要健全市场纠纷化解的多元化机制，从法律上保护市场主体和消费者的合法权利①。

（四）营造诚实守信的守法环境

政府要创造和谐、诚信、守法的社会氛围，不仅要面向各级政府和各部门，还要面向所有的市场主体。一方面，要及时、全面地履行政府对市场主体的承诺，否则会对市场主体产生不利影响。在政府公布营商信息时，应当及时、准确、完整地公布。另一方面，"放管服"下的政府要重视对市场主体进行事中、事后监管，其关键是要加强对市场主体的诚信监督，同时要加大对市场主体的失信行为的惩罚。加强市场主体的信用意识，促进企业诚信建设，促进企业诚信经营。

在"放管服"的视域下，政府的责任是对市场进行必要的管制，为市场提供优质的服务。企业营商环境的法治化，是对政府行政权力扩展到经济领域的一种制约。而我国的营商环境法治化道路，则是一个动态的过程，要从立法、执法、守法等方面进行适当的调整，以保证市场的正常运转，促进市场经济的健康发展。

---

① 张新宁，杨承训. "放管服"：政府在社会主义市场经济中的科学定位——改革开放 40 年的一项重要理论成果 [J]. 学习论坛，2018（10）：14-19.

第四节　合作治理语境下的法治化营商环境建设

一、合作治理是法治化营商环境建设的基本面向

（一）合作治理在公域变革中的兴起

随着后工业化时代的到来，尤其是互联网信息技术的发展，中国的行政管理体制和社会结构都发生了深刻变化。生产关系与生活方式的重塑、权力结构与权利体系的变动，促进了传统公域的变革，实现了公域范围的拓宽以及公域内部构造的调整。日益频发的公共问题、日渐多样的公共诉求、日趋繁重的公共任务，对以政府为中心的传统治理结构形成挑战。政府权力的内部调适及其向社会的加速迁移，公民权利意识的增强、社会认同的变迁对公共权威产生的影响，公域与私域、虚拟与现实的多重交织等，迫切要求政府、市场、社会等多元主体寻求共同治理的新模式。在推进政治体制改革与经济体制改革的双重背景下，政府借助机构调整和社会力量的参与实现减负，以更好地完成公共任务，同时通过简政放权、减少行政干预来拓宽市场自治范围；社会通过分享治理权和自我赋权，激活了行业协会、平台型企业等主体的治理能动性；互联网的快速发展，使得市场主体与公民利益诉求的合理化表达渠道不断扩展，新兴权利类型及其实现渠道不断拓宽。一种由他治与自治展开功能分域、分工协调的合作共治格局，正越发清晰地呈现出来。

在治理结构上，合作治理模式的展开以行政体制改革和经济体制改革为基础，通过广泛吸纳社会、市场中的多元主体加入治理议程，谋求单一性管理向整体性治理的转变，以破解管理部门化、碎片化的困境。例如，从最初特许经营制度的设立，到中共十八大以来公共事务领域逐渐向社会资本敞开，公私合作实践正由基础设施建设、公共事业建设等方面向公共服务供给等领域延伸，甚至在公共秩序管理中也广泛出现了社会组织的身影。在治理方式上，首先，合作治理的实现前提是建立良好的伙伴关系，这决定了契约作为一种治理工具将广泛应用于行政活动的各个阶段。由此形成的府际合作、公私合作等多种契约类型，也将成为替代政府管制的新形式。其次，政府的行为方式在强调合法性之余，也开始吸收民主、创新、效率、柔性等价值理念，以市场、社会需求为导向，提升规制效益和服务质量。再次，治理方式的智能化、数据化变革，促进了平台政务服务、网络问政听

证、网络舆论监督等新型政社互动形式的发展，推动了公共议程设置从自上而下的单向性模式向上下对流的交互性模式转型。在治理过程上，合作治理是一种持续的互动，其充分运用商谈、协调、对话、参与等机制，对政府、市场、社会、公民的利益诉求予以整合，促使传统上以权力单向度运行结果为导向的利益对抗，转变为中央与地方政府合作、区域内各地方政府合作、政府与市场及社会合作、社会组织与公民合作等双向度的"权力—权力"或者"权力—权利"交互形态。政府、市场、社会之间的关系，随着治理目标、方式、利益基础、行政任务的变化，呈现动态流变。尤其是，随着社会治理的蓬勃发展，传统公共权威正遭遇前所未有的挑战。市场、社会分享权力，公民对权力行使正当性的质疑等等，正促使多元主体间的利益协调和博弈趋向常态化。

（二）植根合作治理的营商环境建设

合作治理是有效回应新时代公共秩序建构、公共服务供给、公共风险防控等需求，破解传统政府管理困境的必然选择，是全面深化改革、推进国家治理体系和治理能力现代化的题中应有之义。营商环境建设是关涉行政体制改革、经济体制改革等各项重大改革的系统性工程，应当始终置于国家治理视域下予以统筹推进。在此意义上，合作治理在价值逻辑和实践逻辑的维度上，推动了营商环境建设的语境从政府单一管理向多元合作治理转换。

首先，合作治理引发的治理结构调整、利益基础重塑、权利范畴拓展、社会关系变动等，设定了营商环境建设的框架基础与目标指向。政府、市场、社会等多元主体的合作共治，促使传统公权力结构由单一化向多元化转型。诸多社会组织、平台型企业，基于政府授权或自我赋权而实际参与到公共事务治理当中。同时，多样态的公私合作实践促进了公私利益交融，也拓宽了私人主体权利诉求的表达渠道，加剧了不同主体身份属性的转化和彼此间的互动。这意味着，打造优质营商环境，推动以市场为导向的各项改革及其配套的制度建设，应当在注重政府权力调整之余，立足于社会公权力广泛兴起的治理图景，关注政府与社会的功能分域、权力分配等对市场发展产生的影响，以及各类公权力主体在回应市场秩序建构、公共服务供给、自治空间拓展等诉求上的功效。如何正视公权力主体在合作治理中的作用并防止其权力肆意扩张，如何畅通共治的渠道以及激发和保障市场、社会的积极性、创新性，是合作治理语境下营商环境建设的重要议题。

其次，多元主体的良性互动关系，奠定了营商环境建设的治理根基。营商环境建设离不开政府、市场与社会对公共事务的合作治理。合作治理倾向于以解决公共行政问题为导向，致力于推动治理方案质量的整体提升，以及为创造和革新释放充足的空间。在政府内部维度，中央与地方政府、区域内各地方政府以及政府各职能部门，通过沟通合作形成分工明确、整体联动的行政网络，有助于破解传统科层制面临的行政效率低下、信息交流不畅、等级森严、协调能力不强等问题，防止各级、各地政府陷入无休止的零和博弈和彼此内耗当中，为此应在央地事权配置、政府机构改革、区域府际合作中，明晰其各自在营商环境建设相关事务上的职能划分与权责关系。在政府外部维度，合作治理所塑造的网络型组织结构，能够有效弥补科层管理制存在的不足，使市场、社会都能作为独立的主体性力量存在，而不再只是充当政府决策的被动接受者或执行者。多元利益主体通过合法渠道将利益诉求输送到公共决策中，将在诸多新兴发展领域打破原本由政府主导的话语权体系，凸显社会组织、企业等多元主体在产权保护、市场监管、风险防控、公共服务供给、社会信用体系构建等方面的专业技术优势。同时，合作共治的实现以治理方式革新为桥梁纽带。政府决策公众参与、公共服务合同外包、区域市场准入标准衔接等协商型方式的应用，可以提升市场化改革的整体协调性。行政指导、行政约谈等柔性行政方式的推广，可以有效缓解市场监管中的对抗性矛盾，为市场主体深入推进产品、技术、运营等领域的创新预留空间。打造线上一体化服务系统、搭建电子数据共享平台等信息技术手段的应用，有助于提高政务服务效率和质量，破除政务服务跨地区、跨部门、跨层级的数据垄断与业务壁垒。可见，合作治理既影响营商环境建设目标和价值标准的设定，也为营商环境优化提供着运作机制和实现方式。

（三）合作治理与营商环境建设对法治的共同需求

法治是实现国家治理现代化的必由之路，合作治理的有序展开需要充分发挥法治的引领作用。法治与营商环境建设存在价值追求与实现路径方面的内在契合，营商环境建设的过程，也是推进治理法治化的进程。合作治理与营商环境建设都内含了对法治的需求，合作治理为营商环境建设设定的价值与目标，需要通过法治建设加以实现。

多元主体合作是一种建构的过程，而不是一种自发的秩序。依法治引领合作治理，要求法治贯穿治理全过程，既要依法治促进改革，又要依法治规避风险。这对顺利推进营商环境的整体性建设尤为关键。转型时期的合作治理，往往难以按照理想状态运行。决定其能否顺利展开的因素，除了合作主体的自主性，还有政府面向市场、社会的策略选择，以及政府、市场、社会互动中的复杂机制设计。法治能够为民主协商、改革创新、秩序建构、服务供给等任务的落实提供价值引领和路径遵循，其具体包括：（1）以良法促善治。

合作治理的终极目标是实现善治，而善治主要是制度之治、规则之治、法律之治。只有形成一套良善的规范体系，才能促使政府、社会组织、市场主体克服理性经济人追求自身利益最大化的负面影响，在有序的商谈互动中彼此获利，实现共赢。（2）规避治理风险。合作治理在促成多元主体迈向正和博弈、推进营商环境整体改善的同时，也面临着市场监管不到位、责任划分不清晰等治理失败的风险。法治是有效规避治理风险、矫正治理偏差的关键元素，其可以确保合作治理在合法化的框架下展开，保障市场主体的经济生活摆脱偶然性和任意性的羁绊。（3）引领改革创新。在营商环境建设中推进先行先试等治理创新，要求遵循法定的授权程序，及时对现行法律法规予以调整适用，以体现制度创新对现实需求的回应性以及对治理变革的引领和推动作用。（4）保障治理内容落实。合作治理所提倡的协商、民主、创新、效能等价值理念，最终必须以法治的形式呈现出来。推进法治创新是破解法律滞后性难题、保证营商环境建设落到实处的必然路径。

系统回应营商环境建设的法治需求，要求相对应的法治体系建设必须扎根合作治理的现实语境，从以"权力—权力"或"权力—权利"两造对抗为基础构建起来的制度形态中挣脱出来，谋求权力与权力的合理分配和权力与权利之间的平衡。例如，政府各职能部门的分工合作、区域内各地方政府的协同交流、政府与社会公权力主体的功能分域、公民权利对社会公权力主体侵权的防御等，都需要依托全方位的制度建设来加以明确和调整。尤其是在互联网时代，公域结构急剧变迁，诸多社会组织和以互联网平台型企业等为代表的营利性主体，通过生产资源垄断、公共产品供给、知识信息推广而实际行使着公权力。其引发的公共权力体系的深度调整以及新型的"权力—权利"冲突，已经远超传统上以控制政府权力为主线的法治系统的调整范围，凸显了通过制度变革及时回应市场主体权利关切的必要性。此外，作为一种有效的治理方案，合作治理的实现以市场、社会各类主体权利诉求的理性表达为前提，必然要求将公众参与公共决策、法律创制等活动纳入常态化轨道，要求在实践中逐步接纳伴随市场经济发展、信息技术更替而得到拓展的积极权利范畴。由于绝大多数主体的理性都是不完美的，人们往往要通过周而复始的新理性建构来化解固有理性的冲突。在合作治理的语境下探索法治化营商环境建设问题，不能仅仅热衷于对权力结构调整引发的侵权风险进行规制，还应当为权利的有效主张开放制度通道并为其设定明确的制度边界，使得市场主体的利益诉求能够进入协商互动程序之中，并依照规则获得充分表达，避免因权利实现过程的自私性、肆意性造成权利冲突。

在合作治理实践中，"公益与私益经常是十分近似的、相互支持的或彼此交错的"①。政府与社会组织、市场主体的合作，促使个体对私益的追求同步嵌入到谋求公共利益最大化的规划布局中。公益与私益的糅合，随着公共行政任务合作治理的展开而日渐深化，并诱发了诸多利益关系复杂化的问题。然而，当前涉及市场准入、交易安全、产权保护等方面的讨论，某种程度上仍倾向于将排斥公权力干预作为实现私益保障的最优路径。这种认为"公法服务于公共利益""私法保护私人利益"的法治观念，在面对公私交融、多元复杂的利益冲突时，难免捉襟见肘；在回应市场主体日益膨胀的公共诉求或由"放管服"改革、政府机构改革引发的风险时，暴露出包容性不足、适应性不强、效能欠缺等诸多弊端。合作治理超越了传统的公私角色分野，赋予了私益保障更多公共色彩，且在公益保护中彰显了对私人利益的关怀。因此，在合作治理语境下探索简政放权、市场主体权益保护、事中事后监管、鼓励创新等营商环境建设的路径，要求配套的法治系统充分吸收柔性、民主、效能等价值理念，遵循"私法公法化""公法私法化"以及混合法发展的趋势，②并伴随政府转变职能、社会参与共治、市场决定资源配置等治理机制的整合，持续为公共事业市场化、社会规则适用、适度性监管等提供制度支撑，促进法治形态的包容性发展。

综上，合作治理、法治与营商环境建设，处于一种交织互动、相辅相成的状态。合作治理与营商环境建设，基于对法治共同的依赖而具有相同的目标指向。一方面，法治是营商环境建设的价值目标。以法治为纲推动合作治理在制度的轨道上有序运行，为法治化营商环境的整体性建设奠定了坚实的基础。另一方面，依托合作治理推动营商环境建设，直面公共治理系统重构引发的治理权能的分化和转移，有利于回应治理转型产生的法治需求，实现营商环境优化与法治建设的同步推进。

二、合作治理下法治化营商环境建设的具体进路

合作治理语境下的法治化营商环境建设，应当推进法治系统的持续更新，在遵循权力结构转变和利益分配调整的基础上，搭建规范、多元、开放、创新、柔性的体制机制制度，形成有利于改善营商环境的治理范式和法治体系。

---

① ［德］施密特·阿斯曼. 秩序理念下的行政法体系建构 ［M］. 林明锵，等，译. 北京：北京大学出版社，2012：143.

② 朱景文. 中国特色社会主义法律体系：结构、特色和趋势 ［J］. 中国社会科学，2011，No. 189（03）：20-39+220.

（一）政府、市场与社会多元合作的制度边界厘定

公共行政任务的复杂化对政府部门的应对能力提出挑战，也暴露了政府对市场多元化诉求回应不足的问题。社会、市场自治机制以及政社合作机制的融入，在弥补政府管理领域空缺，形成多元主体协商合作、取长补短的治理格局的同时，也进一步模糊了政府、市场、社会的边界，加剧了三者功能分域的难度。社会公共权威的兴起，深受政府权力迁移的影响，其可能经由合作形式的授权、委托而成为政府在社会治理领域的"代理人"；市场自治容易在常态化监管中滋生浓重的行政管理色彩，热衷于贯彻政府意志，压缩自主运营、发展、创新的空间。这意味着，建立在协商互动、分工互助基础上的合作治理，很有可能为行政权力的变相延伸提供契机，以及诱发社会公权力侵权的风险，增加市场环境的不确定性。因此，在合作中厘定政府、市场、社会的制度边界，赋予市场有效自治的空间，既要防止过犹不及、限制多元主体合作交往的欲望和渠道，又要避免界限模糊，防止政府通过借道社会组织与合作形式扩张行政权、过度干预市场，从而在持续变动的治理结构中，依托法律的规范、协调作用平衡和明晰多元主体的功能和定位，准确发挥市场作用。

第一，应将治理的制度逻辑落定于权利本位，坚持人本理念，以市场主体权利确立合作治理根基。营商环境建设归根结底是要通过一系列改革措施在市场准入、生产经营、转移退出等环节，统筹和平衡多种治理资源，满足市场多元的利益诉求，其对应的法治建设应当集中体现权利本位的基本逻辑。在治理理念上，权利本位强调坚持以人为本的价值观，主张最大程度地保护市场主体权利，将权利的有效实现作为权力配置和制度建构的出发点和落脚点。只有真正秉持以市场主体为中心的理念，引领和推动配套的法律规范体系建设，才能明确合作展开的初衷，找到"控权"与"有为"之间的制度平衡点，保证政府在合法合理的框架下履行职能；才能将市场主体利益融入公共利益中予以统筹，赋予市场自治足够的空间，增强社会自我应变调节的能力，形成相对独立的市场运行机制。由此，围绕营商环境优化展开的制度建设，各地区各部门应当将保护市场主体作为重要内容，依法平等保护各类市场主体的合法权益；不仅要聚焦简政放权，还要保障各类市场主体依法平等使用资金、技术、人力、土地等各类生产要素；应在政社合作中公平公正地对待各类市场主体，在重大行政决策中强化公众参与，在监管执法中慎用强制手段，以及拓宽公共服务种类，提高行政效能等。

第二，要推进政府、市场、社会的功能分域、权力配置以及责任分配法定化，促进多

元主体形成分工合作、彼此相嵌的法治化组织关系和治理结构。"市场主导—政府推动—社会参与"是与优质营商环境相对应的理想化治理形态，其蕴含着政府、市场、社会三者功能转移、分工合作的发展趋势，以及持续明确三者功能分域和联结互动的制度设想。在营商环境建设中，政府要借助行为规范和程序机制的构建，保持"有效监管"与"鼓励创新"之间的张弛有度，真正从管制思维中脱离出来；坚持凡是市场主体能够自主决定的事务交还其自身处理，让市场高效整合创新资源、优先决定资源配置，并守住秩序监管底线，及时应对市场在交易安全、纠纷化解、服务供给等领域出现的失灵现象。这必然要求对政府、市场、社会业已形成的组织、资源、信息、行为和责任体系予以整合，构建覆盖政府、社会组织等公权力主体的组织法律体系。其具体包括：（1）持续深化简政放权，放宽市场准入。由各级政府及其职能部门建立统一的负面清单，确保清单之外的领域，市场主体都能平等进入。同时，持续深化商事制度改革，统一各类企业登记业务规范、数据标准和服务平台，减少涉企经营许可事项，削减不必要的行政审批事项，或者变"审批"为"备案"，并禁止行政机关自行增设许可条件和许可环节或以其他方式变相设定行政许可，进一步优化和明确设定行政许可的条件等。（2）依据综合性原则推进政府机构改革，依托政府组织法规则的更新，裁减职能交叉、重叠的监管机构，整合职能相近的部门。由各级人民政府加强对优化营商环境工作的组织领导，建立统筹推进、督促落实优化营商环境工作的组织架构，对营商环境工作中暴露的重大问题集中予以协调解决。一是要探索推进涉企政策综合协调审查，防止政出多门及政府各部门政策冲突，实现政策与市场发展需要相协调，促进政策实施。二是同一部门内的市场监督检查应当以合并进行为原则。对不同部门的监督检查能够合并进行的，实施联合监督，严禁多头执法。三是加强税务、公安、社保等部门与金融机构等单位的信息共享，提升行政效率。四是由各级政府推进政务服务大厅和一体化在线政务服务平台建设，开设综合窗口，提供一站式服务以及推动政务系统整合，促进政务服务跨部门协同，提升服务效能。（3）在社会组织承接政府职能转移、公共服务供给以及参与公共决策等过程中，要通过公开透明、公平公正的招标投标、政府采购程序，明确的法律授权、行政委托，以及社会组织规则建构等形式，增强合作治理的确定性。此外，还应区分政府、社会各自的功能和权力作用的场域，以明晰市场主体诉求反映的法定渠道。（4）进一步推动产权归属、行业自治、政社合作等方面的相关制度建设，如完善动产与不动产登记受理、公示系统和流程；鼓励市场主体加入行业协会，加强行业规范治理，为生产交易、产权确认、行业内部治理排除政府直接干预，为市场主体有序参与公共秩序建构、公共产品供给提供规范支撑。

政府、市场、社会的功能分域明晰化，以权力共享、权力的合理配置和结构优化为基础。要保证政府的服务、监管功能，市场的资源配置功能以及社会统筹协调功能的有效发挥，核心是要通过宪法和组织法等法律法规和行业公约、自治章程、合作协议等规范性文件，对纵向各层级、横向各地方政府以及社会组织、特定企业之间权力进行合理划分，对合作权利义务作出规定，使之与承担的职能相匹配。此外，还要依托合并、分立等形式，促进权力结构的优化，围绕营商环境建设形成职权清晰的合作治理结构。在职能和权力配置既定的基础上，构建与之相对应的责任形态和追责机制，是督促行政机关、社会组织依法行使职权，保护市场主体意思自治的内在需求。例如，政府部门及其工作人员未依法履行职责或者侵犯市场主体合法权益的，要依法追究责任；对公用事业服务单位、行业协会商会、中介服务机构设置非必要服务办理前置条件，干预市场主体加入、退出或者违规收费的，要责令整改，追究法律责任等。无论在法律法规还是在其他规范性文件中，都应当明确合作各方承担的责任范围、种类、形式，分别建立承担不利后果的责任追究制度和履行社会责任的激励机制，以责任形态的拓展和适用有效预防公权力行使的异化。

（二）糅合形式与实质要求的法治环境塑造

推进"放管服"改革，加快法治化营商环境建设的整体进程，应主张贯通依法治理与有效治理两条逻辑脉络，糅合形式规范与实质价值双重法治要求，构建起与合作治理形态相匹配的，兼具严谨规范、开放包容等特征的法治环境。以此全面回应市场主体关于秩序建构、平等保护、民主参与、优化服务、提高效能等多元化治理诉求，提升治理有效性，实现对合法与正当、公益与私益、整体与局部、公正与效率等复杂关系的协调与合比例调整。相较于聚焦法律形式和渊源权威性的形式法治而言，实质法治更加注重在法律的具体制定和实施中调和有关公共价值与私人价值之间的内在张力。其与合作治理所提倡的以人为本、权利保障等价值理念相契合，凸显在维护公共秩序的前提下对尽可能促进个人价值实现的制度关切。与优质营商环境相配套的法治建设，在遵循依法治理、限权控权的规范逻辑，同步推进科学立法、严格执法、公正司法、全民守法的基础上，进一步吸收民主协商、灵活应变、最小损失等现实要素，有利于提升体制机制的协调性和回应性，降低制度交易成本，形成弹性、开放、包容的法治结构。基于此，营商环境建设的全面铺开，需要在完成排除政府权力与社会公权力肆意或不当干预市场自治的基本任务之外，探索公共权力在法律允许的裁量空间内或者在非法律绝对保留的事项范围内，围绕市场主体保护、市场环境塑造、政务服务供给等事务有所作为的合法性、合理性安排。这其实是一个如何以融贯性的制度设计整合多主体、多向度的治理资源，打破限制治权结构优化和权利诉求主张的法律桎梏，并保证其有效适用的法治命题。

首先，通过搭建政府、市场、社会共商共建共享的制度平台，持续放宽市场、社会参与公共决策、秩序建构、服务供给的渠道，规范政社互动、政企合作和公众参与的全过程。深化"放管服"改革，加快了政府与市场的关系向市场化方向转变的步伐，拓宽了市场参与事项的范围，但也引发了一系列在权限、程序、责任划分上的质疑。由此，应当为政府、社会组织、市场主体打造稳定的合作互动机制。一是完善社会组织、市场主体参与行政立法、行政决策的常态化机制，构建亲清政商关系，建立健全政企沟通机制，采用网络征求意见等多元化方式听取市场三体的意见和诉求。将听取企业和行业协会意见建议作为市场规则出台的前置程序，保障市场主体顺利开展生产经营活动。二是对于涉企的法律法规、公共政策等，各级人民政府应当公开，坚持以公开为原则、不公开为例外，并进一步对公开的范围、途径、平台作出规定。在确保各类清单、标准等决策公开以外，还要全面推进执行、管理、服务、结果的公开。三是规范政府与社会资本合作、政府公共服务外包的范围、标准和程序，如明确参与公共事业的企业资质，保证招标投标的平等公开透明等，严格执行负面清单，不得对不同所有制、不同地区的社会组织、市场主体采取歧视性准入。

其次，推动政府在法律授权的范围内积极作为，探索数据共享、技术应用、系统整合、清单管理的规范路径，同时为柔性执法行为、高效行政方式的优先适用以及行政资源的有效整合提供制度支撑。改善市场环境、优化政务服务要求政府就统一市场标准、推进数据平台建设、简化政务流程等内容进行积极尝试，由此引发关于"有为政府"与"有限政府"的协调性难题。对此，既要容许政府摆脱严格意义上的"无法律即无行政"原则的限制，立足市场需求持续优化自身职能，在强调合法性以外凸显对正当性、最佳性的关注，如积极探索一体化网上政务服务平台建设，加强人工智能、大数据、区块链等信息技术应用等；又要借助明确的法律保留、属性界定、范围限制，规避治理手段的价值变异，如严禁自行增设行政许可，慎用行政强制措施等。作为维护市场秩序的重要措施，市场监管以依据法律法规、严格落实监管责任为基础，同时又以监管任务完成为目标指向，重视监管手段的合比例性，故应当尽可能采用说服教育、行政约谈、行政指导等柔性手段。对于柔性手段能够达到监管执法目的的，应避免适用强制方式，以减少对市场主体正常生产经营活动的影响。

再次，聚焦经济全球化、区域经济一体化发展，加快构建统一开放联动的市场体系，推进国际与国内营商规则标准的衔接协调，依法促进各类资源要素自由流动。一方面，要对标发达国家和地区的营商环境，实现外资准入、跨境贸易、争议裁决等规则标准与国际商事规则标准相对接，通过严格执行外商投资准入负面清单，保障外国投资者、外商投资企业依法享受优惠待遇，平等适用国家制定的强制性标准，健全外资企业投诉工作渠道等，保护外商投资合法权益，规范外商投资管理。另一方面，要破除我国传统行政区划的刚性束缚，依托统一的市场准入负面清单设定、跨区域管理协调机制构建、区域一体化政务服务平台建设、营业执照资格互认等方式，缓解各地方在市场准入、资源流动等方面的制度障碍，实现区域法治化营商环境一体建设。

最后，更新对行政权与司法权关系的传统认知，回应行政任务导向下司法功能适度拓展的需要，推进行政与司法之间的良性互动。优化营商环境所覆盖的秩序维护、服务供给、风险规制等公共行政任务的复杂化，决定了只有不断强化司法机关与政府的联动，完善信息沟通机制，才能在法律实施中协调好合法性和正当性的辩证关系。司法机关要结合本地区与营商环境建设相关的行政立法、决策，针对地方治理的实际需要，重点对涉外、涉产权纠纷等案件的审理予以规范，补齐地方治理的法治短板。司法与行政在知识产权保护、破产注销、信用惩戒等标准上要保持协调统一，避免因标准多样化导致救济结果出现差异。此外，还应适度拓宽司法机关在行政诉讼中的审判服务职能，引导政府在合法行政的基础上提高行政效能等。

（三）共治格局下法律规范体系的兼容并蓄

合作治理旨在形成政府、市场与社会相互配合、优势互补的共治格局。这需要最大程度地促进权力运行与治理过程的民主化、科学化，凭借国家法律、社会规范、市场规则等多元治理规范的制定出台和交替适用，缓解法律的刚性、滞后性与现实治理情境的多变性之间的潜在矛盾，避免法律规范体系在应对多元化的市场环境和市场需求时，陷入规则、程序的生搬硬套或者概念的过度解释之中，真正彰显其对营商环境优化实践的引领和保障作用。

现代国家和社会的治理首先表现为法律规范体系的治理，不同规范因来源不同而拥有不同的法律地位、作用和功能。囿于各类规范所占据的治理资源、所处的治理环境以及面向的治理目标各不相同，需要对各类规范进行排列组合，形成一个定位科学、层级分明、分类合理的框架体系和制度结构，以回应多元复杂的治理诉求。在法治化营商环境建设中，要依托合作治理推进政府放权、社会共治与市场自治，同样需要在公共政策、社会规范、市场规则等规范广泛融入法律规范体系的基础上，准确界定各类规范在合作治理过程和结构体系中的定位、功用以及互动关系，从而依据规范的属性差异区分其各自在市场主体保护、市场环境塑造等方面的适用位序和场景，实现法律规范体系的兼容并蓄。

其一，正视法律体系与体系外规范二元规则共治秩序，将各类非正式规则纳入法律规范体系中予以统筹，实现多元规则及其承载的利益主体互利互惠的正和博弈。以合作治理推动法治化营商环境建设，就是要反思和拓宽传统"法"的概念范畴，在法律规范体系下对公共政策、权力清单、合作协议、行业标准、社会组织章程等规范性文件的类别和效力进行准确界定，并进一步处理好这些规范与法律法规规章之间的效力层级关系，建立规范之间的衔接机制，运用领域划分、法律解释、吸收转化等方式，形成相互协调的价值目标与互为补充的适用状态。

其二，增强非正式规则在降低制度交易成本、创新体制机制、强化市场监管、化解市场纠纷等方面的实效性。"人类社会需要借助社会制度的合理设计和安排来实现分配正义的价值目标。"① 在市场诉求多元、创新要素集聚、资源流动加剧的营商环境建设中，非正式规则可以充分挖掘协商性、回应性、柔性、专业性等理想元素，承担起更多的公共治理功能，实现利益的合理分配。从实质上看，其应当着力弥补自身的价值缺陷，规避基于区域、产业、行业，甚至企业属性而夹带的价值偏好，回应公益与私益共生的价值期待，发挥规范对于事实与价值二分的弥合功能。② 从形式上看，要参照现有的法律体系，对非正式规则复杂多样的载体形态予以规范和统筹，明确各类规范的制定标准、调整事项和适用主体等，保证规范体系内部的规律性和有序化。从效力上看，公共政策、社会规范等非正式规则的实施，大多不依赖国家强制力的保障，故需要通过制定内容、程序和实施方式的创新，以及普法宣传等方面来充分开发利用物质类、精神类和方式方法类等多种引导性资源，保障其有效实施。

其三，促进法律规范体系内部的相互融通和衔接适用。面向营商环境建设中不同的行政任务和市场需求，配套的法律规范体系必然形成正式规则与非正式规则更新调整、并行不悖、相互叠加的结构特征。如何立足于营商环境建设实践，结合治理场域与调整范围的划分，厘定各类规则适用的主次、顺序和连接点，是推进合作治理有序展开的关键。就功

---

① 向玉乔. 社会制度实现分配正义的基本原则及价值维度 [J]. 中国社会科学，2013，No. 207（03）：106-124+205-206.

② 陈太明. 规范对于事实与价值二分的弥合——论哈贝马斯道德哲学视域下事实、价值与规范的三分结构 [J]. 伦理学研究，2013，No. 66（04）：38-44.

能而言，围绕商事制度改革、政务服务优化、区域市场发展而出台的公共政策、合作协议等规范，从宏观层面设定了营商环境建设的整体框架和方向；法律、行政法规、地方性法规等的制定修改完善，积极推动贯彻公共政策精神，通过明确多元主体在市场主体保护、市场环境塑造、政务服务供给等事项中的权利义务，为营商环境建设提供效力保障；权力清单、裁量基准、服务标准等规范，通过尝试压缩制度运行变异的空间，提升市场环境的透明度和可预期性；行业标准、社会组织章程等规范，应致力于提升社会、市场自治的标准化、规范性等。就效力而言，涉及市场监管、行政执法等方面的非正式规则，不得与宪法、法律法规相抵触，其制定出台必须遵循法定权限、基准、程序等；在"放管服"改革、政府机构改革、区域协调发展的统一部署中，法律法规则应当围绕国家政策性文件、发展框架协议、区域合作协议等非正式规则及时进行调整更新。就内部衔接而言，应当通过建立审查机制、转换机制等，将非正式规则一并纳入合宪合法审查范围，将其中难以落实的内容或者行之有效的规范及时上升为法律法规，予以推广落实。

（四）法治方式转变对创新营商环境的能动回应

创新是推进营商环境建设的关键性命题。无论治理理念的创新还是治理内容的创新，都会加剧治理进程的交替性与不确定性，给法治系统带来巨大的挑战，催生同步推进制度创新的内在需求。当前，法律自身的滞后性与营商环境内生的创新性之间的矛盾，充分考验了法治框架的容量和张力。其有效缓和要求法治建设摒弃传统被动式、倒逼型的立改废思路，通过构建引导性、前置型的开放形态，推动法治方式转变，有效回应创新实践产生的法治需求。

其一，以鼓励创新为原则，政府及其职能部门应当坚持包容审慎的监管模式，有效应对信息技术更新应用以及互联网、金融等新兴产业发展对市场主体保护、市场环境塑造等方面提出的新要求。要变事前审批为事中事后监管，避免对市场中处于萌芽时期的新技术、新业态、新模式采取简单禁止或不予监管等"一刀切"的监管方式。要依据鼓励创新、试错容错的法治方式，给予监管对象一定时限的观察期、发展期，并制定临时性、过渡性监管规则和措施。此外，应当结合技术、产业的属性、特征和发展前景，对创新事项进行分类，制定配套的监管规则和标准；在预留创新空间的同时，依法监管和保障创新的安全性。司法机关应当充分审查、参照、适用新的监管规则和标准，严格监督行政监管过程，依法保障市场主体的知识产权，推进互联网、金融等新型案件审理的体制机制创新，还应提升其自身的技术性和专业性，谨慎看待市场主体的创新行为，防止用刑事手段干预经济活动，公正解决各类新型纠纷。

其二，以践行法治为根本，厘清"先行先试"与法治的关系，明确"先行先试"作为优化营商环境的重要举措，必须依法治方式推进。"先行先试"对法治的需求，不仅体现为要以法治确认与巩固改革成果，还表现为法治要走在改革前头，要以法治引领和规范改革。在营商环境建设中，首先，应当进一步确定适用"先行先试"的主体范围和禁止性事项范围，明确排除法律绝对保留事项，严格限制各类主体超越自身的权限范围进行"先行先试"。其次，政府对法律法规的变通适用，必须经过有关机关按照法律程序作出授权批准，包括对主体范围、事项范围和试验周期的批准等。再次，加强授权机关对"先行先试"实际效果的跟踪评估，将围绕营商环境优化展开"先行先试"的成熟经验及时上升为法律规范予以推广，确保改革成果制度化、法制化，形成营商环境优化的长效机制，并保证法律规范之间的衔接适用。最后，构建容错机制，对于在营商环境创新中因出现失误而没有达到改革预期目标，但决策和实施程序未违反法律强制性规定、未造成重大损失或负面影响，且工作人员履行了注意义务、未牟取非法利益、未恶意损害公共利益和他人合法权益的，可免于追究责任或从轻、减轻处理。相应地，司法机关也要积极对接营商环境建设的改革举措，推进体制机制创新后法律的准确适用。这具体包括：（1）重点解决商事登记制度改革、市场准入许可改革后的法律适用问题，依据改革后的规范要求审查行政行为的合法性、合理性，准确把握行政违法的标准和尺度；（2）强化对行政行为规范依据合法性的审查，对国家部委或地方政府违法设置市场准入或退出条件的规范性文件，要依法排除适用；（3）充分利用信息技术，整合各类技术资源，创新案件审理的程序规则，构建诉讼便利化机制，并对依托仲裁、调解等方式解决新技术、新业态产生的纠纷持开放和支持态度，形成多元联动的纠纷化解模式。

第五节　数字营商环境建设的理论逻辑与优化路径

一、数字技术时代数字营商环境建设的内在逻辑

进入 21 世纪，互联网、大数据、人工智能等现代信息技术加速迭代和深度渗透，驱动着人类社会快速进入数字技术时代。数字技术时代建设数字营商环境不仅是数字政府建设的重要内容，更是数字经济发展的必然趋势和数字社会治理的内在要求。

（一）建设数字营商环境是数字政府建设的重要内容

数字政府是经济社会演进到数字时代政府形态的一种自我调适和演化创新，也是政府深化行政体制改革、重构政府与市场关系、优化升级营商环境、赋能数字经济发展的关键举措。伴随着互联网、大数据、人工智能等现代信息技术的发展，企业的组织模式和经营方式急剧变革，平台型组织、线上经营逐渐成为市场主体的主要组织模式和经营方式。基于互联网及数据赋能的平台型企业的经营活动，突破了传统市场交易的物理空间限制，跨时空、跨地域的网络交易成为市场交易活动的重要组成部分，市场主体交易方式的变革使得传统政府"重审批、轻监管"以及"属地监管"模式存在着较大风险，且新产业、新业态的迅猛发展对传统政府市场管理规则的适用性提出了挑战。这就要求政府改变传统市场监管模式并为新兴市场主体在市场准入、运营、退出等关键环节制定新规则，亟须通过营商环境的优化升级实现上述目标。数字营商环境坚持整体化、数据化和智能化的建设理念，通过政府部门间的数据开放与共享，打破科层制条块分割的市场监管困境，为建立快速的响应机制制定新规则。基于数据的市场监管模式和数据的规则制定具有适应性和灵活性，能够弥补传统市场监管模式的不足并消除制约新兴市场主体发展的规则障碍。更加灵活地协调数字经济时代日益复杂多变的市场活动，正成为数字政府建设的重要内容和发展目标。

（二）建设数字营商环境是数字经济发展的必然趋势

数字经济是以虚拟化的数据作为关键生产要素，以现代信息网络和数字技术作为主要支撑力量，实现现代信息技术与实体经济高度融合发展的一种新型经济形态。以互联网、物联网、大数据及人工智能等现代信息技术为驱动力的第四次工业革命席卷全球，更新了人们对生产要素的认知，传统的农业经济和工业经济是以土地、劳动、资本等为关键生产要素，以知识、技术、数据等为核心生产要素的数字经济已成为全球经济复苏和经济增长的新引擎，世界各国将发展数字经济作为国家重要战略。党的十八大以来，我国高度重视数字经济发展，强调加快数字基础设施建设，构建以数据为关键生产要素的数字经济，促进数字经济和实体经济融合发展，加快新旧动能持续转换，推动经济高质量发展。数字经济时代，生产要素的数据化、交易活动的在线化、组织形态的平台化等正在重塑生产经营方式，数字经济在促进经济快速发展的同时，也对营商环境提出了更高要求，建设数字营商环境就成为适应市场发展需求和促进数字经济发展的必然要求。

（三）建设数字营商环境是数字社会治理的内在要求

数字社会是人类社会形态演进中，继农业社会、工业社会、信息社会之后，以数字信息技术的广泛应用与迭代发展为时代特点，以第四代信息科技革命的技术突破为核心要素，集数据挖掘、数据贮存、数据分析、数据决策为一体的数字技术社会形态。人类社会的每一次形态变迁都深刻地影响和改变着人们的生产生活方式，数字社会在互联网、大数据、人工智能等现代信息技术基础上形成了一个"无处不在的泛在网络社会"系统，同样深刻改变着人们的生产生活方式，推动着政府社会治理方式变革。信息技术的普及不仅改变了人们获取政务服务的方式，而且拓宽了公众参与社会治理的渠道。数字社会的到来迫切要求政府改变传统的政务服务供给方式、转变社会治理模式，而数字营商环境建设为满足人民日益增长的美好生活需要和参与社会治理的愿望提供了重要保障。

二、数据赋能助力的数字营商环境的特点与优势

在数字技术时代，数据赋能助力的数字营商环境具有多重数字化特点和自身发展优势，在为市场主体经营活动带来诸多便利的同时，也提升了政府市场治理的数字化水平，推动了营商环境的转型升级，催生了经济发展新动能。

（一）数据赋能的数字营商环境的特点

1. 基础设施智能化

数字营商环境建设的核心理念是以最低的成本为企业和公众提供更好的服务，而实现这一核心理念的前提在于营商环境基础设施的改善。营商环境基础设施的功能在于连接，传统的基础设施是突破物理空间限制的有形连接，包括公路、铁路、机场等，而在信息技术时代数字营商环境的基础设施是以"大智移云物"（大数据、人工智能、移动互联网、云计算、物联网）为代表的现代信息技术群，这是一种无形空间的"云链接"①。数字营商环境基础设施智能化，意味着万事万物互联互通、海量数据全方位采集、数据存储直达政务云端、政务服务方便快捷高效。通过对数据的深度挖掘和关联性分析，探寻表面看似杂乱无章、毫无关联数据的潜在价值，让数据从"无声"变"有声"。增强政府对市场环境的数字理性感知，依据数据信息异常来掌握市场各个领域的动态，从而预判、迅速回应

---

① 沈费伟，诸靖文. 数据赋能：数字政府治理的运作机理与创新路径 [J] 政治学研究，2021（1）：104-115.

和精准决策，提升营商环境的智能化水平，为市场主体提供廉洁、高效的政务服务。

2. 政务服务在线化

在数字技术时代，建设数字营商环境能够为企业和公众提供整合式的线上政务服务，从而实现优化营商环境的目标。在线政务服务是指政府利用现代信息技术，借助信息集成和信息共享，线上优化组织结构和整合部门业务，围绕市场主体生命周期需求，建设营商环境政务在线服务平台，将原本的线下事项审批转换成具有高度可读性、可检索的线上操作。不同于线下政务服务大厅"一窗口一事办理"的"见面审批""群众跑腿"的政务服务，线上政务服务突破了政府与服务对象的物理空间阻隔，实现了"不见面审批""数据跑路""一网通查""一网通答""一网通办""跨域通办"成为线上政务服务的主流模式，执照申请、纳税办理、财产登记、企业注销等相关事项都可以在线申请办理，不仅提高了政府办事效率、降低了企业成本，而且弥补了线下政务服务不足。

3. 数据运营无界化

数据运营无界化是一种目的更为清晰、指向更为明确的"以人民为中心"的数字治理，旨在打破政府部门之间以及政府与企业、公众之间的数据壁垒和数据孤岛，实现信息交流和共享的便捷化。一方面，政府部门间的信息交流与共享包括数据采集标准、数据开放方式、数据集成分配、数据整合共享等多个部分的运营体系。一旦政府部门间的信息被数字化和共享之后，不仅能够实现政府部门间在营商环境建设中的远程合作，协商解决营商环境建设过程中面临的问题，而且线上数据流动有利于打破政府部门间的行政壁垒，替代线下营商环境建设中协商讨论的烦琐流程，极大地提高解决问题的效率，从而提升营商环境建设绩效。另一方面，政府与企业、公众间的信息交流与共享包括政府对企业、公众的信息汲取和企业、公众从政府获取信息两个方面，政府同企业、公众能够及时交流共享信息，有利于企业、公众知晓政府的最新营商法规政策和政府了解企业、公众对营商环境的期盼诉求，协商共建营商环境。

4. 平台信息交互化

数字营商环境的平台信息交互化旨在实现政府、企业、公众之间信息的自由传递和沟通，满足政府、企业和公众各自的信息需求。数字经济时代的营商活动会生成形式各异的海量数据流，信息平台相当于营商环境的"数据大脑"。依靠平台实施对政府、企业、公众信息的采集和处理，形成"可读取""可流动""可共享"的信息交互平台，为政府、企业和公众提供一个链接各方主体的信息共通、资源共享、行动协同的互动渠道，有利于在营商环境建设中形成政府、企业和公众多中心的权力格局。这种多中心的网状权力结构使得各主体以数据为媒介的互动成为现实。数字营商环境的平台信息交互化，不但能够增强政府对市场的感知和预判能力，而且有助于重塑营商环境建设中政府、市场、社会三者之间的关系，使营商环境建设由政府主导转向政府、企业、公众共商共建共治。

（二）数据赋能的数字营商环境的优势

1. 信息沟通的即时互动

作为现代信息技术发展的产物，数字营商环境的政务服务热线不同于传统的政府与公众沟通方式，实现了信息沟通的网络化，具有即时互动优势。一方面，企业和公众借助计算机、移动终端等通过政务服务热线，足不出户就能进行咨询或反映问题，从而降低信息获取或交流沟通的成本，极大地便利了企业的经营活动和公众的日常生活；另一方面，政府通过政务服务热线能够对企业和公众的诉求及时反馈回应，缩短了政府回应流程并降低了政府回应成本，有助于政府部门高效获取真实的社情民意。政务服务热线不仅突破了政府同企业、公众信息沟通的时空限制，克服了政府同企业、公众沟通中信息传递出现的不畅通和失真等问题，而且政府及时对企业和公众政务的服务热线反映的问题统计分析，有助于政府预判营商环境中的问题，迅速制定出台具有针对性和前瞻性的营商环境政策。

2. 政务服务的精准供给

传统的营商政务服务由政府各职能部门按照职责分工来提供，由此产生了政府及部门间政务服务供给的碎片化问题，无法快速有效回应企业和公众的诉求。满足整体性和精准性要求的政务服务供给是优化营商环境的重要内容。在数字技术时代，数字营商环境通过打造综合化网络化一体化、一站式的政务服务平台，形成线上线下统一的政务服务标准和一体的政务服务运营系统，从而实现政务服务网络平台、实体大厅、政府网站、移动终端和第三方互联网入口等政务服务渠道同源发布，有助于企业和公众从统一入口办理各项业务。此外多功能线上线下办事窗口以及明确的办事指南，有助于企业和公众根据自身需求选择政务服务。数字营商环境通过上述线上及线下政务服务流程的优化整合，破解了政府政务服务供给部门各自为政的困境，在提升政府政务服务供给效率的同时，也为企业和公众提供了便捷高效精准个性的政务服务。

3. 行政负担的显著降低

优化营商环境的目标还包括切实降低市场主体开展经营活动中的行政负担。行政负担是市场主体与政府在互动交往过程中面临的业务办理障碍和服务获取不便。行政负担的轻重在很大程度上取决于政府与企业交往互动的质量，影响着市场主体对营商环境的评价。

一般来说，企业在降低与政府交往互动中的行政负担方面能动性比较有限，行政负担的降低主要还需通过优化营商环境来实现。政府通过一体化政务服务平台、在线政务服务热线、智能化搜索引擎功能等数字化智能化网上政务平台建设，线上优化了政务服务流程，消解了政府部门间存在的数据孤岛问题，实现了政务服务融合贯通。网上政务平台具有信息互联互通、事项全面覆盖、办事指南明确、功能齐全完善等优势，为市场主体在信息查询、服务咨询、业务办理等方面提供了便利，市场主体能够在线上依据自身需求选择办理相关业务，实现了"数据多跑路、群众少跑腿"，也规避了线下业务办理中"门难进、脸难看、事难办"的情况，从而大幅降低了市场主体业务办理的行政负担。

4. 市场风险的有效识别

传统的市场风险识别主要是通过市场调研、问卷调查、公众访谈等方法来识别和预测各种市场风险，这种人工统计分析方法具有一定的滞后性，也难以有效发现潜在的市场风险。数字经济的发展在给人类社会带来各种福利的同时，也带来多重风险。传统的市场风险识别方法难以及时有效地识别数字经济发展过程中隐藏的各种风险隐患。数字营商环境基于数据的民意识别和市场预测，能够帮助政府提前感知数字经济发展过程中的各种潜在风险。一方面，政府收集企业和公众每天政务热线反映的问题并生成大数据进行社情民意分析，有助于精准快速地体察社情民意，提前介入将问题解决于萌芽状态；另一方面，政府通过对市场数据和行业数据的收集、分析和计算，挖掘海量数据中隐藏的市场状态和运行规律，识别和预测市场潜在风险，能够及时帮助政府制定应对各种市场风险的预案。

三、数字时代数字营商环境建设的优化路径

（一）加快数字基础设施建设

数字基础设施建设是数字经济时代贯彻新发展理念，推动经济高质量发展，建立现代经济体系的基础保障，也是数字营商环境建设的基本前提和重要基础。加快数字营商环境建设，必须坚持数字基础设施先行理念，面向数字经济发展需要，聚焦关键领域，补齐薄弱环节。首先，聚焦以5G网络、物联网等为代表的通信网络基础设施，以云计算、人工智能等为代表的新技术基础设施，以数据中心、智能计算中心为代表的算力基础设施等现代信息基础设施，加强综合统筹规划，做好财政投入保障，推动整合集约建设，打造万事万物互通互联、智能高效的信息基础设施，充分发挥数字基础设施服务于数字营商环境建设的支撑作用。其次，推动现代信息技术与传统基础设施、民生基础设施的融通和现代信

息技术与实体经济的融合，为数字营商环境建设中数据的市场感知能力发挥提供更多数据来源。最后，强化现代信息技术在数字营商环境建设中的应用，推进营商环境数字化运作。通过人才引进和技能培训等加强智力建设，提升云计算、大数据、人工智能等数字技术在事项办理、市场预测和风险识别等方面的应用水平，全面发挥现代信息技术赋能于数字营商环境建设的智能化作用。

（二）推动数据全面开放共享

数字营商环境建设的关键在于打破政府、市场、社会之间的数据壁垒，实现三者之间数据资源的流通、整合和共享。首先，在数据开放共享理念层面，要树立安全与发展并重，体制改革与技术创新并进，政府、市场、社会协同开放共享的理念。通过健全数据开放共享法规政策和制度体系，完善各种利益协调机制，推动政府行政体制改革，加强个人信息保护和数据安全保障，明确政府、企业、公众在数字营商环境建设中数据开放共享的角色定位和行为边界，健全多元主体数据开放共享的协同机制，有效发挥各主体在数字营商环境建设中的功能与优势，构建数字营商环境完整的数据生态链。其次，在数据开放共享规范层面，围绕数据开放标准、使用权限、规则体系和管理体制，完善贯穿数据全生命周期的开放共享规则体系，提高数据开放共享水平。通过制定统一透明的数据开放标准，依法分级确定数据使用权限，建立整体性的数据管理运营体制，实现政府、企业、公众之间数据的有效融合。最后，在数据开放共享应用层面，政府要充分发挥主导作用，制定数据开放共享战略规划，完善数据使用规则体系，加强数据安全保障。同时政府要加强同企业、公众之间的互动，充分吸纳企业和公众的建议，以"顾客需求"为导向，为企业和公众提供个性化的数据服务，引导企业和公众参与数字营商环境建设。

（三）优化平台系统结构功能

政务在线服务平台是数字营商环境的重要载体，承担着对内实现高效协同办公和对外提供优质服务的功能，在很大程度上决定着数字营商环境的数字化和智能化水平。政府在线服务平台建成投入运行并非一劳永逸，要围绕用户需求不断完善功能和加强管理，这样才能发挥政务在线服务平台在数字营商活动中的价值功用。首先，完善政府政务在线服务平台动态管理机制，及时更新平台信息，让企业和公众通过该平台能够及时知晓营商活动的相关政策法规。其次，以用户需求为导向，制定匹配用户的个性化办事指南并设计信息查询效率高的搜索引擎工具。办事指南要针对所有在线政务服务项目，明确各类事项办理的条件、所需材料和办理过程等详细信息，考虑不同用户文化程度和理解能力差异，采用图文并茂的信息表达方式，不仅易于获得，而且要通俗易懂。搜索引擎不仅要具备关键词的搜索功能，而且要具备模糊搜索功能。用户不必局限于官方的统一表述而是根据自己对营商活动或行政审批的理解，使用意思相近的关键词也能查到所需信息。再次，细化区分政务在线服务平台系统功能，设立针对不同区域、不同行业、不同主体、不同事项的办事专区，使各类主体依据自身定位和需求能够获取精准服务，增强平台系统功能的多样化和服务供给的个性化。最后，加强平台建设的整体规划和统一管理，促进各类平台融合贯通，破解平台相互割裂和服务碎片化问题，推动跨地区、跨层级、跨部门平台协同运作，提升政府优质政务服务供给能力。

（四）提升在线政务服务能力

在线政务服务是政府在深化"放管服"改革和"优化营商环境"中，借助现代信息技术，转变政务服务提供方式和提高政务服务效率，满足数字时代企业和公众对政务服务需求方式变革的需要，也是数字营商环境建设的重要内容。提升线上政务服务能力，目前亟须做好以下工作。一方面，围绕"融合性在线政务服务"，推进线上政务服务统一规划和统一管理，释放在线政务服务优化营商环境的"数字红利"。通过加强在线政务服务智能化建设的统一规划，推动在线政务服务渠道的互联互通和高度融合，创新在线政务服务的管理和服务方式，扩大在线政务服务的应用范围，充分发挥在线政务服务在优化营商环境中的价值功用。另一方面，围绕"智能化在线政务服务"开发升级在线政务服务配套的软件与硬件，消除在线政务服务优化营商环境中的"数字鸿沟"[①]。通过为企业和公众提供数字网络技能培训，特别是针对信息弱势群体的技能培训，使其具备获取在线政务服务的能力，加强智能化技术在线上政务服务中的应用。以用户需求为导向，开发适用不同人群的多元化、差异化、个性化在线政务服务单元，提升在线政务服务的针对性有效性。

---

① 张邦辉，万秋兰，吴健. 在线政务服务的营商环境优化效应探析——"数字红利"与"数字鸿沟"[J]. 中国行政管理，2021（4）：70-75.

第六章 法治化营商环境评价指标体系的构建

第一节 法治化营商环境评价指标体系构建的理论方法与经验

一、法治化营商环境评价的理论基础

（一）法治经济理论

社会主义市场经济本质上是法治经济，法治化营商环境是法治经济的题中应有之义。法治经济理论实质上揭示了如何实现市场经济运行的法治化，即国家通过相关法律、法规的制定与实施，调整经济关系与规范市场主体行为，使市场经济遵循法治方式的有效运行。在法治化营商环境的视域下，法治经济重在强调营商活动所需的外部条件应是建立在法治基础上，倡导用法治思维和法律手段解决商事问题，通过立法、执法和司法以及法律服务调整营商关系，规范营商行为，维护市场秩序，服务和保障社会主义市场经济在法治的轨道上持续健康发展①。可以说，法治经济理论决定了法治化营商环境的内在品格和价值导向，对于我国的法治化营商环境评价既具有深远的理论意义又饱含实践价值。具体而言，主要体现为以下方面。

首先，法治经济需要具备健全的法律体系，这是市场经济得以正常运行的基础性因素和前提性条件。法治经济是基于规则治理的经济。法治经济与人治经济相对。② 法律、制度、规则，而非行政指令和长官意志，构成法治经济运行的基础。市场体系的构建、市场主体的型塑、市场行为的规范、国家宏观调控和市场监管行为的规制等各个主要方面都要

---

① 孙晓光. 以法治思维推进商事审判，用法治方式保障经济发展——就学习贯彻党的十八大会议精神专访最高人民法院民二庭庭长宋晓明 [J]. 人民司法，2013（03）：71-77.

② 吕世伦，文正邦. 法哲学论 [M]. 西安：西安交通大学出版社，2016（03）：91.

纳入法治的轨道，法规成为调整、引导、保障、激励经济发展的扭结和基点。[1] 这意味着任何市场经济首先应有国家有权机关依照法定程序制定的法律规范予以规制，从而为市场经济活动主体提供基本的行为模式和运作程序。[2] 缺乏对于市场经济关系和市场经济活动的法制化，法治经济也就无从谈起。法律体系是发展法治经济的首要基础，但市场经济的法治化还要求法律体系得以有效实施，而有效实施的前提是法律体系必须得到市场经济活动主体的普遍认可和服从，只有这样市场经济主体才能够做到依法和守法。

其次，法治经济以权利为本位，强化产权保护是核心。法学作为权利之学，权利本位构成了现代法治理论的核心内容之一。在经济生活领域，追逐财富的权利被视为公民最重要的私权利，也是公权力应该止步且以法律形式予以保障的重要权利。这意味着，法治经济要对各种市场主体的产权进行保护。在西方现代制度经济学视角下，市场经济最重要的功能就是提高资源配置效率，从提高资源配置效率的原动力而言，产权保护是市场形成和发展的根本动力，是市场经济最重要的基础，是市场交易的前提。从科斯的"交易成本"理论而言，产权交易制度是影响经济繁荣发展的重要因素之一，产权的存在及其不同配置会对"交易成本"产生重要影响，只有尊重和保护市场主体拥有财产、使用财产和自由处置财产的权利，才能最大限度地调动每个主体追逐财富的积极性，真正实现市场配置资源的效率最大化。

再次，市场经济对法治的要求通常是以产权保护为切入点，但根据产权的存在、运用、处分和争议处理的不同环节，还需要将契约自由、诚实守信和公正有效的司法系统作为市场经济的必备法治环境要素。具体而言，一是能够通过自愿的契约性协议自由转让产权，即"契约自由"，包括缔约自由、选择相对人的自由、拟定合同内容的自由、选择合同形式以及变更、解除、终止合同的自由。如果市场主体没有基于"意志自由"决定产权交易的自由，就没有市场经济。二是市场主体必须基于诚实信用原则履行协议，即市场主体之间在经济往来交易中必须诚实守信，实现自我执行契约或契约的自我执行方式，减少交易的成本，达到"双赢"或"多赢"的经济目的和效果。三是依赖于公权力建立公正有效的司法系统，其主要是从财产争议处理的角度对市场信用的保障，发挥对契约自由与诚实信用原则引导和矫正的作用，从而在经济运行中抑制投机取巧行为和杜绝欺诈行为。

最后，法治经济要建立自由、平等为价值取向的市场秩序，追求公平竞争环境。要使市场有效发挥资源配置功能还需要真正独立的市场经济主体，并为其经营创建自由、平等

---

[1] 刘红臻. 解读法治经济及其建设 [J]. 法制与社会发展, 2016 (03): 2.

[2] 姚建宗, 吴涛. "法治经济"解析 [J]. 社会科学研究, 1995 (02): 131–134, 138.

的公平竞争环境。法治经济的重要条件是市场主体享有各种经济权利自由，国家机关要依法保障企业的自主经营权，任何人都不能非法干涉企业经营，消费者有自由选择、自主消费的权利，形成商品和要素自由流动的现代市场经济体系。法治经济遵循法律面前人人平等的法治理念，市场主体为了充分展现自己的活力，可以依法要求与其他主体一样具有平等的发展机会和利益诉求，规则平等、权利平等、机会平等、交易平等和救济平等都是法治经济需要培植的法治环境要素。① 法治经济构建以自由与平等为价值取向的市场经济，归根结底还是为了健全以公平为核心目标的法治环境，清理有违公平的法律法规条款，保证不同类别的市场主体都可以被公平对待，公平参与市场竞争。②

（二）法治政府理论

法治政府是营造良好稳定的法治化营商环境关键所在和重要保障。在法治化营商环境视域下，许多法规政策直接出自政府部门，同时政府也是执法主体和守法标杆，特别是在执法领域存在的有法不依、执法不严、违法不究，甚至权钱交易、贪污渎职、徇私枉法等突出问题都不利于营造良好营商环境，亟须各级政府在法治轨道上开展工作。可以说，开展职能科学、权责法定、执法严明、公开公正、廉洁高效、诚信守法的法治政府建设直接决定了法治化营商环境建设成效。同时，法治政府对于法治化营商环境建设具有主导作用和组织保障作用。近年来，从探索负面清单管理模式到建立政府权责清单制度，从商事制度改革到深化简政放权和"放管服"改革，从打破垄断壁垒、放宽市场准入到落实产权保护、鼓励公平竞争等一揽子法治政府建设举措相继实施，都旨在创造更好法治化营商环境，为法治经济发展保驾护航。围绕"法治化营商环境"作为主题所进行学术论文检索可以发现"商事制度""负面清单""行政审批""行政执法""知识产权"等范畴都是学界研究关注热点，这一定程度也体现了法治政府相关理论与法治化营商环境有着密切联系。

法治政府的首要特征是实现政府与市场关系法定化。理论上，法治经济需要私法与公法有效衔接，合理划分政府与市场的边界，"使市场经济在资源配置中起决定性作用和更好发挥政府作用"，都需要坚强有力的法治政府保障。法治经济要求具体的经济活动主体必须在法律规定的范围内行为，并为市场经济系统设置约束，同时要求政府必须以法律明确规定的权限、方式和程序对经济主体行为进行控制和干预，避免政府不当干预，更不能

---

① 蔡宝刚. 求解当代中国法治经济建设的路线图 [J]. 江海学刊，2016（01）：137-142.
② 江平. 市场经济应该是法治经济 [J]. 理论视野，2014（08）：34-36.

超越法定权限去实施专横的控制和干预。① 各地通过"负面清单"管理模式就明确传递出党和政府"法无禁即可为"的法治思维，虽然负面清单直接面向的是市场经营者，但是实际上限定的是政府对市场的管制权，划定的是政府可以进行审批和管理的领域，规定的是"除此之外"都应由经营者自由发挥，政府无权任意干预经济运行的法治经济模式。② 尽管私法构成市场经济的法律基础，却不意味着政府对市场经济不重要。由于"市场失灵"是不可避免的，现代法治经济不存在完全不需要宏观调节的，纯粹自由的市场经济。政府从社会整体利益出发对市场进行必要的适度干预，更加有利于维护市场运作秩序，但也必须依法进行，符合法治的原则和精神③。质言之，法治政府合理界定政府与市场关系，正确定位政府职责以及市场主体权利与义务，有利于实现政府与市场关系明晰化、法定化，以此来优构出法治化营商环境，实现市场经济健康可持续的发展。

法治政府应按照市场经济要求全面履行政府职能、提供高效公共服务和权力行使受到有效约束和监督。从法治政府建设的理论研究与实践发展来看，我国法治政府建设还需要解决市场监管不到位、公共服务能力薄弱、滥用自由裁量权、政务信息公开不足和贪污腐败渎职等行政领域严重阻碍市场经济发展的突出问题，根本目标是彻底改变过去计划经济体制时代权力高度集中的人治政府模式，建立适应社会主义市场经济发展和民主政治要求的法治政府。具体来说，全面履行职能是法治政府的核心内容，保证政府依法全面履行宏观调控、市场监管、社会管理、公共服务、环境保护等职能是全心全意为人民服务的本质要求，也是建设法治政府的基础。提供高效公共服务是法治政府的重要标准。"最好的政府也是提供服务最多的政府"④，只有通过深化商事制度改革、完善"多规合一"运行机制、完善社会信用体系、实施行政许可权清理下放、行政审批流程再造和推进"一门一网式"集中行政审批方式，同时要强化事中事后监管，才能真正实现"放管服"改革的根本目的，即简政放权、放管结合，以高效的服务水平，打造高效优质的法治政府。

可以说，无论是让市场在资源配置中起决定性作用，还是更好地发挥政府作用，最终都取决于法治政府建设。只有实现政府与市场关系法定化，并且政府能够全面履行职能，提供高效优质公共服务以及权力行使受到有效约束和监督，确保权责一致，才能为经济发展营造良好而又稳定的法治化营商环境。

① 　姚建宗，吴涛."法治经济"解析 [J]. 社会科学研究，1995 (02): 131-134，138.
② 　陈兵. 法治经济语境下负面清单模式与政府管制改革 [J]. 东北师大学报 (哲学社会科学版)，2015 (05): 13-19.
③ 　王红云. 法治的经济效应测度研究 [M]. 上海: 上海人民出版社，2017: 17.
④ 　梁治平. 国家、市场、社会: 当代中国的法律与发展 [M]. 北京: 中国政法大学出版社，2006: 4.

（三）法治评价理论

法治化营商环境评价本质上属于法治评价，法治评价可追溯到美国 20 世纪 60 年代兴起的"社会指标运动"。在经济全球化的过程中，法治的理念和价值得到广泛重视，法治水平成为国际上在经济领域的投资合作重要考量因素。在这种情况下，针对国家某些领域展开法治评价，客观和准确反映区域法治水平成为一种现实需要，诸如世界银行和国际正义工程等国际组织率先对于法治评价进行了一些有益尝试，并取得了一定效果和较大反响。近年来，全球范围内法治评价理论与实践的兴起，不仅突破了传统法学思辨研究的学术藩篱，给法学实证研究带来了新的增长点，也实现了法治理论与建设实践的接轨与互动。在我国依法治国大背景下，为测量法治发展水平以及检验和提升法治建设成效，法治评价也成为学界研究热点问题，并已在实践中进行了大量有益尝试。当前法治评价相关理论已经取得长足进步，为法治化营商环境评价在评价理念和方法论等方面提供了诸多理论支持。

法治评价是对法治建设状况与水平的衡量与评价，本质上追求工具理性与价值理性之间取得平衡。当前世界各国都在积极提升法治水平，这就需要能够客观和全面的了解法治现状，法治评价旨趣就在于采用调查研究、定量分析、定性分析等实证主义方法，客观和全面的描述与分析法治的实然状态，并为推进法治提供依据与建议。广义的法实证主义还包括法律实证主义、社会学的法学实证主义、法唯实论及狭义的法实证主义等多种样态。[1]一般而言，法治评价的工具理性通过设定量化指标体系来实现，这也是国际上通行做法，因此有学者也将其称为法治量化评价。[2] 诸如世界正义工程（WJP）通过构建法治指数作为判断衡量一个国家的法治状况及其程度的量化标准和评价体系，引发了学界和实务界的极大关注，也促动了很多国家和地区在更广泛的层面进行法治的量化评价。法治研究领域的"量化法治"理论兴起与社会科学方法论的"计量主义"风潮息息相关，但法治评价也并非直接起因于实证主义思想，它的生成还与一些特殊的环境因素相关，如法治实践的普遍性困境、全球化的挑战与比较法的兴起、独立第三方评价主体等因素。[3] 法治评价所具有的工具理性特色与中国国家推动型的法治建设模式具有天然的亲和性，因此法治评价

---

① 颜厥安. 法与实践理性 [M]. 北京：中国政法大学出版社，2003：214.

② 侯学宾. 中国法治指数设计的思想维度 [J]. 法律科学（西北政法大学学报），2013（05）：3-11.

③ 廖奕. 法治如何评估？——以中国地方法治指数为例 [J]. 兰州学刊，2012（12）：192-195.

也成为中国法治建设的重要增长点①。显然，法治评价作为观测营商环境的法治化水平重要工具，有利于推动法治化营商环境的建设。同时，由于法治不易测量的属性，一方面法治评价需要通过针对某种法治概念或框架进行拆解和量化打分，形成"可量化的正义"直观表征法治状况；另一方面，需要深入剖析法治因素体现不可量化的价值，实现定量评价与定性分析的有机结合。② 法治评价并不是一种产生标准量化信息结果的中立性程序，实质上法治评价还是对法治建设和实践过程中的思想理念、制度行为、权力关系进行综合性测量、分析、解释、判断和变革的实践。③ 就此而言，法治评价的终极价值和意义还在于体现价值理性，即任何法治评价行为都必须赋予这种行为以"绝对价值"，即是否实现社会的自由、民主、公平、正义、秩序等现代社会所追求的法治精神。为此，法治评价必须应正确看待法治评价中的可量化正义与不可量化因素的价值，合理界定量化评价与非量化评价关系及功能。可以说法治评价的量化工具性和非量化的价值性均不可或缺。

二、法治化营商环境评价指标体系构建方法

指标体系的构建方法隐含了采取"什么样的构建方法论"和"具体构建方法"等问题，直接影响指标体系的科学性和可行性。一般而言，法治评价指标体系构建方法并非只有唯一形式或套路，不同背景、目的和对象的法治评价呈现出不同特征和需求，决定了指标体系构建需要采用不同构建方法论和具体方法。

（一）指标体系构建方法论

方法论实质上为构建指标体系提供评价方式、理念与手段等理论方法体系，基于不同方法论所构建的指标体系会呈现出巨大差异，技术要点也有重要差别。在这里我们从中国法治评价的实际国情出发，将社会指标评价方法、政府绩效评价方法和满意度测评方法作为构建法治化营商环境评价指标体系的方法论。具体如下。

1. 社会指标评价方法

社会指标有意识地运用发端于19世纪30年代，主要是比利时、法国、英国和美国的一些社会指标运用的先驱者用来改善公众健康和社会状况的研究之用。20世纪60年代社会指标运用开始兴起，社会指标在国际机构和美国都呈现出了复兴的局面，如世界银行的

---

① 钱弘道，戈含锋，王朝霞，刘大伟. 法治评估及其中国应用 [J]. 中国社会科学，2012（04）：140-160.
② 郑方辉，陈磊. 法治政府绩效评价：可量化的正义和不可量化的价值 [J]. 行政论坛，2017（03）：86-92.
③ 王浩. 论我国法治评估功能的类型化 [J]. 河北法学，2018（12）：154-173.

《世界治理报告》等。在过去 30 年里，许多社会领域都已经大量使用社会指标来评价现状和制定政策，使社会指标评价方法也越来越系统化，对于法治化营商环境评价指标体系的框架构建和指标类型设定都具有原则性指导作用。

从本质而言，社会指标评价方法作为一种理念和方法，主要体现为利用社会指标来测量和描述福利程度和生活状态等，其以指标选取、权重设置和指标体系构建为中心。社会指标评价方法实质上不仅是局限于收集数据、统计分析和发布结果，一套良好的社会指标体系应可以让人们更加有效了解所衡量对象的现状，聚焦于发现问题，分析其内在联系，并用一种系统的方式作出回应。

从社会指标评价方法发展历程来看，早期社会指标评价方法强调实证主义和科学主义方法，实证主义意味着评价指标体系构建目的除了采用归纳逻辑在"经验层面"对社会状况进行测量，还需要结合演绎逻辑推理和结果检验，揭示社会现象背后的"客观"规律；科学主义意味着需要采用客观指标保障评价结果客观和价值中立性，为了使评价更为精准还可以采用数理模型建构和计量分析预测等定量分析方法。社会指标评价方法相关研究成果还指出指标体系设定应遵循有限性、综合性、相符性、协调性和层次性等标准。后来，随着社会指标理论从简单要素的影响分析发展为复杂的多变量描述，以及人们意识到社会系统测量的复杂性，不能将科学性仅理解成了工具理性，还需要评价指标体系引入价值取向和价值判断从而体现价值理性，指标设计上应增加表达利益相关者感受的主观指标。[①]当前，社会指标评价方法已从单纯实证导向到规范与实证的综合导向，并且评价中更加注重体现多元性和民主性，客观上使得最终评价指标体系能够反映多元主体的意愿，已经由单纯定量描述和定性评价方法走向了混合方法，"混合方法"的运用掀起了被视为继定性和定量方法之后的"第三次方法论运动"。[②]

构建法治化营商环境评价指标体系需要将社会指标评价方法在哲学理念、指标设计和方法运用等方面的理论成果加以承继和发展。具体而言，法治化营商环境评价指标体系构建应将工具理性与价值理性相结合，主观指标与客观指标相结合、定性分析与定量分析相结合，依托衡量法治化营商环境的社会指标达到充分反映利益相关者诉求与法治化营商环境建设实效的指标体系构建目标。

2. 政府绩效评价方法

从公共领域评价理论与实践发展历程来看，政府绩效评价出现时间早于法治评价，其

---

① 克利福德·科布，克雷格·里克斯福德，宾建成. 社会指标的历史教训 J]. 经济社会体制比较，2011（05）：1-12.
② 蒋逸民. 混合方法研究：方法论研究的薪取向 [N]. 中国社会科学报，2010-8-5（A05）.

在评价理念、程序与方法等方面的研究与实践更加成熟，而法治评价涉及的内容比政府绩效评价的范围更广，为了避免法治评价走弯路，可以借鉴政府绩效评价的理论与方法，推动法治评价应用更加科学合理。我国各类法治评价较多的沿袭了政府绩效评价的理念与方法，如北京市法治建设状况综合评价指标体系借鉴了中国人事科学研究院的政府绩效评价方法。政府绩效评价的已有成果对于构建法治化营商环境评价指标体系具有诸多启示与借鉴价值，特别是政府绩效评价所秉持结果导向和满意度导向的评价理念可以作为指标体系构建的基本理念导向。

结果导向不仅可以化解过程性评价所带来的烦琐成本、难以观测性和形式化问题，而且结果是已确定的事实更加有利于进行客观公正的评价，强化政府部门对于产出结果效能和公共责任的落实，建立以结果为导向的绩效反馈及持续改善机制。相较而言，诸如世界银行《营商环境报告》主要将企业从设立、运营和退出过程中程序或手续、时间和成本三个方面作为营商环境的衡量标准，更多的是从过程变量出发，但这样所得出评价结论存在偏差也是显而易见，如行政许可审批时间压缩的越短并不意味着效果越好。因此，基于政府绩效评价的结果导向理念构建法治化营商环境评价指标体系应选取真正能够体现法治化营商环境所追求的公平正义结果，符合法治思维、法治方式的营商环境结果性指标。

基于满意度导向的政府绩效评价有利于形成以公众满意为根本评判标准，对偏离公众需求的政府行为进行纠错纠偏，应用于法治评价同样具有此种机理和功效。"法治政府绩效评价强调公众满意度导向，是民主范畴的技术工具，涉及政府与公众的本质关系，旨在提升政府的公信力，体现法治政府固有内涵。"[①] 同样，将满意度导向评价理念导入法治化营商环境评价指标体系构建过程，实际上也是在强化法治化营商环境要以服务公众和社会效益为终极导向。同时，随着我国改革开放和现代化进程的发展，公民的权利意识和法治意识都有了很大的提高，公民日益信仰法治理性与客观公正。人民主权和民主法治观念已经深入人心，公民的主人翁意识和主动参与到法治生活的愿望也日益增强。社会主义国家法治建设必须以民主法治为前提，法治也只有体现绝大多数成员的意志，才能使法律在社会生活中具有绝对权威。基于满意度导向的法治化营商环境评价指标体系可以更好体现人民主权和民主法治精神。

3. 满意度测评方法

在公共领域，满意度测评涉及公众生活许多领域，相关研究主要是在欧美国家民意研

---

① 郑方辉，尚虎平. 中国法治政府建设进程中的政府绩效评价 [J]. 中国社会科学，2016（1）：117–139.

究的基础上发展起来的，主要是由于学者利用指标体系评价社会状况时发现了客观社会指标存在诸多局限性，进而着手采用与人们满意度相关指标，如可感生活质量、幸福程度、价值观等。20 世纪中叶，西方发达国家的民意研究已经进入兴盛期，建立了民意研究指标体系，并提出了基于满意度测量的"主观社会指标"的概念。满意度指标可以用来反映人们对社会生活的直接体验，以及人们对客观社会现象的主观感受，也称感觉指标，它表现为人们的心理状态、情绪、愿望等。满意度指标主要通过李克特量表、古特曼量表、瑟斯顿量表、鲍格达斯社会距离量表、梯形量表和语义差异量表、对偶量表、梯形量表等进行测量。满意度指数还可以由包括具体满意度测量指标和总体满意度测量指标两部分构成，由两者加权得到最终满意度结果。满意度测量效度则与评价内容本身、公众个人差异和公众参与互动方式等影响因素密切相关。

满意度测量方法主要有单条目测量、基于领域划分的多条目测量和基于模型建立的多条目测量的三种角度。其中，单条目测量通常使用单一指标询问被试对于整体或特定领域工作质量的评价或满意程度；基于领域划分的多条目测量主要是根据评价维度将满意度划分为不同领域的满意度，采用层次分析法，构建一级或多级指标，并对每项指标赋予权重；基于模型建立的多条目测量，如美国顾客满意度指数模型研究政府满意度分别测量公众预期、服务质量以及总体满意度三个方面展开。相较而言，单条目测量简单易行，而且更适用于满意度前因后果的研究，也是多条目测量的基础；基于领域划分的多条目测量方法基于单条目测量的基本原理，虽然建立过程烦琐，但对于详细描述满意度情况且提出针对性的指导建议具有良好效用，故被国内大多数相关研究采用。

从法治化营商环境评价的要求来看，市场主体是法治化营商环境建设最终受益对象或者说利益相关者，法治化营商环境建设成效如何应由市场主体来评价。市场主体实际体验是否满意本身就构成法治化营商环境评价的重要内涵和评价标准，虽然满意度评价指标的数据是主观的，但其内容反映了社会对法治化营商环境水平，以及法治化营商环境建设成效的认可和满意程度。优化法治化营商环境根本目的是让市场主体提升"获得感"，因此法治化营商环境评价也不应由政府部门自说自话，而应由市场主体感知为标准，毫无疑问企业满意度是其中最为重要部分，这与法治化营商环境评价指标体系的满意度导向评价理念高度契合。因此，法治化营商环境评价指标体系构建应将满意度指标，特别是企业满意度指标作为重点进行设计。

（二）指标体系构建的具体方法

法治化营商环境评价具有系统性、难量化性和主体多元性等特质，因此指标体系构建的难度和复杂性较高，选取合适的具体构建方法不仅可以提高指标体系的科学性和准确性，也可以节约实证检验的成本。

1. 指标体系构建具体方法的比较分析

一般而言，指标体系具体构建过程可以采用不同方法，比较常见的方法有德尔菲法、层次分析法、主成分分析法、因子分析法等。其中，德尔菲法主要依托专家知识和经验进行预测和决策方法，研究者需要向专家先后发起多轮征询，并将每轮反馈意见及时提供给专家参考，经过反复征询、归纳、修改，最后获得专家意见基本趋于一致的咨询结果。德尔菲法本质上是一种定性方法，主观经验性较强，随意性较大，难以保证复杂的多变量指标体系构建的客观性。主成分分析法、因子分析法等主要采用量化分析方法，如因子分析法主要利用多元统计分析方法在可测变量中提取出不能或不易直接观测到潜在影响因子及其影响程度和关联性。这些定量方法不受人为主观因素影响，公正客观性较强，但通常需要采集多个变量的数据，并且样本规模足够大才能够得到有效应用，并且由于涉及综合性价值评价时适用条件苛刻也容易导致失真。相对而言，层次分析法（AHP）特点是定性与定量分析相结合，非常适用于多目标、多准则的指标体系构建，特别是运用层次分析法计算各项指标的权重，过程清晰，可以有效地减少误差，从而保证结果的准确性。

2. 改良的层次分析法

20世纪70年代初，美国运筹学家匹茨堡大学托马斯·塞蒂教授基于定性分析与定量分析，创建了适用于包含多个影响因素的综合决策方法——层次分析法。层次分析法是将整体评价目标划分为目标、准则和方案等若干层次，结合经验判断通过量表测量方式得到量化结果，进而再进行科学的统计分析，最终获得较为科学的决策分析模型。由于许多社会领域的决策都受到政治、经济、社会、文化等多重因素的影响，而这些影响因素的重要性、影响力不能够也不适合全部量化，主观判断对于这类决策分析也具有重要的影响作用，因此采用系统化、层次化的分析方法成为解决这类问题的重要手段。层次分析方法本质上将测度理论引入社会领域的决策系统，充分利用人们的主观经验和价值判断能力，在原始数据的获得时充分体现相关决策者的价值偏好，通过量表测量的整数及其倒数作为比例标度，针对难以量化的不确定性因素的重要性作出判断，然后通过构建判断矩阵计算出各个因素的权重值，进而对方案进行优选与排序。层次分析法能够根据实际问题的特点，融入决策者的偏好和意图，采用相对标度代替绝对标度对于影响因素进行定量分析，符合人们进行判断时的心理习惯，并且贯穿于决策的全过程，保证了整个决策的系统性和科学性。

层次分析法具有系统化程度高、简洁性和可操作性强等优势，诸如层次分析法通过一定逻辑推理使复杂的系统得以分解为多目标、多准则的决策问题，进而转化为多层级单目标问题；由于决策目标比较明确，能够依据人们的主观判断，观测到不同决策主体之间的偏好，数据量化要求不严格，也容易为决策者掌握。但是随着层次分析法的应用日益广泛，它的局限性也逐渐暴露，具体体现为层次分析法不能为产生新的可供选择方案，只能从已有方案中进行选择；由于采用定性判断的成分较多，提供的定量结果的主观性依然较大；面对复杂的决策分析时，由于层级及指标数量过多，导致一致性检验难以通过，也无法通过调整获得优选结果；由于涉及多元统计方法应用，使得计算处理变得非常困难。因此实际应用中面对具体问题，还需要对于层次分析法进行改良。

本书考虑到法治化营商环境评价指标体系构建是一项系统性、综合性的研究活动，在指标体系构建过程中充分借鉴了层次分析法的理念，但是也在应用过程中进行了必要的简化，可以视之为一种改良的层次分析法。具体而言，一是建立指标体系整体框架结构。通过查阅大量法治化营商环境的相关文献资料，结合实际调研中发现的问题以及专家学者的咨询结果，确定指标体系的领域层，将各个领域层进一步分解细化出评价的领域内涵层。二是设置指标层的备选指标库。将领域内涵层有关的各个要素按照不同属性划分为主观指标和客观指标，依据典型性、独立性和可操作性等原则筛选出具体指标，这些指标分别对应于领域内涵层需要衡量的特征，所有预设具体指标形成指标层的备选指标库。三是终端指标遴选及其权重分配。根据指标体系的框架层级和备选指标库设计专家咨询问卷，利用专家调查结果一次性得到各个领域层、领域内涵层和所有备选指标的相对重要性，然后根据重要性程度先对备选指标进行初选，进而根据各层级指标相对于上一层级的重要性，采用"两两比较"为"单一比较"的权重分配方式，逐级分层进行权重分配，最后结合实际进一步优化指标体系。

三、国内外法治评价指标体系构建的经验借鉴

构建法治化营商环境评价指标体系不仅是中国法治经济发展客观需要，也是对全球营商环境与法治评价的探索和实践的回应。国内外一些法治评价在评价理念、评价方法、指标体系等方面已经比较成熟。回顾和审视国内外的法治评价实践经验，可为法治化营商环境评价指标体系构建与应用提供重要参考和借鉴。

（一）国际法治评价指标体系构建的经验

国际上法治评价研究也已经由来已久，目前受到学界们广泛关注的包括世界正义工

程、世界治理指数、联合国法治指标等。国际经验对于中国的法治化营商环境评价指标体系构建领域具有重要参照价值，但也需要结合国情因地制宜进行吸收借鉴。

1. 世界治理指数

"世界治理指数"是在20世纪90年代中期，由世界银行的经济学家丹尼尔·考夫曼和艾瑞克等人共同开发的一套评价世界各国治理水平的综合指数。在指标体系构成方面，世界治理指数开始由法治、政府效能和贪污等三大类构成，逐渐演变为包括六大系列指数，包括：言论与可问责性、政治稳定与拒绝暴力、政府效能、规制质量、法治和遏制腐败。世界治理指数所考量的内容与"法治"理念有着紧密结合，而"法治状况"评价也始终是这项指数研究中至关重要内容。从数据来源而言，从1996年到2008年世界治理指数的数据来源已经涵盖了33个组织的35个数据来源中的441个变量，几乎连续不断地针对212个国家和地区积累数据，并对它们的治理状况进行评估，形成了真正意义上的治理"大数据"。[①] 在测量排序方面，世界治理指数是将非同源的第三方数据根据一系列聚合算法归并为同"类"（cluster），然后将某个国家或地区获得的实际测量值在所有国家和地区的实际测量值中进行百分位排序，并相应地获得世界治理指数各种指标的得分。[②] 虽然"世界治理指数"指标比较庞杂、定位不够准确和数据不可复制等局限，但因其数据不断更新和指标设计不断取得发展，仍是一个在全球范围内有着巨大影响力的法治指数研究。

2. 世界正义工程

世界正义工程是在2006年由美国律师协会发起创设，被认为是专门测量世界各国法治水平的法治指数。世界正义工程的法治指数参考了世界银行的"全球治理指标"和"做生意"指标、透明国际的"腐败感知指数"、自由之家的世界自由指数、美国律师协会法治倡议者的司法建议和其他制度建议、非洲治理易卜拉欣指数和贝塔斯曼转型指数。世界正义工程将法治分解为四项基本原则：政府自律和他律的均衡；立法的公平和公开的均衡；不偏不倚的司法过程中权利与责任的平衡；独立自主的法律人群体的能力与道德的均衡。[③] 在此基础上将法治概念具体化为9个因素和47个子因素，其中9个因素主要包含：政府权力限制、不存在腐败、开放式政府、基本权利、秩序与安全、监管执法、民事司法、刑事司法和非正式司法。世界正义工程法治指数主要基于公众的日常工作生活中对于法治状况感受作出评判。具体数据主要通过面向广大公众或相关专家调查获得，或者以

---

① 鲁楠. 世界法治指数的缘起与流变 [J]. 环球评论，2014（04）：118-133

② 程同顺，李畅. 世界银行世界治理的指数对中国的测量与启示 [J]. 理论探讨，2017（05）：13-20.

③ 季卫东. 秩序与混沌的临界 [M]. 北京：法律出版社，2008：57.

一些特定事件的统计为基础的补充数据，如恐怖袭击事件的数量和死亡人数、单方暴力导致的伤亡数量和政变的数量等。其中，2014 年世界正义工程法治指数 536 种数据来自问卷调查，为了保障调查国家的多样性和代表性，世界正义工程还根据收入水平、人口规模和法律传统对于不同的地区被调查国家进行了筛选，其中 2014 年调查了 99 个国家。① 世界正义工程基于各个国家法治状况的评价数据形成了世界性"法治地图"，针对于公共权力的行使、基本权利保护、社会秩序与安全以及司法可及性等方面都有所关注，依托独立第三方身份开展法治评价，通过大量调查所获得评价数据，也使得世界正义工程成为针对世界各国开展法治评价影响最大的法治指数，并且获得各国学界和实务界广泛关注。特别是法治指数索引和数据库成为一个强大的工具，可以帮助确定每个国家的优势和劣势，也为国家之间的法治状况比较提供信息，有助于为推动法治在这些国家内部实施。

3. 联合国法治评价

在联合国所推动的多项国际性事务工作之中，促进各国建立对法治的尊重，以便实现持久和平、有效保护人权以及持续的经济进步和发展是联合国的核心使命之一。为了推动各国重视和提升法治水平，2004 年联合国秘书长安南在《关于冲突中和冲突后社会的法治和过渡司法》的报告中"法治"概念作出界定，"所有人、机构和实体，无论属于公营部门还是私营部门，包括国家本身，都对公开发布、平等实施和独立裁断，并与国际人权规范和标准保持一致的法律负责"，并且强调"法治"实现需要遵守"法律至高无上、法律面前人人平等、对法律负责、公正适用法律、三权分立、参与性决策、法律上的可靠性、避免任意性以及程序和法律透明"等相关原则。② 联合国法治评价指标体系就是主要根据上述"法治"的定义，由联合国维和行动部、联合国人权事务高级专员办事处主导制定出针对不同国家或地区的法治评价工具，并且通过法治协调与资源组获得联合国政治事务部、联合国儿童基金会、联合国开发计划署、联合国难民事务高级专员办事处等诸多联合国部门、机构和基金的支持和认可。联合国法治评价根本目的在于促进和平与安全目标的实现，建立可持续的刑事司法机构，为所有人提供平等诉诸司法的机会，因此主要面向警察、司法和监狱等国家机构，从业绩表现，诚信、透明度和问责制，对待弱势群体的态度以及能力等四个方面衡量各国法治状况。联合国法治指标总共达到 135 项，数据来源主要采用专家评议与公众调查相结合的主观指标，其中 78 项指标的数据来自专业人士的调查、24 项指标的数据来自公众调查；联合国法治评价也采用客观指标，其中 17 项指标数

① 孟涛. 法治的测量：世界正义工程法治指数研究 [J]. 政治与法律，2015 (05)：15-25.
② 联合国. 联合国与法治 [EN/OL]. https：//www. un. org/zh/ruleoflaw/，2018-11-25.

据来自内设行政机构统计和 16 项指标数据采用文献审查方式收集。① 总体而言，联合国法治评价指标体系以过程评价与结果评价相结合、主观指标与客观指标相结合，但是评价领域比较狭窄，主要聚焦于国家刑事和司法部门的法治状况衡量，其目的并非对于各国情况进行比较排名，而是重在关注被考察国家的法治状况改善情况，旨在推动发展中国家、转型期国家或刚刚摆脱武装冲突的国家建立和加强"法治"的建设。

此外，国际上还有许多其他法治评价指标体系，诸如 2003 年德国的非政府组织贝塔斯曼基金会推出的贝塔斯曼转型指数；2003 年美国的非政府组织"自由之家"发布的"世界自由指数"下设了独立的"法治"指标；2006 年由美国非政府组织"全球廉政"推出的"全球廉政指数"等，这些法治评价指标体系构建和衡量方法也非常值得借鉴。

（二）国内法治评价指标体系构建的经验

随着依法治国方略的实施，以及中国法治建设进程不断深入，通过法治评价指标体系推动法治建设已经为国内学界和实务界普遍认可和接纳。在法治评价指标体系研究领域，学界已经形成若干个具有较大影响力的研究成果，并且各级政府也积极推动构建本地区法治评价指标体系，并且形成了学术界与实务界良性互动，从而促使法治评价指标体系研究不仅成为当前法学研究的新热点，也成为地方推动法治建设的重要抓手。其中，比较有代表性的包括浙江大学钱弘道教授领衔的研究团队所构建"余杭法治指数"、中国政法大学马怀德、王敬波等为核心的研究团队所构建的中国法治政府评估指标体系以及湖北省、广东省、江苏省、深圳市等各地政府所开发的法治政府建设评价指标体系。

1. 余杭法治指数

余杭法治指数是由浙江大学钱弘道教授为主的研究团队研发，在借鉴香港等地成功经验基础上，结合了余杭地区法治建设特色，所创建内地的首个比较成功的法治量化指标体系。该套指标体系中采用层次分析法对于余杭区法治建设任务进行分解和细化，确定了 1 个"法治余杭指数"总指标，4 个涉及区本级、区机关、乡镇和农村社区评价层次和 9 个

---

① 孟涛. 国际法治评估的种类、原理与方法 [J]. 清华法治论衡，2015（02）：342-367.

方面满意度调查指标，构成"149"的指标结构。① 指标体系采用了德尔菲法进行权重赋值。数据来源评分由内部评审、外部评审、专家评审和群众满意度调查相结合加权计算得出。② 由于"余杭法治指数"属于委托第三方主导的外部评价，即受地方政府委托进行指标体系设计和实施评价，所以仍然难以摆脱政府控制的质疑。③ 但余杭法治指数评价体系被认为缺少"有限政府权力""基本权利"等反映法治本质属性的指标。余杭法治指数被认为属于典型跨学科研究，涉及法学、管理学、社会学、统计学等多个学科知识，特别是引入了管理学中的绩效管理与评价思想与方法。④ "余杭法治指数"自 2006 年发布以来，持续更新到 2015 年，不仅推进了中国量化法学研究，而且非常注重中国现实背景下推进中国法治评价实践，推进法治政府建设，拓展民主法治具有重要现实意义，并形成了"中国法治实践学派"。⑤

2. 全国法治政府评估项目

全国法治政府评估项目是由中国政法大学法治政府研究院设立的，并研发了一套兼顾全面性、客观性，可操作性，定性与定量评价相结合的法治政府评估指标体系。该套法治政府指标体系主要依据国务院发布的推进依法行政和法治建设政府的纲领性文件，从中凝练出评估指标体系，主要包括了机构职能及组织领导、行政执法、政府信息公开、监督与问责、社会公众满意度调查等 7 个一级指标、30 个二级指标、60 个三级指标（观测点），总分为 300 分。指标体系的权重和评分方法强调通用性，即以观察点为基础，根据各个一级指标的重要性和不同指标间的均衡度综合确定。由中国政法大学法治政府研究院的师生基于独立第三方身份展开评估。⑥ 数据来源除了"公众满意度"指标数据采取抽样调查方式，其余指标数据都采取网络检索、亲身体验、实地考察或者向当地政府发函询问的方法

---

① 余杭法治指数由 4 个层次指标指标体系组成，分别为"法治余杭量化考核总指标""区级机关法治建设考核评估指标""镇乡、街道法治建设考核评估指标""村、社区法治建设评估指标"，每个层次一级指标、二级指标的评价内容、评价标准也不相同，其中区级机关评估指标还分为共性指标和针对具体部门的个性指标；9 个方面满意度调查指标分别涉及党风廉政建设、政府行政工作、司法工作、权利救济、社会法治意识程度、市场秩序规范性、监督工作、民主政治参与、安全感等。具体参见：胡虎林．法治指数量化评估的探索与思考——以杭州市余杭区为例 [J]．法治研究，2012（10）：101-107；舒泰峰、赵春丽．余杭首尝"法治指数" [J]．浙江人大，2008（06）：22-25；钱弘道编．法治评估的实验——余杭案例 [M]．北京：法律出版社，2013：66-234．

② 胡虎林．法治指数量化评估的探索与思考——以杭州市余杭区为例 [J]．法治研究，2012（10）：101-107．

③ 孟涛．论法治评估的三种类型——法治评估的一个比较视角 [J]．法学家，2015（03）：16-31，176．

④ 王朝霞．法治评估的作用机理、实践指向及其优化——余杭实验的分析 [J]．法律社会学评论，2016（00）：261-287．

⑤ 钱弘道，王梦宇．以法治实践培育公共理性——兼论中国法治实践学派的现实意义 [J]．浙江大学学报（人文社会科学版），2013（05）：18-32．

⑥ 应松年，马怀德．中国法治政府评估报告（2013）[J]．行政法学研究，2014（01）：3-10，143．

获得，主要体现民间性、学术性、客观性的三大特点，但受制于政府公开的数据不足和向政府获取信息的困难，导致评价依然存在不尽如人意之处。全国法治政府评估项目于 2013 年首次应用于 53 个城市，2014 年扩展到 100 个城市，目前已经连续开展 6 年，2018 年 9 月发布了《中国法治政府评估报告（2018）》。特别值得注意的是，2018 年度评估中指标调整较大，一方面增加营商环境的法治保障作为一级指标，通过 9 项观测点具体考察了各城市市场准入的便捷程度、政务诚信建设状况、行政审批便捷高效情况、优化营商环境的制度化水平四个方面具体的落实情况，另一方面在具体观测点上也更倾向于实施效果层面的考量，考虑到指标趋于严格。[①]

第二节　法治化营商环境评价指标体系构建的路径与评价维度

一、法治化营商环境评价指标体系构建路径

法治化营商环境评价指标体系构建本身就是一种系统性的科研活动，需要对于影响指标体系构建的多重要素进行综合分析和考量。在此基础上，结合法治化营商环境评价理论方法和相关经验形成指标体系构建的整体思路。

（一）指标体系构建的要素分析

指标体系构建是复杂的价值与技术问题。从逻辑维度而言，法治化营商环境评价指标体系构建涉及评价目的、评价进路、评价主体、评价数据和评价环境等多重要素。这些要素不仅决定了评价功能的实现，而且直接影响指标体系构建的科学性和可行性，以及评价结果的公信力。

1. 评价目的：推动法治化营商环境建设的技术工具

任何评价都要服务于特定的评价目的，不同的评价目的直接决定评价内容、评价指标和评价模式选择的不同。指标体系作为实现评价目的的技术工具，本身不可能游离于评价目的之外，而是要与评价的目的保持一致，确切地反映评价目的的各个方面。因此，构建评价指标体系必须以评价目的为主导，考虑如何根据评价目的合理搭建指标体系结构，进

---

① 孙莹. 中国法治政府评估报告（2018）[EN/OL]. http：//fzzfyjy. cupl. edu. cn/info/1021/9268. htm，2018-09-20.

行评价指标的筛选，形成具有可操作性的评价指标体系。法治化营商环境评价的根本目的是推动我国法治化营商环境建设，对于构建法治化营商环境评价指标体系的影响主要集中体现在以下两个方面。

第一，指标体系要反映我国法治化营商环境建设总体目标和要求。党的十八届四中全会通过的《关于全面推进依法治国若干重大问题的决定》指出，"社会主义市场经济本质上是法治经济。使市场在资源配置中起决定性作用和更好发挥政府作用，必须以保护产权、维护契约、统一市场、平等交换、公平竞争、有效监管为基本导向，完善社会主义市场经济法律制度。"党的十八届五中全会进一步强调，要"运用法治思维和法治方式推动发展"。这些构成了我国法治化营商环境建设总体目标和要求，也决定了法治化营商环境评价指标体系的评价内容和价值导向。

第二，指标体系要成为衡量和推动区域法治化营商环境建设的技术工具。当前，虽然国际上关于营商环境评价已经比较成熟，但这些评价重点在于基于全球化的视野对不同国家营商环境进行横向比较，面向区域性营商环境建设的针对性和深入性均存在不足。法治化营商环境评价要能够客观、有效反映我国各地法治营商环境建设情况及存在问题，进而根据各地实际提出针对性的改善建议。这就决定了法治化营商环境指标体系构建在参照国际标准的同时，应结合中国实际情况，突出中国特色，同时还要兼顾通用性与可比性，统一性与差异性，因地制宜设置评价指标和评价模式，使其真正成为推动我国各地法治化营商环境建设的有效工具。

2. 评价进路：体制性进路与价值性进路相结合

评价进路是指法治评价指标体系构建，从抽象概念具体到可操作化过程中为达成评价目的所选择的基本路径与策略。评价进路上承"评价目的与宗旨"，下启"评价方法"，并且决定了评价指标的选取标准和方向，是科学与合理地设计法治评价指标体系的方法论层面的基本问题。① 国内学者通过归纳和总结法治评价实践中不同类型的评价进路，认为法治评价进路可以划分为体制性进路和价值性进路两种类型。体制性进路关注现实社会中已经确立并运行的法治实施的真实样态，着重评判法律法规体系是否健全完备、国家机关是否根据法律或法治原则来管治社会，公权力行使是否符合法定程序和受到有效监督，以及社会各界是否遵照法治的前提下行事等，选取体制性进路能够使法治化营商环境评价指标体系关注重点更加集中，目标更加明确。价值性进路则更加关注是否符合法治传统理念

---

① 张德淼，李朝. 中国法治评估进路之选择 [J]. 法商研究，2014（4）：3-12.

和精神以及符合程度如何，诸如确认基本人权是否得以保障、个体权利是否充分行使以及公权力是否有效控制等，主要通过法治的价值形态的集合形式反映和呈现法治特征。本质上而言，法治评价的体制性进路与价值性进路之间并无优劣之别，选择何种评价进路主要取决于与评价目的的契合程度。

我国法治建设存在自身的特殊性，由于中国社会长久以来重伦理轻法理，重义务轻权利，重人治轻法治，短期内又急需实现法治，因此不能依靠西方式自然演进方式，需要采取国家推动型法治化道路。[①] 我国法治化营商环境评价不仅要关注如何推进法治化营商环境的建设，还要以法治价值要素为标准对法治化营商环境现实状况进行衡量，进而评判出法治化营商环境实现程度高低，并可以提出具有针对性的完善对策。这意味着我国法治化营商环境评价指标体系构建需要结合中国法治建设特点，根据法治化营商环境的内涵和法治内在价值追求，采用体制性进路与价值性进路相结合的路径，才能真正构建出具有较高的效度，科学合理的评价指标体系。在具体指标选取方面，一方面要结合中国法治建设的发展战略，突出关注我国法治化营商环境相关制度机制的实施与机构运行情况，对"薄"法治的有所体现，诸如法规完备性、依法行政、信息公开和权力监督等；另一方面应着眼于未来中国法治化营商环境的不断发展与完善以及国际化视野，将价值性要素融入制度性进路的指标体系中，体现产权保护、契约自由、诚实守信与公正有效的司法系统，建立自由、平等为价值取向的市场秩序，追求公平竞争环境等法治经济的价值追求，最终形成对于"厚"法治的普遍关照。

3. 评价主体：基于独立第三方的评价主体视角

从评价主体而言，法治评价是由直接或间接参与法治评价过程中的组织、个人、群体基于一定的测评方法和技术体系，对于法治状况进行的衡量和评判的活动。要保证法治化营商环境评价指标体系构建的科学性、合理性以及有效实施评价，必须要明确"谁来评价"的问题。一般来说，在我国按照评价主体是否隶属于国家机关的划分标准，法治化营商环境评价主体可分为内部评价主体和外部评价主体。内部评价主体主要包括党委、人大、政府、司法机关等。其中，政府是通常的法治评价中最主要的评价主体，并且是法治化营商环境建设的重要力量，掌握大量信息资源，人员专业性较强和数量也较为丰富，作为法治化营商环境评价主体具有一定天然优势。但由于政府主导评价一般偏重于强化政府内部执行力、注重过程控制的自上而下的"目标考核"[②]，导致评价容易唯上不唯下或流

---

① 何勤华. 法治的追求：理念、路径和模式的比较 [M]. 北京：北京大学出版社，2005：17.
② 廖鹏洲，卢扬帆，覃雷. 体制内考评"清理-膨胀"的成因与对策 [J]. 中国行政管理，2015（07）：49-52.

于形式，加之受制于政府部门利益和视域的藩篱，作为单一评价主体直接影响评价的客观性和有效性，更多时候需要引入多元的外部主体。其他法治化营商环境评价的内部主体，在评价视域和专业性方面也存在与政府类似优势和不足。外部主体主要是指科研院所、高校机构、学术团体、专业中介服务组织和管理咨询企业等第三方机构，评价视域较为广阔，独立性较强，还可以发挥外部力量监督与制衡作用。第三方机构作为法治化营商环境评价主体具有一些显著优势，具体而言，一是专业性，目前第三方评价主体大多高等院校的学术团队或者专门从事法律相关实务的非政府组织，作为专门机构对于法治评价研究与认识较为深入，拥有满足法治评价所需求的专业人士和技术方法；二是中立性，由于第三方评价主体通常在整个法治评价过程中处于相对超然地方，可以不受政府部门利益左右，也不是密切的利益相关者，可以从较为中立视角出发构建指标体系，理性对待所收集各项法治评价数据信息，给出客观公正的评价结论；三是民间性，第三方评价主体能够更加广泛的收集民意，并且可以通过引导专家评议或公众评议成为民意表达与民主监督的重要载体，甚至发挥"倒逼"作用促使相关部门改进法治建设成效。一般而言，按照是否接受内部主体委托或独立发起评价，第三方作为评价主体又可以分为委托第三方和独立第三方①。从实践的经验看，委托第三方由于受到内部主体的委托和资金支持，易受到委托方的影响或控制，独立第三方的独立性要优于委托第三方，其评价结果的客观性和公正性也要强一些。②

4. 评价数据：注重数据的可获得性与有效性

任何评价指标体系构建都需考量评价数据问题，能否获得高质量的评价数据，直接影响到指标体系能否有效应用于评价活动和得出真实可靠的评价结论。因此，评价数据的可获得性、信度与效度等成为构建法治化营商环境评价指标体系需要考虑的重要影响因素。

从评价数据的可获得性而言，随着法治实证化研究与中国法治建设进程不断深入，第三方作为法治化营商环境评价主体将日渐普遍，但从实践角度而言，法治化营商环境相关的绝大部分客观评价数据，特别是诸如时间、成本和环节等过程性评价数据仍然掌握在各级政府或司法机关手中，因此指标体系的客观指标尽量以结果性指标为主，减少过程性指标，评价数据应尽量采用可以公开查询得到数据源或官方统计结果，同时充分利用专家评议、企业满意度调查和公众满意度调查获得主观指标的评价数据，保证评价数据来源渠道

---

① 郑方辉，谢良洲. 独立第三方评政府整体绩效与新型智库发展——"广东试验"十年审视 [J]. 中国行政管理，2017（07）：153-155.

② 范柏乃. 政府绩效评估与管理 [M]. 上海：复旦大学出版社，2007：165-166.

的多元化和互补互证。

从评价数据的信度与效度而言，主客观指标的评价数据质量也会影响指标体系的有效度及通用性，决定了法治化营商环境评价的最终质量。由于不同评价数据来源渠道及收集人员、方式和成本都会导致评价数据信度差异，构建法治化营商环境评价指标体系时应充分考虑评价数据获取是否具有较好的一致性、稳定性和可靠性，以及数据分布的均匀性，确保所获得评价数据能够满足指标体系的评价信度需要，直接用于数据分析和结果评判。反之，如果评价数据信度与指标体系的评价要求存在较大差距，不仅大幅增加后期评价数据的处理工作量，而且甚至用于评价分析可能直接降低指标体系的信度与效度。构建指标体系还需要注意评价数据内涵与评价目的是否一致，测量结果能否充分反映指标想要的评价内容，只有两者吻合度越高，才说明评价数据乃至指标体系的效度越高；反之，则效度越低。因此，这就要求不仅要考虑所评价指标选取的合意性，还要结合指标的评价数据内涵、范围、口径和时间等多个维度的综合考量。特别是涉及主观评价的指标，鉴于不同评议者的认知水平存在差异，指标名称注重明确易懂性，从而使各类评议者就都能够作出合理评判。

此外，法治化营商环境评价指标体系构建还要考虑评价数据获取成本与便捷性，以及是否方便量化计算和标准化分析，使其具有地区之间横向可比性和时间上的纵向可比性，以便于不同视域下的比较分析。

5. 评价环境：扎根于中国实际的法治土壤

评价环境在评价指标体系构建过程中也发挥着重要影响作用，一些重大环境因素直接影响指标体系的建立，甚至贯穿整个评价指标体系。法治化营商环境评价指标体系构建自然也会受到评价环境的影响，主要包括政治环境、经济环境、社会文化环境等。政治环境对于指标体系的影响主要体现在功能定位、评价进路、评价方式等方面。从我国政治体制及其运行机制而言，中国法治建设在宏观层面是由中央层面的顶层设计和自上而下推动，并且在法治观念的启蒙、法治发展的路径和法治建设进程等方面都发挥着主导和保障作用，这决定了法治化营商环境评价指标体系的功能定位重在基于现实中国法治基础，针对微观层面法治化营商环境进行测量和改造。包容开放的政治氛围还有助于更多独立第三方主导法治化营商环境评价指标体系开发，以及采用多重民意调查方式保证评价的科学性和中立性，封闭保守的政治生态则可能直接阻碍法治化营商环境评价的开展，导致评价单一化和形式化，甚至出现"为评价而评价"的作秀现象。经济环境主要影响法治化营商环境评价指标体系的评价内容、指标选取与权重。人治是自然经济的产物，法治是市场经济的产物，当前我国社会主义特色的市场经济已经逐步成熟，社会从自然经济走向市场经济，伴随着的便是人治走向法治。市场经济本质上是法治经济，当前我国法治经济的各方面成熟程度、主要问题以及关注焦点都是指标体系设计时需要考察的重要内容，直接影响各项指标的确定及指标权重的赋值。社会文化环境往往具有区域特色、不可复制、无法取代的属性，那些根植于人们心理底层的较为稳定思想观念、认识体系、思维方式，对于法治化营商环境评价指标体系的价值理念、评价标准和实施可行性都具有一定影响。诸如在法治理念、法治思维和法治意识方面，由于中国相对于西方国家来说存在较大差距，法治化营商环境评价标准不能简单照搬西方的法治标准，而是要结合中国实际的法治土壤进行综合考量。换言之，在借鉴西方法治评价经验的基础上，我国法治化营商环境评价指标体系还需要正视本土政治、经济、社会文化现状，才能保证指标体系设计的科学合理。

（二）指标体系构建的整体思路

法治化营商环境评价指标体系构建的整体思路为依据法治化营商环境的内涵，体现法治经济价值取向，结合先前理论探讨、经验借鉴和要素分析，立足于价值目标与技术目标统一，以独立第三方评价主体的视角，基于结果导向和满意度导向评价理念，主观评价与客观评价相结合方式，按照"确定领域层框架—分解领域层内涵—设计备选指标—终端指标遴选—确定指标权重—设计评分标准—确定指标体系—实证应用—完善指标体系"的技术路径，主要采用改良的层次分析法，利用专家咨询问卷调查方式进行各级指标设计及其权重赋值，最后通过实证检验进一步优化指标体系方案。具体来说：

一是明确指标体系构建的基本方向和进路。新时代下法治化营商环境建设是加快建设现代化法治经济，推动高质量发展的需要，各地对法治化营商环境重要性的认识提到了一个新的高度。从评价目的而言，立足于推动法治化营商环境建设根本目的，指标体系定位于为我国法治化营商环境评价提供一套基于现实国情的技术工具。从评价进路与方法而言，指标体系构建应在对法治化营商环境内涵的深入剖析与科学概括的基础上，既要体现技术理性，又要体现价值理性就必须从体制性进路和价值性进路的双重进路出发考量，采用定性评价与定量评价相结合方法，既要能测评法治化营商环境的可量化之处，又要反映不可量化正义。从评价主体而言，指标体系构建基于独立第三方评价主体的视角，打破体制内主导的自上而下单一的法治评价格局，达到共同推进法治化营商环境建设目的。

二是体现结果导向与满意度导向的评价理念。法治化营商环境评价客体较为复杂，需要展开综合考评与测量，并且积极回应社会期待。借鉴政府绩效评价理念，强调结果导向和满意度导向，不仅可以发挥指标体系的技术工具作用，驱动评价目标的实现，更可以强化法治化营商环境的价值导向及民主法治精神，提升评价的科学性和公信力，同时有助于简化指标数量。从具体指标体系设计而言，一方面是强化结果导向。过程服务于结果，指标体系应反映法治化营商环境建设成效如何。结果导向下具体指标选取将更加关注法治理念的落实、法治思维的确立和法治秩序的维护，依据法治化营商环境建设的实际效果反映程序正义和实质正义的实现程度。这有别于过程导向下指标体系构建将重点放在一系列投入性的、过程性的、形式化的外在表现，诸如法规数量、执法频次等。另一方面是强化满意度导向。习近平总书记在学习贯彻党的十九大精神研讨班开班式上指出"时代是出卷人，我们是答卷人，人民是阅卷人"。要准确描绘中国法治化营商环境的真实水平，就必须要从人民群众的视角看待、审视和评价法治化营商环境的实践样态。满意度导向就是将人民群众的直接感受作为评价区域法治化营商环境水平的重要依据，以其是否满意作为根本评判标准，满意度指标应当成为指标体系的重要组成，特别是引入企业满意度测评，进一步强化指标体系作为民主文化下的技术工具属性。

三是主观指标与客观指标相结合。虽然法治评价通常认为是基于实证主义的量化评价方式，但不同于一般意义的实证主义研究范式取向认为研究应该基于客观和唯一的事实基础，量化研究则需要依赖于大量客观数据输入和统计分析，进而认识或发现隐藏其后的真理或规律。法治评价指标体系只有将客观指标与主观指标相结合，从多个源头获取评价数据，促使专家、公众和利益相关者等多元主体参与评价，才是"面向事实本身"的实证主义精神体现。就此而言，法治化营商环境评价指标体系构建也应采用主观评价与客观评价相结合方式，既要采用客观评价指标对于法治化营商环境实际状况作出中立性的描述，又要主观评价指标反映社会对法治化营商环境的心理认可度与满意度，从而实现客观依据与社会对其主观认知的有机统一，进而发挥主客观指标的互补互证作用。

四是遵循规范路径与方法设计指标体系。法治化营商环境评价属于水平性或目标性评价。根据国内外法治评价指标体系的层级构建经验，可以沿着"目标层—领域层—领域内涵层—指标层"的分解路径构建三级指标结构体系。其中，目标层对应于法治化营商环境最终评价指数，表示区域法治化营商环境的综合发展总体水平，统领各级指标层。在目标层之下，领域层即一级指标，又称评价维度，重点在于全面涵盖法治化营商环境评价所涉及各个面向，具体指向立法（法制）、执法、司法和守法四个方面。领域内涵层即二级指标，是对一级指标内涵的分解，侧重于体现法治化营商环境评价各个领域层的内在构成要素及其价值导向。指标层即三级指标，对应于可直接测量法治化营商环境水平的关键性具体指标，基于不同评价手段和数据来源，三级指标分为主观指标和客观指标，主观指标又包含专家评议、企业满意度及公众满意度测量指标。指标体系构建过程采用专家咨询法与层次分析法相结合的技术方法，具体而言，按照层次分析法理念在对指标体系层级和框架的初步确定基础上，利用专家咨询调查问卷所获备选指标的重要性评分，进而遴选出具体指标且计算出指标权重，从而建立一套科学的评价指标体系。

综上所述，法治化营商环境指标体系构建的整体思路与技术路径如图 6-1 所示。

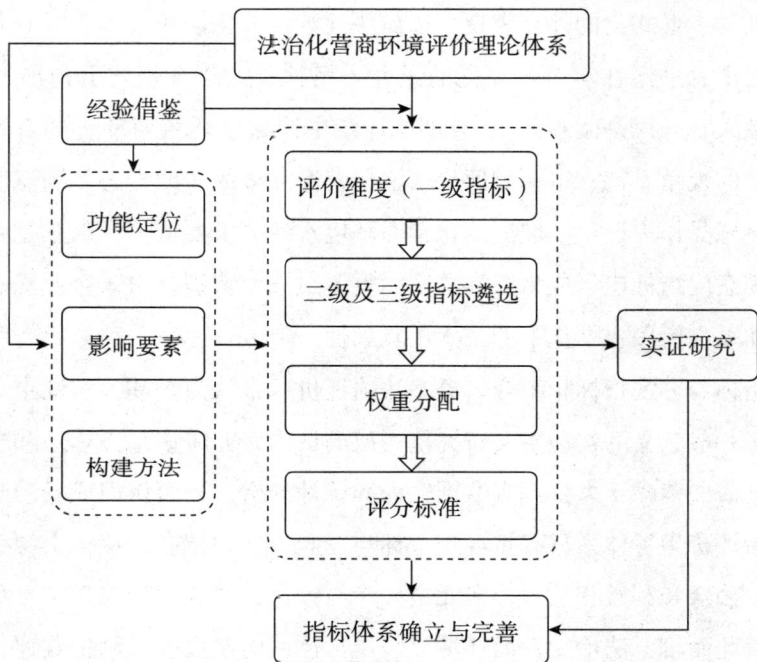

图 6-1　指标体系构建整体思路与技术路径示意图

二、法治化营商环境评价指标体系评价维度

（一）营商法制环境

法制环境是法治化营商环境建设的基石，在经济发展中的作用受到社会各界的广泛重视。实证研究显示，法律体系对于经济增长，投资和金融发展具有长期的重要影响。如前所述，法治经济以权利为本位，国家应为权利实现提供实质性的保障，其中制度性保障是最基础性的。法治经济的良好运行离不开制度保证市场主体的平等地位，实现公平竞争的市场秩序，保护合法产权以及降低市场交易费用。构建良好的营商法制环境是改善法治化营商环境的首要任务。随着我国法治经济水平持续提升，对于法律法规的数量、质量需求

也是不断增长，要求相关规范的范围要广而且符合实践需求，这样整体营商法制环境水平才能越来越高。

营商法制环境更多应从宏观层面进行评判比较合理，可以指向营商法规政策的体系健全性、内容科学性以及实际效果等。具体内容包括：一是良好的营商法制环境应具有健全的法规政策体系。这不仅涉及公司法、合同法、商业法、商标法、物权法和民事诉讼法等企业经营和权益保障的一系列法律制度，还包括土地管理、矿产资源和能源、财政税收、金融监管、对外贸易、涉外投资等促进商品和要素自由流动、平等使用的各类法规，而且基于营商环境实践中党政机关制定政策性文件常常发挥取代甚至超越法律角色的特点，如税收优惠政策等也应视为其的重要组成部分。目前，我国营商法规政策体系还不够健全，特别是亟须加强对非公企业和自然人产权保护制度以及编纂民法典，从而提升企业创新创业的信心。二是营商法规政策内容具有科学性。所谓科学性是指法规政策应以符合自然、技术和社会的客观规律作为制定标准，并尽可能满足赖以存在的内外条件。微观层面而言，需要符合中国营商相关的政治、经济和文化等现实国情，以及符合公众心理、认知和行为规律。同时，由于在我国经济整体运行以及微观营商问题的解决过程会大量使用政策性的规制，这些规范性文件的协调性与系统性也成为衡量法规政策体系健全性的重要内容。富勒认为法律不相互矛盾是法律的内在道德之一。针对各类法规、规章和规范性文件还存在内容协调统一性不足和实际缺乏可操作性等问题，需要及时进行清理修订，消除制度性的冲突和不必要的制度性障碍，尽量能够降低市场交易成本和减少合规性成本。三是法规实际效果体现公平性和可预见性。法规实际效果重在立法所确定的社会秩序和价值观念得以实现，但实际中一些营商法规实施后往往让企业感到不公平对待，一些地方出台营商法规的随意性和盲目性较大，未纳入法治化管理的轨道，导致企业对于营商环境的预期不明确，因此法规实际效果也值得关注。基于企业对于公平竞争的营商环境需要，以及法规须具有安定性价值，只有形成公平和可预见的营商法制环境才能使企业对于经营环境、发展预期和长期投资具有坚定的信心。

值得一提的是，有学者认为将所有营商相关的法规政策性文件纳入评价范围，可以有效确保评价指标体系对于营商法制环境的映射真实性，为进一步确保制定的营商法律法规政策合乎法治的要求，还有必要对于制定过程进行评价。然而这样需要花费大量的人力、物力和财力成本，而且具有高度复杂性，不具有可操作性，客观上无法实现。

（二）营商执法环境

"徒法不足以自行"，法律的生命在于实施。法治化最重要的表征体现在执法过程之中，执法环境是实现法治化营商环境的关键环节。推进法治化营商环境建设，除了要完善相关的法律制度规范体系，还应加强营商执法环境的改善。执法是行政机关管理经济社会事务和履行政府职能的主要方式，也是营商环境法治化程度的最直接体现。从学理上而言，良好的营商执法环境主要涉及政府依法行政、行政权力监督和维护公平竞争市场秩序三个方面。从政府依法行政而言，就是要做到有法必依、执法必严、违法必究和依法办事。从行政权力监督而言，良好执法环境还必须推动政务公开透明，真正把权力关进制度的"笼子"里，使权力运行从根本上得到规范和约束，保障权力的正当行使，从而营造"亲"且"清"政商关系。从维护公平竞争市场而言，法治之法是维护和保障自由和尊严的法律，在法治经济的视域下维护自由平等的市场秩序也是题中应有之义。法治经济根本目的要使市场在资源配置中起决定性作用，自由交易、公平竞争、秩序保障、机会均等则是市场主体顺利从事商业活动的必要条件，也是营商执法环境的核心内容。

目前，我国许多地区营商执法环境还存在诸多短板和不足，如政府有关部门法治观念淡漠、行政审批环节过多、执法规范性和公正性不足、办事形式主义严重；政府职能履行时常出现缺位、越位和错位，公共服务不到位，缺乏主动帮助企业排忧解难的意识；政府权力边界厘定不清，权力滥用时常发生；对于企业经营干预过多，产权保护力度不够，在市场准入与公平竞争方面，"玻璃门""弹簧门"等问题仍较突出。针对上述问题，营商执法环境的评价内容应围绕政府依法规范行政、履行政府职能、权力运行监督和企业权益保障等方面展开，具体而言，一是政府部门依法规范执法，建设高效责任型法治政府。依法规范执法的根本要义"坚持法定职责必须为、法无授权不可为""坚决纠正不作为、乱作为"，重点在于推进依法行政和法治政府。当前在落实依法治国方略、发展法治经济和优化法治化营商环境大背景下，强化依法行政理念重在基于权责清单有效厘清政府与市场关系，深化行政许可制度改革、简政放权转变职能，提高行政效率和公共服务水平。各级政府还必须健全依法决策机制、严格落实执法责任，强化守法诚信的法治政府建设。二是政府积极履行各项职能。优化营商环境核心在于推进政府职能合理归位，实现从全能政府到有限政府、从管制政府到服务政府的转变，让政府发挥更好作用。法治化营商环境建设必须与依法刚性推动政府职能履行有机结合，才能适应我国经济社会发展的新形势。党的十八届四中全会的决定明确提出要"依法全面履行政府职能"，涉及经济调节、市场监管、环境保护和社会治理维护等诸多方面。三是政府部门权力置于有效监督之下。良好的营商执法环境离不开完善的行政权力监督机制，其与反腐败措施、政府廉洁及政务信息公开有着密切的正相关性。反腐败措施不仅使企业所处营商环境纯洁化，而且提高了官员的"寻租成本"，可以从源头上消除了企业谋求不良"政企关系"的动机，使企业更加专注经营创新活动。廉洁政府是营商环境不可或缺的部分，也是世界银行认定中国香港和新加坡等拥有全球最具竞争力营商环境的重要影响因素之一。"阳光是最好的防腐剂"，政务信息公开可以有效保障市场主体的知情权、参与权、监督权，是对行政权力监督最有效的途径。四是企业各类产权及平等参与竞争权益应得到充分保护。企业法人组织是市场经济条件下最普遍的组织形态，其"财产权""创新权益"和"自主经营权"状况是衡量营商法治环境的主要维度。[①] 良好营商环境需要形成归属清晰、权责明确、保护严格、流转顺畅的现代企业产权保护机制，才能有效增强企业经营的安全感和信心，形成长期稳健经营的良好预期。此外，市场主体准入资格是否平等，不同类型的企业差别性或歧视性待遇是否消除，是否有效维护公平竞争的市场环境也是保障企业权益的重要体现。因此，法治化营商环境还必须坚持"权利平等、机会平等、规则平等"原则，保证各类型企业具备平等的市场准入权和公平的竞争权，并且政府要减少干预，对企业自主经营权保持谦抑之品格，从而有效激发市场主体活力，让市场在资源配置中起决定性作用。

（三）营商司法环境

司法是以法治规范权力的最后一道防线，优越的法治化营商环境必然要求公正、透明和有效的司法环境作为保障。公正是司法的生命线，司法系统能否公正有效地适用法律，直接关系到法律所保障的信用以及人们对法律本身的信任，因而也就影响到市场的良性运行和经济效率。如果说公正是司法的本质特征和价值目标，透明公开则是确保司法公正的必然要求。司法不公开、不透明，只会导致司法不公、司法腐败。透明公开是司法活动的一项准则，它与诉讼程序共同作为司法运行的重要保障机制，对于司法活动过程及结果的公正性具有重要作用，因此司法透明也是司法营商环境不可或缺的重要内容。在司法公正透明的基础上，通过司法途径有效解决问题也是司法活动的重要目标之一。如果企业权益在受到侵犯之后，诉诸司法途径也无法获得任何有效救济，不仅影响企业正常经营活动，而且会危害司法的公信力和权威性。

我国营商司法环境亟须以提高司法公信力为根本，切实化解影响司法公正、制约司法能力的机制问题。目前，我国营商环境中"法律面前人人平等"的法治理念和公正权威高效的司法环境尚未完全确立，司法实践过程对于违反法律的行为还存在法外权力和其他法

① 　李朝. 量化法治的权利向度——法治环境评估的构建与应用 [J]. 法制与社会发展，2019（01）：33-50.

外因素的干扰，"以言代法、以权压法、徇私枉法"现象还时常发生，商事纠纷司法解决受政府人为干预、法官办"人情案"等有碍营商司法公正的"短板"依然存在。司法透明公开在我国营商司法环境中体现和运用与发达国家相比也还存在差距。在司法实践中由于"案多人少"、司法资源紧张所导致的告状难、司法效率低下和执行难等问题也亟须解决。法律服务市场发育不充分与质量不高，特别跨境纠纷与涉外法律服务需求与供给矛盾也非常突出。结合目前存在的问题，营商司法环境的评价内容需要重点突显司法公正透明、司法途径有效性以及法律服务保障等，具体而言，一是关注司法公正性与透明性，提升司法公信力。司法公正透明是营造良好的营商司法环境的首要条件，只有落实司法公正透明才能不断提升司法公信力。司法公正对法治化营商环境具有重要推动作用，如果司法公正这道防线缺乏公信力，法治化营商环境就会受到普遍质疑，甚至社会和谐稳定都难以保障。司法公正并非抽象的，具体实现司法公正必须确保每个案件审判结果都做到合法有据，让公众从具体案件中都能感受到公平正义。司法透明是实现司法公正的基本保障和重要途径，是避免司法腐败滋生的有效措施，保证司法公正落到实处是重要前提。当事人也有权获悉影响其权利的决定，决定必须说明理由，以及查阅相关司法文书。因此，营商司法环境建设应确立司法透明为公众行使权利和监督司法的理性通道，以及提高司法公信力、树立司法权威的长效机制。二是提高司法审判质效，推动司法解决途径多元化。在司法资源有限的约束条件下，面对司法需求不断增长，必须通过提升司法审判质效和司法途径多元化等司法体制综合配套改革，重构司法内外和谐关系。20世纪后半叶以来，世界许多各国为适应营商环境的发展变化，有效解决司法资源不足与司法需要不断增长的矛盾，积极将简易、便利、快速、低廉作为司法改革的基本目标之一。改善营商司法环境需要进一步拓展司法体制综合配套改革的深度和广度，使改革成效最终体现为审判质效的提升。面对诉讼成本不断攀升等问题，还需要构建多元化的纠纷解决机制，即价值多元化、解决方式与手段多元化和主体多元化，倡导"包容性"和"宽容性"的精神①，从而有效缓解司法审判压力，保障司法体系能够更公正有效的解决纠纷，使公众和企业产生能够通过多元化的司法途径解决商事纠纷。三是健全法律服务市场，确保法律服务供给充分。现代法治社会条件下，缺乏法律从业者的帮助，不仅公民，连政府、企业等组织的权力、权利和自由都得不到有效保障。法治化的营商环境离不开发达的法律服务业，现代企业的资本运营和经营管理离不开全方位、多渠道的法律服务，只有法律服务市场充分发育和有效供

---

① 李喻青. 法治社会理论与实践探索［M］. 上海：上海人民出版社，2016：321.

给，才可以有效优化营商司法环境和化解司法商事纠纷。营商司法环境需要积极探索建立推动经济高质量发展的法律服务体系，深化和拓展营商法律服务市场，组织律师、公证员和仲裁员为市场主体提供有效法律服务。高质量法律服务还需要严格依法规范律师、公证、司法鉴定等法律服务活动，切实保障法律服务的消费者利益。

值得强调的是，司法机关在打击商业犯罪中的权力行使规范性尚不完善，实际中在对待非公企业的司法平等保护、司法救济渠道以及刑事处罚上均存在着一定的认识偏差和实操问题，如司法机关在履行职责过程中，针对企业经营者进行调查，对于如何保障其合法的人身和财产权益，保障企业合法经营存在失当行为。可以说，"良好的营商司法环境不仅立足于民商事法律，还有赖于刑事实体法及程序法的有效保障"，最高司法机关也多次以司法解释的形式强化保障相关刑事诉讼程序与当事人的权益。

（四）营商守法环境

法治化营商环境最终有赖于全民对法治的普遍信仰和严格守法。"法治中国的主体是人民而非国家机关，尽管法治建设离不开立法、执法与司法机关的民主立法、严格执法和公正司法，但他们只是法治的执行主体而非本源性主体。只有人民才是法治的第一性的力量和主宰者。"[①] 但相对于立法、执法和司法而言，营商守法环境是一个被理论界和实践界经常忽视的重要方面。事实上，营商守法环境直接关系到法治化营商环境的优劣，影响到市场参与主体活动的交易成本。从法治文化认同角度而言，营商守法环境也不能只停留在"消极守法"的状态，即公众或企业认为守法仅为一种义务，将自身定位法律的调整客体，只要遵守法律就可以，而将法治建设视为政治精英和国家机关的事情，与己无关。现阶段法治化营商环境建设还应倡导"积极守法"，即公众和企业能够基于对于法治的信仰，自觉地、主动地遵守法律，并且去做一切有利于法治的事，将守法视为一种权利。实质上法治是一种合作性事业，守法则是这种合作性社会关系的展开，陌生人的商业信任也来自法律关系主体一方对另一方服从法律的预期，当不存在这种预期时，这种信任便存在风险，这将势必增加社会交易成本，不利于营商活动的开展。可以说，营商守法环境根本目标是实现"良法善治"，即人们认可和自觉遵从良好的规则，实现多元权力（权利）的持续互动、信任合作与协调平衡。

目前，我国公众普遍存在法律意识不强和知法守法程度不足问题，企业违法经营也较

---

① 汪习根. 论法治中国的科学含义 [J]. 中国法学，2014（02）：108-122.

为常见，特别是安全生产、环境保护和税收缴纳等方面。现阶段诚信体系不健全，全社会尚未形成诚实守信的营商氛围，企业失信行为时有曝光，恶意违约、坑蒙拐骗和假冒伪劣现象在一些领域或行业还很突出，企业诚信培育及相关机制完善也被众多学者列为优化营商环境亟须解决的重点问题。因此，营商守法环境评价维度重点应将全民知法守法情况、企业守法经营和诚信体系建设等纳入评价内容，具体而言，一是全民普遍守法意识与自觉知法守法。现代意义上的全民知法守法主要体现为全民建立起对法治的信仰和在现实生活中能够普遍知法守法。营商守法环境也是建立在全民普通知法守法基础上，要求在社会生活的所有领域，一切国家机关、社会组织和公民都能够具有良好的守法意识，主动通过各类渠道获得相关法律知识或者接受普法教育，了解宪法和法律法规所赋予的具体权利和义务。理论上，全民守法包括掌握公权力的各级国家机关及其工作人员的守法程度，但其守法方式主要表现科学立法、严格执法和公正司法，因此社会组织和公众普遍的自觉自愿地守法成为营商守法环境的主要载体。二是企业严格遵守法规，主动履行法定责任。企业守法经营是营商守法环境的最为重要组成部分。法治本质上就是权利与义务的双重载体，二者统一于法律之中，履行守法义务构成了权利保障的重要条件，因此企业经营不能只讲权利而忽视义务，只有促进企业积极履行守法义务，才能进一步规范企业行为，避免恶性竞争，营造守法、有序、有责的营商环境。企业守法也不能仅停留在消极不违法层面，而应主动履行更多法定的社会责任，这些社会责任不仅包括企业为社会所做的贡献，诸如提供就业、贡献税收、创造财富以及慈善捐助等，更重要在于企业将自身发展与公共利益相结合，在环境保护、员工健康和产品质量安全等方面的积极主动作为。三是社会诚信体系建设完备，奖惩机制有效。"成熟法治社会的一个显著标志是具有较高的社会诚信度"①，诚实守信是每个企业和公民立足于社会的必要条件，如果市场主体在商事交易过程中缺乏诚实守信的契约精神，只会形成一个毫无信用的市场，导致交易的安全性极差、交易成本显著增加，势必影响法治化营商环境建设。诚信建设是规范市场秩序的有效途径，完善的诚信体系可以有效引导企业遵循诚实守信的商业原则，讲求契约精神，减少失信行为，增强各类市场主体的相互信任感，降低市场交易成本。进一步而言，只有通过健全社会组织和公民的守法信用记录，形成合理的守法诚信褒奖机制和违法失信行为惩戒机制，才能够在全社会形成良好的诚信守法氛围，实现自治、共治和他治相结合的法治秩序。

---

① 江必新．法治社会的制度逻辑与理性构建［M］．北京：中国法制出版社，2014：208.

第三节　法治化营商环境评价指标的设计与遴选

一、指标设计与遴选的技术路径与基本原则

评价指标必须服务于评价目标，是将目标逐层分解为具体化和可测量的细分目标。科学的评价指标设计与遴选不可盲目进行，需要基于评价要素、整体架构和维度层次等方面考量，选择合理的技术路径，并遵循特定原则。

（一）技术路径

本书研究关于法治化营商环境评价指标设计与遴选的技术路径为：基于改良的层次分析法，按照"目标层—领域层—领域内涵层—指标层"的分解路径设计出二级指标和三级指标备选库，根据专家咨询问卷调查结果进行二级指标的隶属度分析和三级指标遴选，确定指标的权重系数与评分标准，最后结合实际进一步优化调整，从而构建出科学合理的法治化营商环境评价指标体系。其中，关于法治化营商环境评价指标设计与遴选的技术路径相关重要环节还需要进一步说明。

一是指标设计与备选指标库的构建。目前关于法治化营商环境评价尚未有比较成熟评价指标库，因此需参照法治化营商环境相关研究成果，在有效把握法治化营商环境评价维度内涵基础上，结合法治化营商环境实践中的现实需要，通过演绎推理与分类归纳相结合的规范分析方法对于二、三级指标作出初步构建。具体而言，二级指标是根据法治经济理论和依法治国方略的总体要求，将评价维度（一级指标）分解和细化为具体评价方向，主要反映法治化营商环境的价值导向与具体目标；三级指标是对二级指标的具体化，不仅要能够充分反映二级指标的主要特征，而且要基于典型性、独立性和可比性原则，兼顾评价可操作性等因素，最终形成备选指标库。

二是评价指标筛选与优化调整。在终端指标筛选的时候不仅需要考虑指标的相对重要性，还要参考主观指标与客观指标匹配关系，各个领域评价内容的完整性，数据来源的可获得性等因素，对于部分指标进行舍弃、合并或调整。在指标权重确定时候，由于权重的计算过程中需要逐级分层赋值，其中涉及的多次计算结果都需要进行四舍五入，导致各层级指标权重加总可能无法完全精准匹配，以及为了便于后期实际应用，需要对于各项指标

权重进行规范化的取整处理。在整个指标设计与遴选过程中，还需要融入评价目的、评价进路、评价主体、数据来源和评价环境等要素考量，并且根据专家访谈与实际调研结果进行反复调整，最终才能确定指标体系。

（二）基本原则

指标设计与遴选本身就是一种系统性、综合性的科研活动。为使评价指标能够客观和准确的反映法治化营商环境建设成效与水平，需要考虑指标的合理性、必要性和可行性，因此指标设计与遴选还应遵循系统性、科学性、关键性和可操作性的原则。

1. 系统性原则

由于法治化营商环境是一个复杂的社会经济系统，涉及法制、执法、司法和守法等若干方面，法治化营商环境评价指标体系本身也是一个多维度、多层次和多要素的复杂系统。系统性原则要求法治化营商环境评价指标设计与遴选整体上要呈现出完整性和周全性等，具体要求表现为：首先，指标要能够较为全面反映法治化营商环境建设所要达到的目标和要求，不能够在重要方面有所遗漏，如法制环境的健全性应从法律法规的完备性、科学性和实效性等多个方面衡量，不能仅考察其中某个方面；其次，根据法治化营商环境评价的内在逻辑性，指标之间的层级结构性要进行系统性的考量，既要考虑现实情况，同时关注价值导向；最后，充分考虑每项二级指标内部所包括一系列具体指标的内在关联性，将定性指标与定量指标相结合，主观指标与客观指标相结合，达到既要有相互依存性，但也应避免意义相近交叉，促使整个指标体系成为有机整体。

2. 科学性原则

科学性原则主要体现在评价指标设计、选取及其权重分配过程。法治化营商环境评价指标应建立在相关理论与实践需求基础之上，即围绕法治化营商环境内涵、评价维度的主要内容和实践中关注焦点与重点展开思考和分析，从中提炼出法治化营商环境评价指标。同级指标要保证在内涵和外延上不重叠、不冲突、不重复，同类指标在评分标准、统计口径、测量方法和评价时空范围等方面也必须具有一致性，从而提升评价结果的客观性和准确性。同时，具体指标要能够兼顾到不同地区、不同经济发展水平、不同层次的实际状况，从而保证指标值可以在空间上进行横向比较，又能在时间上进行纵向比较，最终实现指标体系的通用性和可比性。每项指标不应具有多种解释，或者容易产生误解或歧义，应针对性的反映法治化营商环境的某个领域具体情况或事实特征，有质量的承载法治化营商环境的价值取向。另外，在指标设计与遴选，以及权重设置过程中，都应按照理论解构、专家咨询和量化分析的科学程序，基于规范流程和技术手段，保证指标设定具有充分的科学依据。

3. 关键性原则

关键性原则旨在使用最少的指标数量最大限度地呈现相对完整的评价信息，核心在于解决"最少指标"和"相对完整"的矛盾。指标设计并非面面俱到、细致入微就越完善，实践上指标数量不宜过多，避免同时选择相似的指标，保证指标具有相对独立性，并要突出关键、删繁就简和明确易懂。具体而言，法治化营商环境评价的主要目的在于全面检验和推动法治化营商环境建设，为了更高效的完成评价，所选取指标必须具有代表性，同时应尽量用最少的指标反映最为全面的信息。事实上，指标过于庞杂并不利于后期实践开展，指标数量过多不仅大幅增加了数据收集工作量，而且还可能因为数据失真而导致指标体系整体的信度与效度下降，过多指标也难以突出评价重点，发现关键性问题和发挥价值导向功能，只有化繁为简才有利于后期数据收集，以及便于进一步发挥评价、识别和引导功能。因此，在法治化营商环境评价指标设计与遴选时，按照法治化营商环境内涵与外延，所选取指标必须是能够充分反映评价内容且无可替代，即从备选指标当中挑选和提炼出最为关键性指标，尽量减少指标数量，进而简化整个指标体系。另外，虽然最终筛选出的各项指标都是用于测量法治化营商环境的某个方面成效，但是这些指标的重要性却存在显著差异，需要有针对性增加或者减少指标的权重加以反映。为具体指标科学合理的设置不同权重，依据各项指标的加权平均值而不是直接采用算术平均值测算最终评价结果也是关键性原则的重要体现。

4. 可操作性原则

指标如果只是前期设计达到理论上完美，但在实际评价过程中不具有可操作性，无法正常发挥评价作用，难以得到可靠的结论，也就失去了存在意义。因此，如何获得可信的指标数据和信息，有效适用于测评需要就显得非常重要，这使得可操作性成为指标设计与遴选过程中的重要原则。法治化营商环境评价指标要具备可操作性，在设计时就要必须考虑到具体指标实际运用上的可测量性和基础数据的可获得性等。从可测量性而言，能够进行量化评价的尽量采用量化指标，直接的量化数据难以获得情况下，可以使用相关的替代性指标用于测量，无法量化的定性评价指标的内容应该明确且易于理解，特别是主观指标的名称与内容应该做到通俗易懂，便于专家和公众能够清晰理解内涵和做出评判，整体提升指标测量的效度和信度。从可获得性而言，最终遴选出的指标数据来源渠道畅通，比较容易获取且获取成本必须合理，如客观指标能够通过查询公开的统计年鉴、官方的信息公报或新闻网页报道获得相关资料和数据。换言之，客观指标或主观指标运用现有调查资源与工具是可以较低成本的获得评价数据。此外，所获得指标数据要具有真实性、可靠性，并且要口径统一易于标准化的处理，能够通过比率计算、标准分计算或量表测量等技术手段转换为量化表达的形式，最终可以按照指标数值进行量化分析。

二、二级指标的设计与解析

二级指标设计是基于评价维度（一级指标）所构成的法治化营商环境指标体系框架，根据每个评价维度的基本内容分解出若干评价方向。二级指标具有承上启下的重要作用，是评价维度（一级指标）与具体观测点（三级指标）之间的桥梁，二级指标的设计显得尤为重要。

（一）二级指标设计思路与特点

本节研究结合法治化营商环境相关理论，根据法治化营商环境评价目的与评价理念，围绕法治化营商环境评价的营商法制环境、营商执法环境、营商司法环境和营商守法环境四个评价维度的主要内容，结合隶属度分析方式设计出二级指标。二级指标设计的具体特点如下。

一是指标设计服务于法治化营商环境评价目的。从评价目的而言，评价指标体系要成为现实中推动法治化营商环境建设的技术工具。因此，二级指标必须根据法治化营商环境评价维度进行更具导向性、针对性和实用性的设计。同时，设计过程中不仅从法治化营商环境相关理论和中央纲领性文件寻找依据，而且也参考了国内外法治评价和营商环境评价实践相关指标构成，如营商法制环境维度之下的二级指标，经过理论分析，结合相关评价指标体系的经验划分为法规政策体系、法规政策内容和法规政策实效等不同评价方向。

二是层级结构区分为纵向结构和横向结构。为了更好体现主观评价与客观评价相结合的设计思路，满足评价指标技术上追求的模块化和结构化要求，二级指标层级结构从纵向和横向两个方面同时展开。在纵向结构方面，法制环境、执法环境、司法环境和守法环境评价维度下的二级指标依然需要遵循关联性和独立性原则，形成一个能够较为完整体现评价维度内涵的子系统。在横向结构方面，设计了主观评价与客观评价两个部分，为了更好体现满意度导向评价理念，特别是企业作为法治化营商环境的最重要评价者，主观评价又分为专家评议（体现专业理性）、企业满意度和公众满意度。

三是利用隶属度分析进行检验。相对来说规范分析完成了二级指标初步设计，但由于法治化营商环境评价指标体系设计较为复杂,如果要作出科学的判断还需要进一步检验。一般而言,不同层级指标之间隶属关系对于指标体系的合理性影响较大,因此可以通过各个评价维度与其二级指标的隶属关系强弱分析,判断二级指标设计的合理性。这里主要通过专家咨询调查法借助专家的理论积淀和知识经验,对二级指标展开隶属关系强度检验,保证二级指标设计更加科学合理。

(二)二级指标的隶属度分析

隶属度分析方法在指标设计领域很受青睐,在许多有关指标体系设计中都得到很广泛的运用。特别是通过文献分析形成初筛指标之后,可以采用专家访谈法进行隶属度检验对于指标进行优化。隶属度分析方法来源于模糊数学评价,在实际中许多问题的影响因素无法清晰辨别,是否具有归属关系也是模糊的。如果用集合来表示的话,某个影响因素是否归属于某一个集合,就能将其表述为有多大的概率是属于这个集合的,影响因素属于某个集合的程度称之为隶属度。隶属度分析方法也是一个很好的检验工具,特别适合对于本研究所设计二级指标的合理性检验。如果把法治化营商环境各个评价维度视为一个集合,把每个二级指标视为一个影响因素。由多位专家为每个评价维度下的二级指标相对重要性进行评分,如果某项二级指标专家平均评分很高,则可以表明该项二级指标在评价维度中很重要,很大程度上属于该评价维度。反之,专家平均评分很低则应该删除该项二级指标。

循此思路,本节研究二级指标的隶属度分析首先通过问卷调查方法,在确保每位专家都能独立作出相关的评价基础上,由多位专家对各项二级指标的重要程度进行评分。随后通过将收集到的专家意见量化转化之后,利用统计分析结果针对已经初步设计完成的二级指标进行筛选和验证。在具体评分方法上,分别将每项二级指标重要性按照百分制设定,由专家根据其相对于所属评价维度的重要性进行评分,据此来判断二级指标相对于评价维度的重要性。本研究之所以选用专家咨询调查结果而非公众调查结果进行二级指标的隶属度分析,主要是因为法治化营商环境评价研究较为复杂,普通公众虽然对于法治化营商环境有着直观现实的感受,但对于该主题认识不够全面深刻,相对而言专家判断更加专业。此外,由于时间和技术方面的限制,力求在设计过程中简化操作,把握二级指标设计的主要因素。

三、三级指标的遴选与释义

三级指标在整个法治化营商环境评价指标体系中处于末端位置,重点在于将二级指标的抽象内涵表述转化为具有代表性和可操作性的观测点，能够确保指标体系能够有效付诸实践。

（一）三级指标遴选思路与特点

三级指标遴选的基本思路是遵循关键性原则和可操作性原则，在二级指标的内涵基础上的进一步分解建立三级指标备选库，然后根据专家咨询调查结果获得相对重要性，从而遴选出最终的三级指标。三级指标遴选的具体特点如下。

一是选取二级指标内涵的关键性要素。三级指标是基于二级指标内涵的细化，但每项二级指标的内涵较为丰富，既有宏观层面的体现，又有微观层面的体现，三级指标选取时尽可能不使关键性要素有所遗漏，但也不将所有相关要素全部罗列，这样才能保证三级指标的代表性和敏感性。因此，在构建三级指标备选库时应借鉴国内外相关指标体系的构建经验，基于二级指标内涵选取代表性较强的关键指标，并对评测内容存在重叠的指标进行删减和合并，进而减少后期专家咨询调查的指标数量，提高三级指标遴选结果的科学性和合理性。

二是强化主客观指标相结合的可操作性。依据二级指标横向结构划分为客观评价和主观评价两个部分，三级指标选取也充分体现主客观指标相结合的特点。主观指标由专家评议、企业满意度和公众满意度三类指标构成，均为法治化营商环境发展水平的结果性评价指标，保证主观指标数据获取时具有评判简明、操作方便和数据易得等优势，并且体现结果导向和满意度导向的评价理念。客观指标衡量法治化营商环境发展水平，不易受到人为因素影响，但许多客观指标数据来源由党政部门掌握，独立第三方评价难以获取，并且统计口径不一致也容易造成评价的扭曲风险，因此目前条件下减少客观指标数量，相应增加主观指标的比重。为了减少单纯主客观判断在非理想的条件下可能造成的片面性，每项二级指标至少对应2—3项三级指标，为确保具有较为宽泛外延的二级指标评价的全面性和有效性，这些二级指标相应的三级指标数量亦有所增加，并且尽量包含主客观指标。概而言之，三级指标选取应兼顾主客观指标各自的技术优势，强调主客观指标的互补互证，保证评价的可操作性及结果的可信度，使评价目的得以实现的前提下更加方便可行。

三是采用专家咨询法提升指标遴选的科学性。三级指标的遴选主要采用了专家咨询法，充分利用专家长期积累的知识经验和所掌握的客观信息，并且通过专家评分的量化统计处理形成准确性较高的集体意见，进而提升三级指标遴选结果的科学性。该方法运用首先是构建三级指标备选库，备选指标本身是结合已有理论分析成果和相关实践经验，按照二级指标的内涵分解而来，从某种程度上来说已经对于三级指标进行了初步筛选。随后根据三级指标备选库设计出专家咨询调查问卷，由专家学者对于备选指标的相对重要性进行评分，根据指标相对重要性得分排序，结合法治化营商环境评价指标体系价值导向和评测重点，对于相对重要性得分较低的三级指标予以舍弃、调整或合并。

（二）三级指标的遴选

依据上述三级指标遴选思路，这里首先根据相关理论与实践研究成果构建出三级指标的备选库，然后根据专家咨询问卷调查结果进行量化分析和删减，最终遴选出具有代表性的三级指标。

1. 三级指标备选库构建

法治化营商环境评价三级指标的备选库构建主要运用文献分析法、规范分析法和专家访谈法相结合的方式。为了避免出现同类评价指标体系过于繁杂弊端，三级指标备选库构建过程中尽可能选取具有代表性的关键性指标。具体而言，三级指标备选库的构建在参阅国务院法治化营商环境建设相关纲领性文件以及大量理论研究和文献资料的基础上，借鉴了国际上世界银行营商环境报告，相关期刊、报告和学位论文等各类文献曾经提及相关指标。客观指标考虑到数据来源的可获得性，优先从政府、法院文件或网站且可以公开查询的数据信息源中提炼。主观指标则进一步考虑到专业性，尽量避免使用内涵尚不明晰的指标。

2. 三级指标遴选结果分析

在构建三级指标备选库基础上，三级指标遴选根据专家咨询问卷调查分别对专家评议指标、企业满意度指标、公众满意度指标和客观指标的相对重要性进行评分，具体采用了李克特5级量表，5分表示"非常重要"，1分表示"不重要"，指标相对重要性评分为所有专家评分的平均分。在专家咨询调查获得备选指标相对重要性评分基础上，依据有利于评价目的的有效达成和突显关键性指标重要性的原则，结合指标关联性、数据来源的可获得性和其他专家论证意见，针对备选指标作出取舍。舍弃了相对重要性评分较低部分指标，如本地经济发展满意度、企业普法满意度、决策民主满意度、刑事案件万人发案率等4项指标以及部分不具有敏感性或数据来源不具有可操作性的指标，如行政审批改革力度、法规规章报备公示率等2项指标；合并了部分观测内容重叠指标，如将"经济调节职能履行"与"GDP增长率"合并、"行政执法规范满意度"与"公务员守法满意度"合并，"社会诚信满意度"与"企业守信经营满意度"合并。最终三级指标遴选结果含有50项指标，其中专家评议指标为 11 项，企业满意度指标为 19 项，公众满意度指标为 10 项，客观指标为 10 项，如表 6-1 所示。

表 6-1　法治化营商环境评价指标体系三级指标遴选结果

二级指标	三级指标			
	主观评价			客观评价
指标名称	专家评议	企业满意度	公众满意度	客观指标
1. 法规政策体系	1. 营商法规体系健全	1. 企业合规成本满意度	—	—
2. 法规政策内容	2. 营商法规内容科学	—	1. 决策科学满意度	—
3. 法规政策实效	3. 营商法规内容适用	2. 法规政策公平满意度		—
		3. 法规政策稳定满意度		
4. 依法规范执法	4. 法治政府建设成效	4. 政府依法行政满意度	—	1. 依法行政考评
		5. 政府诚信满意度	2. 公务员守法满意度	
		6. 行政执法公正满意度		
5. 政府职能履行	—	—	—	2. GDP 增长率
	—	7. 行政审批效率满意度	3. 政府服务满意度	3. 开办企业便利度指数
	—	8. 政府市场监管满意度	4. 社会治安满意度	4. 亿元生产总值生产安全事故死亡率
	—	9. 政府环境保护满意度	5. 环境保护满意度	—
6. 行政权力监督	—	10. 行政执法公开满意度	6. 政务公开满意度	5. 政府网站考评
	5. 反腐败措施力度	11. 行政权力监督满意度	7. 政府廉洁满意度	6. 审结职务犯罪案件比率

二级指标	三级指标			
指标名称	主观评价			客观评价
	专家评议	企业满意度	公众满意度	客观指标
7. 企业权益保障	6. 企业产权保护力度	12. 知识产权保护满意度	—	7. 知识产权行政保护指数
	7. 市场准入主体平等程度	13. 企业自主经营满意度	—	—
8. 司法公正透明	—	14. 司法透明满意度	8. 司法公正满意度	—
		15. 商事司法解决满意度	—	8. 法院法定审限内结案率
9. 司法途径有效	8. 商事审判质效	16. 司法途径多元满意度	—	—
10. 法律服务保障	9. 法律服务市场发育程度	17. 法律服务供给满意度	—	9. 万人拥有律师比例
11. 全民知法守法	10. 公众普遍知法守法	—	9. 公众法律意识满意度	—
		—	10. 全民守法满意度	—
12. 企业守法经营	—	18. 企业依法经营满意度	—	10. 严重违法失信企业占当地企业数量比例
13. 诚信体系建设	11. 诚信机制建设成效	19. 企业守信经营满意度	—	—

四、指标权重分配与评分标准

通过各层级指标设计和遴选初步形成法治化营商环境评价指标体系，还需确定指标的权重和评分标准。指标的权重赋值及其评分标准是指标体系的重要组成部分，两者设定的科学合理性对于指标体系的信度和效度有着直接影响。

（一）指标权重分配

权重系数是法治化营商环境评价指标体系的重要参数。就单项指标而言，各项指标权重体现了指标在整个指标体系中的重要程度及指标之间的相对重要程度，指标权重越大说明指标的重要性越强。由于法治化营商环境评价指标体系中各项指标的重要程度不全等价，需要针对各个层次指标进行权重分配，科学合理确定权重系数对于确保评价结果的客观性和可靠性至关重要。

一般而言，权重分配过程本身就是一个决策过程，学界理论研究已提出多种权重分配方法，如专家直接赋值法、德尔菲法、层次分析法和结构方程模型等方法。具体可划分为两类：一类是主观赋值法，主要依据专家主观经验判断直接获取某项指标的权重值；另一种是客观赋值法，主要根据特定标准的客观原始数据计算得出指标权重值。实践中，主观赋值法可以较为合理快捷地确定各项指标权重，但受专家主观偏好影响较大，客观赋值法可以有效降低人为因素影响，但所确定的指标权重有时与实际偏离较大。

基于法治化营商环境评价指标体系构建的高度复杂性，本节研究中指标权重赋值采用了主观专家咨询与客观实际相结合的赋值法。首先，根据少量专家咨询意见划分出各层级指标权重的大致区间，其次，结合所给出的权重区间设计问卷进行较大规模的专家咨询问卷调查获得各层级指标权重分配的参考值，最后，借鉴层次分析法的理念计算出各层级指标权重，并经过归整处理后确定权重系数。具体指标权重计算过程是在专家咨询调查获得各层级指标相对重要性评分的基础上，按照横向结构上各层级指标相对重要性评分作为其权重设定的参考值，即按照各层级指标相对重要程度来分配权重。

（二）指标评分标准

评分标准是指标体系在评价活动应用过程中，针对评价客体进行测评的具体指引和量化尺度，不仅为评价主体实施测评提供具体行动策略，也是采用若干指标进行综合量化评价的必需要件，为此评分标准编制理念与方法的选择也显得尤为重要。

从编制理念而言，指标评分标准首先体现采用指标进行法治评价的量化思想，使可量化与不可量化具体指标都能够具有相对客观的测评标准，因此评分标准编制应该尽可能客观化、合理化和可量化。此外，评分标准也体现法治化营商环境评价的评价目的及价值导向，评价不只在于测量不同区域的法治化营商环境发展水平，而且需要实现"以评促建""以评促改"目的。为此，评分标准编制需要进行规范化，实现纵向和横向可比较的功能，并将公平、效率和自由等价值理念突显，发挥激励先进和鞭策后进的驱动作用，全面提升区域法治化营商环境水平。

五、指标体系构建结果

法治化营商环境评价指标体系构建总体上基于法治化营商环境内涵与价值导向，以及法治化营商环境评价相关理论，并且充分借鉴了国内外法治评价指标体系的相关经验。从功能定位而言，指标体系应适用于中国法治现实状况，发挥推进法治化营商环境建设的工具理性作用，并以企业和公众是否满意作为法治化营商环境建设成效的根本评判标准。为此，所构建的指标体系体现出体制性进路与价值性进路相结合，结果导向和满意度导向的评价理念，主观指标与客观指标互补互证的特点。

指标体系构建过程按照"目标层—领域层—领域内涵层—指标层"的逐级分解路径，在理论分析、专家咨询和实地调研基础上确立营商法制环境、营商执法环境、营商司法环境和营商守法环境作为指标体系的评价维度（一级指标），全面覆盖法治化营商环境的主要内容；二级指标根据评价维度的基本内容分解出主要评价方向，三级指标则在二级指标内涵的基础上依据关键性和可操作性原则构建出备选指标库。通过专家咨询问卷调查获得各级指标的相对重要性，借鉴层次分析法理念，实现对于三级指标的遴选和权重分配。

指标体系从理论模型转换为实际测量工具，还需对指标体系的权重进一步归整。目前指标权重过于零碎，容易导致后续计算疏漏或误差，不利于指标之间的比较分析以及指标体系的实际应用。考虑到指标间实际差异有限，结合专家咨询意见，在权重初步分配方案的基础上，权重归整主要将各级指标权重化零为整（从精确到0.1调整为精确到0.5），增强指标体系的可操作性和实用性。

第四节　法治化营商环境评价指标体系的完善建议

一、推动法治化营商环境评价顶层设计

顶层设计可以确保法治化营商环境评价指标体系的权威性，使其成为国家自上而下推进工作的重要抓手，并为衡量各地法治化营商环境水平提供相对统一标尺。推动指标体系的顶层设计需要在明确法治化营商环境理论基点、建设目标和价值理念的前提下，延伸出主要评价维度和具体指标。具体而言，从国内外法治评价实践来看，指标体系的顶层设计

可以将形式性与实质性的法治化营商环境内在要求相结合作为理论基点，达到对于"薄法治"和"厚法治"同时关照的目的；强化结果导向与满意度导向的评价理念；基于建构主义思想，沿着体制性进路，从法治运行四个基本方面，即围绕立法、执法、司法和守法四个维度对于法治化营商环境建设目标进行层级分解；具体指标选取则应将权利保障、权力制约、公平竞争、诚实守信等法治化营商环境价值理念作为主要依据。顶层设计的过程可以通过专家学者的集思广益，明确法治化营商环境内涵与外延界定的重点和难点，促使法治化营商环境评价的共识形成，并由党中央和国务院统筹，提升权威性和关注度，自上而下减少推广至各地的阻力。

二、改善第三方法治化营商环境评价的配套条件

当前，我国法治化营商环境评价凭借国家公权力自上而下地设计和推进具有一定必要性，但由于体制内评价主体通常存在独立性不足、专业素养不强和部门利益牵绊等固有缺陷，需要吸纳更多外部评价主体参与，特别是要发展第三方法治化营商环境评价模式，为此必须完善第三方法治化营商环境评价的客观条件。具体而言，一是为第三方评价开展提供制度化保障。各级政府制定推进法治化营商环境建设的规范性文件中应明确要求开展第三方评价，必要时还可以出台专门针对第三方评价的法规，对于第三方法治化营商环境的评价范围、准入资质、经费保障、评价程序、结果运用和监督机制等作出明确规定①，促使第三方评价开展常态化和规范化。二是大力培育第三方评价主体。要保证第三方评价的独立性、公正性、专业性必须培育一批专业水平较高、具有较大影响力和能够相互竞争的第三方评价主体，可将高等院校、科研机构、律师事务所、专业咨询公司、民间研究机构等各类社会组织纳入培育范围。各级政府应加大对于法治化营商环境评价的人才、经费和资源的投入，诸如建立法治化营商环境评价专家库、针对精品研究的经费扶持、给予"独立第三方"评价主体经济支持和政策便利②，并积极完善第三方开展评价的激励机制和监管措施，从而推动第三方法治化营商环境评价健康有序发展。

三、加强法治化营商环境信息公开与数据共享

信息数据是第三方开展法治化营商环境评价的重要前提，各级国家机构应加大所掌握的法治化营商环境相关政务信息的公开透明程度和完善程度，保障第三方评价主体能够有效获得客观评价指标的基础数据，以及满足专家、企业人士和社会公众的知情权，促使其

---

① 丁邦开，丁凤楚. 社会中介组织法律地位 [M]. 南京：东南大学出版社，2008：136-143.
② 谭玮. 法治社会评价体系研究 [D]. 广州：华南理工大学，2017.

更加有效参与法治化营商环境评价。同时，信息公开还应注意及时性，避免由于对外公开不及时影响评价结果的时效性和可靠性。为此人大、政府、法院等国家机关和水电等公共服务企业应加强法治化营商环境相关信息的公开工作，通过编制信息公开条目清单、规范信息公开最后期限，形成网页、媒体、社区和 APP 等多元化的信息公开方式，不断提升信息公开范围和公开质量。此外，积极推进法治化营商环境大数据平台建设，促使各级人大、政府和司法部门的统计数据，以及各类法治化营商环境相关评价结果能够得到及时共享和定期更新，以便第三方法治化营商环境评价开展更为便利、精准和高效，评价结果能够更加具有决策参考价值且及时反馈给相关部门。

四、优化法治化营商环境评价指标体系构建方法

法治化营商环境评价指标体系构建是一项涉及多种类型主体、程序纷繁和学科交叉的系统工程，从前期指标体系设计、权重系数分配以及后期实证结果来看，指标体系构建的技术方法仍需要进一步优化，主要包括以下几个方面。一是改进指标设计方法。在指标设计过程中主要采用演绎法、归纳法和专家咨询法等主观性较强的定性分析方法，基于"目标层—领域层—领域内涵层—指标层"逐层分解出评价指标，囿于知识储备、归纳推理能力和专家咨询范围的局限导致指标设计依然存在不足。实际上指标是对评价内容的关键表达，从关键性因素视角提炼出具体指标更为科学，因此后期将引入结构方程模型利用实证研究评价结果对具体指标进行分析，进一步提炼出关键性指标，从而减少主观因素造成指标选取误差。二是强化指标隶属度分析。研究过程中对于指标隶属主要依据逻辑推理与专家评议方式确定，但诸如"企业权益保障"指标事实上涉及执法、司法两个方面，理论上已经难以确信归入执法环境或司法环境哪个维度更为合适，毕竟实践中大量企业权益保障首先是与行政执法相关，但司法提供最终决定性的权利保障，因此可以利用模糊评价方法进一步确定指标隶属关系。三是优化指标权重赋值方法。权重分配始终是指标体系构建较为棘手的难题，一般的主观赋值法包括德尔菲法、层次分析法等，客观赋值法则有熵权法、主成分分析法和数据包络法等。四是增加指标体系的合理性检验。

五、完善法治化营商环境评价结果运用机制

科学运用评价结果对于推动法治化营商环境改善发挥着至关重要的作用，面对目前独立第三方评价结果运用较为困难的现状，可以考虑从以下几个方面进行改进。一是评价结果采用指数形式与分等级划分相结合。由于法治化营商环境评价抽样调查随机性和不确定性导致评价结果必然存在一定误差，不同评价对象得分比较接近，并在对方误差范围内，

实质上可以认为它们之间没有显著差异，属于同一个层次，如果直接依据评价对象得分进行比较排名，看似较为科学和精准，但可能人为地制造不公平。因此，法治化营商环境评价结果不应完全以评价对象得分和排名论高低，而应采取指数形式和分等级划分相结合。特别是分等级做法看起来比较粗糙，实际上更为科学和公平，评价结果也更能获得广泛的认可和有效传播。① 二是强化评价结果反馈机制。建立有效的第三方评价结果反馈渠道，促使决策机关能够及时获得第三方评价结果，将其作为法规政策的制定和修改的重要参考，并在规定期限内向第三方机构和社会公众反馈评价结果的采纳和运用情况。这种做法既能保证对于第三方评价结果的正面积极回应，又可使评价结果对决策机关形成一定约束力。三是拓展评价结果公开渠道。第三方与各类媒体建立良好的互动关系，通过网站、报纸、电视、微信等多种渠道公开评价结果，相关部门也应为第三方评价成果的发布提供便利和支持，从而扩大评价结果公开范围和影响力，回应社会公众关切，通过社会监督共同推进法治化营商环境的改善。

---

① 张蕊. 职能转变背景下县级政府转移支付绩效评价 [D]. 兰州：兰州大学，2018.

参考文献

［1］谢红星. 营商法治环境的地方评估及其优化［M］. 北京：中国民主法制出版社，2021.

［2］赵海怡. 中国地方营商法治环境实证研究［M］. 北京：中国民主法制出版社，2020.

［3］崔桂台，赵旭东."一带一路"营商环境法治保障系列 中国对外贸易法律制度［M］. 北京：中国民主法制出版社，2020.

［4］王祝兰. 优化营商环境与知识产权法治完善［M］. 北京：知识产权出版社，2020.

［5］李志军. 中国城市营商环境评价［M］. 北京：中国发展出版社，2019.

［6］赵旭东."一带一路"营商环境法治保障系列 中国法律制度概览［M］. 北京：中国民主法制出版社，2019.

［7］王剑波. 法治政府建设理论与实务研究 2018［M］. 贵阳：贵州大学出版社，2019.

［8］黄梅兰. 依法行政与法治政府建设［M］. 兰州：甘肃人民出版社，2019.

［9］路晓霞. 法治化营商环境建设研究［M］. 上海：上海人民出版社，2018.

［10］沈国明. 探索中的法治道路［M］. 上海：上海人民出版社，2018.

［11］石佑启，陈咏梅. 法治视野下行政权力合理配置研究［M］. 北京：人民出版社，2016.

［12］陈奇星. 深入推进依法行政与法治政府建设［M］. 上海：上海人民出版社，2016.

［13］李瑜青. 法治社会理论与实践探索［M］. 上海：上海人民出版社，2016.

［14］郑方辉，冯健鹏. 法治政府绩效评价［M］. 北京：新华出版社，2014.

［15］孙笑侠. 先行法治化："法治浙江"三十年回顾与未来展望［M］. 杭州：浙江大学出版社，2009.

［16］刘松山. 违法行政规范性文件之责任研究［M］. 北京：中国民主法制出版社，2007.

［17］俞可平. 治理与善治［M］. 北京：社会科学文献出版社，2000.

［18］关保英. 行政法的价值定位——效率、程序及其和谐［M］. 北京：中国政法大学出

版社，1997.

[19] 龙一昐. 在数字政府建设视角下对数据赋能营商环境优化的思考［J］. 江西通信科技，2022，No. 160（04）：47-49.

[20] 周伟. 数据赋能：数字营商环境建设的理论逻辑与优化路径［J］. 求实，2022，No. 468（04）：30-42+110.

[21] 张珏芙蓉. "放管服"改革与营商环境法治化［J］. 法制博览，2022，No. 889（29）：154-156.

[22] 闫炳宇. 法治化营商环境建设路径研究［D］. 北京：外交学院，2022.

[23] 勾毓榕，陈启梅. 知识产权视角下我国营商环境优化路径探析［J］. 高科技与产业化，2022，28（11）：56-59.

[24] 付本超. 多元争议解决机制对营商环境法治化的保障［J］. 政法论丛，2022（02）：142-151.

[25] 陈瑶洁. 新时代营商环境法治化建设路径［J］. 企业科技与发展，2021，No. 474（04）：235-237.

[26] 沈费伟，诸靖文. 数据赋能：数字政府治理的运作机理与创新路径［J］. 政治学研究，2021（1）：104-115.

[27] 马瑜. 知识产权视域下我国营商环境优化路径研究［D］. 重庆：重庆理工大学，2021.

[28] 王文华，陈丹彤. 数字经济营商环境的法治化刍议［J］. 重庆邮电大学学报（社会科学版），2021，33（06）：62-69.

[29] 赵迪. 技术赋能视角下深化"放管服"改革优化营商环境的效应研究［D］. 成都：电子科技大学，2021.

[30] 石佑启，陈可翔. 合作治理语境下的法治化营商环境建设［J］. 法学研究，2021，43（02）：174-192.

[31] 许中缘，范沁宁. 法治化营商环境的区域特征、差距缘由与优化对策［J］. 武汉大学学报（哲学社会科学版），2021，74（04）：149-160.

[32] 陈涛，邵啊龙. 政府数字化转型驱动下优化营商环境研究：以东莞市为例［J］. 电子政务，2021（3）：83-93.

[33] 韩春晖. 优化营商环境与数字政府建设［J］. 上海交通大学学报（哲学社会科学版），2021，29（06）：31-39.

［34］ 常健. 国家治理现代化与法治化营商环境建设［J］. 上海交通大学学报（哲学社会科学版），2021，29（06）：22-30.

［35］ 彭向刚，马冉. 政企关系视域下的营商环境法治化［J］. 行政论坛，2020，27（02）：91-98.

［36］ 谭梦阳. 营商环境视域下的南昌知识产权保护研究［D］. 南昌：江西财经大学，2020.

［37］ 苟学珍. 地方法治竞争：营商环境法治化的地方经验［J］. 甘肃行政学院学报，2020，No. 140（04）：114-123+128.

［38］ 黄宇骁. 立法与行政的权限分配［J］. 法学家，2020，No. 178（01）：47-63+192.

［39］ 许冉. 法治营商环境优化研究［D］. 济南：山东大学，2020.

［40］ 刘小汇. 法治化营商环境的保障体系研究［D］. 济南：山东大学，2020.

［41］ 蔡璐. 政府规制对营商环境的影响研究［D］. 沈阳：辽宁大学，2020.

［42］ 石佑启，陈可翔. 法治化营商环境建设的司法进路［J］. 中外法学，2020，32（03）：697-719.

［43］ 胡平仁. 法治理论与实践的新格局［J］. 法治研究，2019，No. 125（05）：62-74.

［44］ 李朝. 量化法治的权利向度——法治环境评估的构建与应用［J］. 法制与社会发展，2019（01）：33-50.

［45］ 魏红征. 法治化营商环境评价指标体系研究［D］. 广州：华南理工大学，2019.

［46］ 李明哲. 地方立法中的反思理性——以 G 省《优化营商环境条例》为例［J］. 辽宁大学学报（哲学社会科学版），2019，47（06）：113-119.

［47］ 王学军，王子琦. 公共项目绩效损失测度及治理：一个案例研究［J］. 中国行政管理，2019（01）：128-134.

［48］ 张新宁，杨承训. "放管服"：政府在社会主义市场经济中的科学定位——改革开放40年的一项重要理论成果［J］. 学习论坛，2018（10）14-19.

［49］ 解安，杨峰. "放、管、服"改革的经验启示及路径优化［J］. 中国行政管理，2018（5）：158-159.

［50］ 周尚君. 地方法治竞争范式及其制度约束［J］. 中国法学，2017，No. 197（03）：99.

［51］ 孙泽锟. 我国法治政府建设的路径问题研究［D］. 上海：东华大学，2016.

［52］ 秦前红，李少文. 地方立法权扩张的因应之策［J］. 法学，2015，No. 404（07）：11-18.

［53］肖文荪. 坚持放、管、服并举加强和创新政府管理［J］. 理论视野，2015（7）：7-9.

［54］章志远. 行政机关负责人出庭应诉制度的法治意义解读［J］. 中国法律评论，2014，No. 4（04）：148-151.

［55］韩旭. 中国特色法治政府建设的可行性及基本路径［D］. 沈阳：沈阳师范大学，2013.

［56］向玉乔. 社会制度实现分配正义的基本原则及价值维度［J］. 中国社会科学，2013，No. 207（03）：106-124+205-206.

［57］陈太明. 规范对于事实与价值二分的弥合——论哈贝马斯道德哲学视域下事实、价值与规范的三分结构［J］. 伦理学研究，2013，No. 66（04）：38-44.

［58］朱新力，唐明良. 法治政府建设的二维结构——合法性、最佳性及其互动［J］. 浙江学刊，2009，No. 179（06）：138-146.